新技术传入日本列岛

渡来人将先进的技术带入日本列岛，革新了人们的生活方式。自那以后，人们会在竖穴式住宅内搭建灶台，使用瓮，甚至是带把手的锅。

◀▼ 陶邑古窑址群出土的须惠器（堺市博物馆藏，Saigen Jiro 提供图片）

须惠器（和泉市和泉国历史馆藏，Saigen Jiro 提供图片）

巨大古坟的时代

这一时期，日本列岛各地陆续建起大型古坟，“古坟时代”由此得名。

▲ 稻荷山古坟 （Saigen Jiro 提供图片）

◀ 稻荷山古坟出土的金错铭铁剑，这柄铁剑上刻着“获加多支卤大王（即雄略天皇）在斯鬼宫期间，‘吾左治天下’”。自雄略天皇起，“治天下大王”的统治者称号确立
（埼玉县立埼玉史迹博物馆藏，Saigen Jiro 提供图片）

► 前桥天神山古坟出土的三角缘五神四兽镜和三角缘四神四兽镜（东京国立博物馆藏，Saigen Jiro 提供图片）

▼ 前桥天神山古坟（Saigen Jiro 提供图片）

太田茶臼山古坟（Saigen Jiro 提供图片）

飞鸟寺正殿，苏我马子创建了日本最早的佛教寺庙——飞鸟寺 （Saigen Jiro 提供图片）

佛教东传

当巨大古坟的时代逐渐进入尾声之时，一个能宣告新时代即将来临的事物——佛教，从中国经由朝鲜半岛传入日本列岛。

◀ 飞鸟寺复原图，飞鸟寺的寺院布局以佛塔为中心，其东西及后方各配置了一间正殿，这种一塔三正殿式的建筑构造是初期寺院建筑布局的特征（Ooenonatuki 提供图片）

▲ 飞鸟时代的阿弥陀如来倚像和两胁侍立像 （东京国立博物馆藏，ColBase 提供图片）

► 飞鸟寺的素瓣莲花纹房檐圆瓦 （奈良县明日香村飞鸟寺出土，东京国立博物馆藏，ColBase 提供图片）

大化改新

中臣镰足像（摹本，蜷川亲胤绘，东京国立博物馆藏，ColBase 提供图片）

飞鸟时代，苏我虾夷、苏我入鹿父子专横弄权，中大兄皇子、中臣镰足等人结成反苏我氏阵营，决意推翻苏我虾夷、苏我入鹿父子的独裁统治。他们定在高句丽、新罗、百济的进贡仪式上，发动政变，斩杀苏我入鹿，此次宫廷政变史称“乙巳之变”。乙巳之变后，中大兄皇子实施了一系列的政治改革措施，史称“大化改新”。

乙巳之变（出自《多武峰缘起绘卷》，住吉如庆、住吉具庆绘，谈山神社藏）

位于大阪市中心部的难波宫史迹公园是大化改新的考古学“证据”（Saigen Jiro 提供图片）

大海人皇子拼死离开的吉野 （8-hachiro 提供图片）

壬申之乱

672 年，天智天皇之子大友皇子和天皇的胞弟大海人皇子，为争夺皇位继承权而发生的长达约一个月的内乱，最终大友皇子败走自杀。大海人皇子于次年正月即位，死后谥天武天皇。

▶ 天武天皇像（出自《集古十种》，矢田山金刚寺藏）

◀ 不破关原址石碑，大海人皇子就是将部分兵力配置在此，以封锁道路，才在日后左右了壬申之乱的胜败结局（Saigen Jiro 提供图片）

讲谈社
日本的历史
02
HISTORY OF JAPAN

从大王到天皇

古坟时代 飞鸟时代

[日] 熊谷公男 著 米彦军 译

文匯出版社

新经典文化股份有限公司
www.readinglife.com
出　品

講談社・日本の歴史02

大王から天皇へ

“横看成岭侧成峰”

——日本人书写的日本历史

2014年，理想国出版十卷本的“讲谈社·中国的历史”中文版，引起中国读者广泛关注：有人敬佩成立已达百年的讲谈社打造学术精品的底蕴与担当，有人惊叹日本史学家对中国历史理解的深度与广度。

阅读过这套丛书的读者，体味到“从周边看中国”的观念刺激与知识冲击，继而衍生出对日本历史的好奇与兴趣。如今，新经典文化推出十卷本的“讲谈社·日本的历史”，既与前述“讲谈社·中国的历史”成双，也契合了中国读者积聚多年的阅读趣味和需要。

放眼国际史学界，“日本历史”是重要的热点之一。从东方视角观之，因独特的地缘及紧密的文化纽带，日本史与周边国家的历史互相交织，自然而然成为各国观照自身的镜鉴；以西方立场视之，从古代神秘的“黄金岛”传说到现代经济腾飞的神话，无不触发西方人的探秘欲望与破译冲动。因此，日本历史研究的热潮，无论在东方还是西方均经久不衰。

以中国为例，从3世纪末的《三国志》到20世纪初的《清史稿》，历代正史专设日本传凡十七篇，时间跨度超过一千五百年，是研究日本历史不可或缺的原始史料群。加之，日本古代多以汉文撰写史书，依托此种得天独厚的史料解读优势，以周一良等主编的“中日文化交流史大系”为标志，中国史学家的研究在中日关系史及中日文化交流史领域别开生面，颇有建树。然而，中国史学家少有人通晓日本古代“和文”系统文献，如古代的宣命体、中世的武士文书、近世的候文等，因其解读难度大，所以迄今尚无一部获得公认的日本史丛书问世。

再举欧洲的例子，在英语读书界最受追捧的无疑是马里乌斯 · B. 詹森（Marius B. Jansen）等人主编的“剑桥日本史”（*The Cambridge History of Japan*）。这套集多国史学精锐撰写的六卷本，在西方史学理论框架下梳理日本历史脉络，无论其宏观视域还是研究方法，尤其是对政治史、社会史的叙述视角，都有颇多可取之处。然而，西方史学家的短板也同样存在。如第四卷至第六卷叙述近现代四百余年历史，而远古至中世数千年历史仅占全套书一半篇幅，薄古厚今的倾向明显；又如第一卷《古代日本》（*Ancient Japan*）拘泥于“成文史”的史观，将叙述重点置于弥生晚期以后，对日本历史黎明期的无土器时代、绳纹时代一笔带过。

总之，中国的日本史研究与欧美的日本史研究，属于“旁观者”书写的日本历史，虽各有建树，但存在不足。那么，作为“当事人”的日本史学家，他们书写的日本历史，又会具有什么特色呢？正如苏轼《题西林壁》中的诗句：“横看成岭侧成峰，远近高低各不同。”面对名为“日本历史”的“山”，倘若从中国望去是“峰”，站在西方看到的是“岭”，那么映现在立足于本土的日本史学家眼中的，又是何种“山容”呢？

大凡了解日本图书现状的读者都知道，历史题材受到的关注从未减弱。这方面笔者有亲身体验，但凡关涉圣德太子、鉴真、阿倍仲麻吕、最澄、圆仁等历史人物，每次演讲的听众动辄数百上千，报纸专栏、杂志特辑、系列丛书等的稿约应接不暇。正因为有众多历史爱好者旺盛的需求，日本大型出版社均有底气倾力打造标志性的日本历史丛书。此次新经典文化译介的“讲谈社·日本的历史”，便是代表日本史学界水准的学术精品。

该丛书原版共二十六卷，中文版萃取其中十卷，大致展示弥生时代至明治时期约两千年的日本历史进程。大而观之，第一卷《王权的诞生》叙述弥生时代至古坟时代，第二卷《从大王到天皇》聚焦古坟时代至飞鸟时代，第三卷《律令国家的转变》起自奈良时代、迄于平安时代前期，第四卷《武士的成长与院政》重点置于平安时代后期，第五卷《源赖朝与幕府初创》大抵等同镰仓时代断代史，第六卷《〈太平记〉的时代》跨越南北朝时代与室町时代，第七卷《织丰政权与江户幕府》聚焦战国时代，第八卷《天下泰平》侧重于江户时代前期，第九卷《开国与幕末变革》框定江户时代后期，第十卷《维新的构想与开展》铺叙明治维新时期迈入近代化的进程。

前述中国学者周一良等主编的“中日文化交流史大系”与美国学者詹森等主编的“剑桥日本史”，邀约各领域专家共同执笔，因而能确保历史脉络的连贯性及叙述层面的完整性。与此相较，中文版“讲谈社·日本的历史”各卷均为单人独著，各卷时段难免偶有重叠，每位著者叙述重点不一，但这将最大限度发挥著者“术业有专攻”的优势。日本史学界专业壁垒森严，史学家大多博通不足而深耕有余，浸淫擅长领域，积淀十分深厚，对相关史料掌控无遗，对学界动态紧追不懈，这既是日本史学界的严谨风格，也是这套丛书的一大看点。

这套丛书呈现的是日本人书写日本历史的成果，既不是从中国侧视的“峰”，亦非西方人横看的“岭”，置身此山的日本人，虽然未必能俯瞰延绵起伏的山脉，纵览云雾缭绕的山势，但可以肯定的是，他们作为“当事人”，比任何“旁观者”更能对溪流的叮咚、山谷的微风、草木的枯荣感同身受。比如在第二卷《从大王到天皇》中，“治天下大王”的“治”字读作“治（シラス）”久成定论，著者则将其训读为“治（オサム）”，二者间微乎其微的差异，绝非外国学者所能体味。而著者对此的解读是：前者“强调统治者拥有绝对性的统治权”，后者“强调互酬性……的统治权”，从而定性大王具有“以人身依附关系为纽带的原始性统治权”，区别于具有“以绝对君权和国家机器为后盾的强制性统治权”的天皇。关于大王称号的前缀“天下”，在著者细致入微的考证下，此“天下”与中国语境中蕴含“德治”与“天命”要素的“天下”观迥异，是指在众神群居的“高天原”之下，王权中心的所在地，与排斥“天命”且“万世一系”的天皇观一脉相承。诸如此类，抽丝剥茧地推演日本历史的内在机理，是该丛书的又一大亮点。

相对于其他学科，日本史学界给人的印象较为刻板、固守传统，连臭名昭著的“皇国史观”也尚存一席之地，右翼学者炒作的新历史教科书便属此类。然而，“讲谈社·日本的历史”带给我们的是开放式、客观性、国际化的史学新风。还是以第二卷《从大王到天皇》为例，朝鲜半岛南部曾有一个小国林立的地区，名为加罗，日本史书《日本书纪》称该地为“任那”，大和朝廷在那里设有“日本府”。长期以来，日本史学界偏信《日本书纪》，认为任那是大和朝廷的屯仓，也有朝鲜学者愤而反驳此观点，双方论战火药味甚浓。本卷著者持论公允，指出加罗地区虽然存在倭人势力，但尚未沦为日本的殖民地，而“任那”一词暴露了“日本古代国家的政治立场”，所以史学家不应使用该词。在墨守成规的日本史学界，这些看似微弱的声音，实如惊天霹雷，让我们看到现代日本史学家的良知与果敢，值得我们赞赏。

前面说过日本史学家“博通不足而深耕有余”的特点，穷尽史料、追根问底是其优势，局限性则体现在研究古代史的绝不涉猎中世史、近世史，攻日本史的鲜少涉足中国史、朝鲜史，总体而言多在日本框架下研究日本史。然而，“讲谈社·日本的历史”向读者呈现出些许不落窠臼的气象，从“从世界史和现代角度看王权诞生”（第一卷）、“东亚世界中的倭国”（第二卷）、“国际秩序构想的转变”（第三卷）等章节标题可见，一些著者不再局限于在日本列岛之内观照日本历史，而是从东亚乃至世界的联系中洞察日本历史的脉搏，剖析文明发展的机制。虽然上述气象还比较微弱，但也是这套丛书令人耳目一新之处。

《题西林壁》下联有云：“不识庐山真面目，只缘身在此山中。”置身此山的日本史学家，能够在至近距离凝视日本历史之“山”，可以鼻闻花草之芬芳，耳听虫鸟之啼鸣，眼观云雾之聚散，手触泉水之冷暖——一切都是那么自然、真实、细腻、神奇，深耕之下或许还能发现地下的根须、山中的矿石、溪流的水源，这是日本史学家与生俱来、得天独厚的优势。但正因为置身此山，未必能看清庐山真容。比如日本古代历史以“和汉”两条主脉交织而成，近代以来则形成“和洋”交叠的结构，而这套丛书呈现的基本上是“和”之一脉，甚至对国外同行的研究成果也有所忽略。然瑕不掩瑜，此不赘言。

临近尾声，笔者突然想起禅僧青原惟信的珠玑之语：参禅之初，看山是山；禅有悟时，看山不是山；禅中彻悟，看山仍是山。这说的是参禅的三重境界，化用到本文主题，中国人侧观、西方人横看、日本人仰视的“山”，属于第一境界；领悟到山有岭峰之姿、高低之相、远近之别，大抵迈入第二境界。何谓第三境界呢？或许等我们凝聚众人之眼，阅遍千姿万态，才能彻悟“山”之真容吧！

最后附言几句：大概因为笔者是“讲谈社·中国的历史”日文原版的作者之一，又曾强烈建议早日推出“讲谈社·日本的历史”中文版，这两套精品丛书的策划人杨晓燕女士嘱我写一篇序言。自忖国内日本史专家人才济济，还轮不到笔者这般资历尚浅、学养未丰之辈担纲作序。但念及“讲谈社·日本的历史”足可填补国内日本史学界的一块空白，身为行内一员有责任和义务为之推介，故不揣浅薄，勉草一文塞责。是为序。

浙江大学日本文化研究所

王勇

辛丑槐月吉日

写于武林桃花源

目 录

序章

『天下』的统治者

日本人“天下观”的起源

“天下”是日本人最爱用的词之一，例如“夺取天下（天下取り）”“争夺天下的生死决战（天下分け目の合戦）”“夺取天下之人（天下人）”“天下第一（天下一品）”“天下无双（天下無双）”“天下御免[1]”，等等，简直不胜枚举。

“天下”一词原本是指“普天之下”，即全世界的意思。但日本人所说的“天下人”“夺取天下”的“天下”充其量也只不过是指整个日本列岛罢了。原本带有全世界之意的“天下”，不知从何时起，局限在了日本这一蕞尔小国之内。甚至长期以来，就连日本人自己也对此习以为常，甚至认为这种用法毫无奇怪之处。

说起“天下”二字，日本人肯定会联想到织田信长、丰臣秀吉等人所处的时代，那是一个由战国乱世走向政权统一的时代。在日本，织田信长的“天下布武”印章可谓是家喻户晓。

日式“天下”二字的起源，可追溯至古代。《古事记》在叙述历代天皇事迹之时，总会在开头写道：“（天皇）坐……宫，治天下。”随意翻阅“六国史[2]”、《万叶集》《风土记》等古代史料，便能轻易发现“天下”一词的踪影。

---

1 天下御免，在日语中意为可以无所顾忌、堂堂正正地做事。

2 六国史，指日本奈良时代、平安时代编撰的《日本书纪》《续日本纪》《日本后纪》《续日本后纪》《日本文德天皇实录》《日本三代实录》。

在日本，“天下”最早出现于公元5世纪。1978年，考古人员在埼玉县稻荷山古坟出土了一柄铁剑，这柄铁剑上刻着“获加多支卤大王（即雄略天皇）在斯鬼宫期间，‘吾（锻造这把大刀的乎获居臣）左治天下（辅佐大王统治天下）’”。而熊本县江田船山古坟出土的同一时期的有银镶嵌铭文的大刀，其铭文开头也刻有可推敲字意的“治天下获×××卤（幼武？）大王世”字样，且该处所写“天下”，显然是指那个以日本列岛为中心的狭小世界。综上所述，日本的“天下观”实际上恐怕已有一千五百年以上的历史了。

自雄略天皇的时代起，日本列岛的统治者都声称自己是“治天下大王”，这或许与日式“天下观”的形成密不可分。本书将承接前书（《王权的诞生》）内容，进一步介绍倭王权发展的历程，以及日本列岛的统治者以“天下”之王自居、进而升格为天皇称号的历程。具体而言，本书将涉及公元4世纪末前后（古坟时代中期）至公元7世纪后半（天武天皇即位时期）的历史。在这一时期的大部分时间内，日本列岛的统治者都自称是“治天下大王”，“日本”这一国号也尚未出现。可以说，这一时期的日本仍处于被称作“倭国”的时代。

关于天皇称号出现的时期，有部分学者持推古朝说。然而，近来天武朝、持统朝（公元7世纪末期）说的势头颇为强劲。1998年，考古人员从奈良县明日香村的飞鸟池遗迹上出土了写有“天皇”字样的木简。据推算，其年代正属于天武

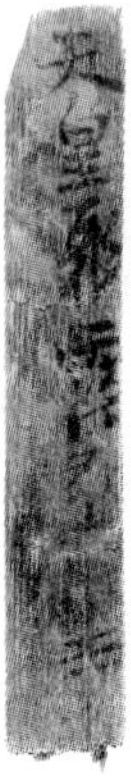

飞鸟池遗址出土的“天皇”木简（奈良国立文化遗产研究所提供图片）

刻有“治天下获□□□卤大王世”的大刀（部分）（熊本县江田船山古坟出土，东京国立博物馆藏）

朝。这是目前为止考古人员发现的有关“天皇”称号最早的史料。因此，本书认为“天皇”称号指的的确是天武天皇，也就是说“天皇”称号最早在天武朝就已被启用，天武天皇过世以后，这一称号便被用作持统朝统治者的称号，通过法律和制度被固定下来。

如此说来，日本列岛的统治者——倭王，使用了“治天下大王”的独特称号，进而在公元7世纪末的天武朝、持统朝时期，他们开始以“天皇”自居。在同一时期，“日本”这一国号确立。正如网野善彦、山尾幸久所述，“天皇”这一称号与“日本”这一国号是在同一时期出现的，它们是成对出现的组合。“天皇”“日本”与其所指代的统治者和国家至今仍然存续，它们已在日本人的历史与意识中深深扎根。“天皇”与“日本”就像国歌《君之代》与国旗日章旗一样，已成为日本的象征及背负日本历史的重要存在。本书将以王权问题为基轴，力图向读者阐明“治天下大王”称号登场的过程和“天皇”称号确立的意义。

统治天下（アメノシタ）的大王

“治天下大王”与“天皇”这两种称号，旗帜鲜明地表现了不同时期内日本列岛统治者的不同性质。接下来，我们将大致区别这两种称号。

大王的正式名称为“治天下大王”，天皇也有正式名称，即“现神（明神）御宇天皇”，且其读法较前者稍长[1]。“现神（明神）御宇天皇”通常是用和文体的诏书——宣命书写的，这种写法具体阐释了“天皇”这一称号蕴含的理念。下面我们将对这两种称号进行比较。

首先，自本居宣长的《古事记传》一书后，人们把“治天下”一词训读为“治（シラス）天下”已然成为一种共识。但是，正如西宫一民指出的，目前尚无明确的资料能证明“治（シラス）天下”的正确性。因此，笔者认为将“治天下”训

1 在日语中，表记“现神（明神）御宇天皇”的假名比表记“治天下大王”的假名数量多，故“现神（明神）御宇天皇”的日语发音更显冗长。

读为“治（オサム）天下”可能更为恰当。

虽说“治（シラス）天下”与“治（オサム）天下”都有统治之意，但如果咬文嚼字，二者的语韵则大有不同。在日语中，“治（シラス）”是动词“知る（シル）”的尊敬语，它的原意是“排他性地拥有某种东西，单方面无条件地支配某一对象”，其言外之意是“享有超凡、绝对的统治权”。而与此相对的，“治（オサム）”的含义则是“根据臣民的奉献程度，给出相应的赏罚以治理国家”。也就是说，“治（シラス）”强调统治者拥有绝对性的统治权，而“治（オサム）”则强调统治者拥有互酬性（相互期待对方给予回报，互惠互利的关系）的统治权。从“治（オサム）”到“治（シラス）”的变化，反映出以人身依附关系为纽带的原始性统治权，发展成了以绝对君权和国家机器为后盾的强制性统治权。

另外，在日语中，虽说“天下”被训读为“天下（アメノシタ）”，但在当时的日本人看来，其概念与中国的“天下”却有着很大的不同。

对中国人来说，所谓的“天”是主宰宇宙的至高无上的神，它具有统治地上万物命运的意志，“天”被人们称作“天帝”。“天帝”给地上德行最好之人（即有德者）下达天命，将其任命为天子（秦始皇以后的统治者沿用“皇帝”这一称号），并把天下委托给天子统治，于是新的王朝诞生。不久之后，历经几代统治，王朝出现了暴君，“天命”便被收回。

“天帝”将另择有德之人，向其下达天命，委之以统治天下的重任。这就是中国“改朝换代”的传统思想。在中国人的意识中，包括向中国朝贡的“夷狄”在内，天子的统治所到之处，即为“天下”。

另一方面，日本人所提及的“天”，则是指八百万天神居住的世界。在《古事记》《日本书纪》的神话中，天上世界被称作“高天原”，它是个性迥异的众神居住的地方。这些天上世界的众神被认为是地上世界的造物主，也是王权的守护神。那时居住在都城的人们认为，都城就位于“天下（アメノシタ）”，这里是大王居住的大和的中心，是大王统治所辖的领域。

总而言之，古代的日本人将汉语中的“天下”一词训读为“天下（アメノシタ）”，并在其中融入日式神仙观念，从而产生了日式的天下观。虽然也有说法称，日本列岛最初使用“天下”时仍借用了中国“天下”的概念，但中国的天下思想不能没有“德治”与“天命”这样的要素，“德治”与“天命”是中国改朝换代思想的基础，可它们与“万世一系”的天皇制思想却是互不相容的。因此，我们应该这样来看，日本列岛当初所接纳的“天下”，正是施以日式阐释后的“天下”。

另外，在日语中，“大王”一词被训读为“大王（オオキミ）”，有王中之大者，即首领中势力最强之人的意思。与此相对的，“天皇”则被训读为“天皇（スメラミコト）”，其中的

“スメラ”（sumera）源自“澄む[1]”（参见终章），“天皇（スメラミコト）”是指在政治、宗教上被圣化之人，且其前还有“现神[2]（アキツミカミ）”作为修饰，所以“现神御宇天皇”就意味着“作为降世之神统治天下的圣人”。因此，笔者认为日本列岛的统治者称号之所以会从“治天下大王”变为“现神御宇天皇”，实际上是因为统治者已从“王中之王”转变成了“神”。

从“王中之王”到“神”

从概念上说，作为“王中之王”的大王与构成联合政权的其他成员拥有相同地位，只不过大王是盟主罢了。而与此相对的，作为现神的天皇具有超凡的权威，其性质与联合政权的盟主完全不同，是令人望尘莫及的存在。

虽说在大王时期，就已有“大王是天神子孙（天孙）”的观念萌芽，但其内涵却仍然十分模糊。那时并不像奈良时代以后，已形成了“天皇是天照大神的直系子孙”这种明确的皇统观。我们也无法确认大王时期出现了“降世之神”，也就是“现神的意识形态。按理说如果是神的子孙，那其本身的身份也应是神，但说到底，“现神”其实只是意识形态上的问题，只要有意识地大肆宣传，“现神”的概念就会在人们的

1 澄む（すむ），在日语中意为宁静、澄澈。

2 现神，日语原文为“現神”，意为下凡至人间，以人的形态示人之神。

意识中生根发芽。因此，笔者认为“现神”这一意识形态是“天皇”称号出现之后才逐渐形成的。

所谓的“大王是王中之王，还不是神”正说明，令大王统治权正统化的终极权威尚在别处。大王必须通过如下过程，才能即位：首先，新大王必须得到群臣的拥戴；然后，大王要在建造王宫的地方修建一个小高坛；最后，大王还需要登坛祭祀天神，接受众神委予其统治地上万物的权力。也就是说，那时的人认为，大王地位的正统性最终是由天神赋予的，天神才是令大王能够统治“天下”的终极权威。

而与此相对的，天皇是由先帝让位，或是在先帝死后，依据遗诏即位的。天皇即位最优先考量的因素除天孙血统外，便是先帝的个人意志。在天皇时期，先帝的个人意志被当作是新天皇即位的正统依据，而这正意味着，天皇自身实际上已上升为统治“天下”的终极权威。

“天皇是神”的依据来自神话“天孙降临”。在“天皇”称号形成的天武朝时期，建国神话逐渐形成体系。公元8世纪初，《古事记》《日本书纪》成书，这使得“天皇是神”的概念得以确立。在中国，是“天命”这样一种抽象的概念将天上世界与人间统治者联系在一起。而与此相对的，在日本，则有“天孙降临”这一具象化的神话，天照大神直系子孙的血统作为筛选统治者的资格，受到人们的重视。如此一来，日本人通过神话和血统将天上世界与人间统治者联系在了一起。

虽说天皇是“神”，但天皇却并非人们信仰的对象。作为“现神”的天皇是赋予王权统治正统性的终极权威。在律令体制下，国家的统治之法以诏书、敕令（天皇的命令）的形式被颁布。这种形式即是在以“现神”天皇的名义颁布法律，使法律上升为国家意志，再通过“神”的权威敦促臣民服从。天皇成功升格为“神”，并获得终极权威之源——地位。在统治者称号从“治天下大王”转变为“天皇”的过程中，日本列岛的统治者首次升格成“神”，变成了日式“天下”的终极权威。与此同时，由“天皇”统治的“日本”诞生了。以上内容就是笔者的观点，之后我们会在正文中详细阐述这一历史缘由。

※ 在天武朝、持统朝，“天皇”“日本”等称号出现前，本书使用了“倭王”“（治天下）大王”和“倭国”“倭王权”等表述。但是像“雄略天皇”“推古天皇”等个人名讳，本书则直接沿用了惯用表达。对于“皇后”“皇太子”“皇子”“皇女”等称谓，本书虽使用了“大后”“大子”“王子”“王女”等表述，但涉及个人名讳时，本书仍将遵循惯用表达。此外，采用汉风（中国式）谥号的“雄略”“天武”等两个汉字的天皇名，乃是淡海三船在奈良朝时代后半为初代神武天皇及其后诸位天皇选定的谥号，因已成通例，故此沿用。

第一章

列岛、半岛和大陆——东亚世界中的倭国

第一节 | 连接“大和”与“加罗”之路

寻觅“大和”发源地

公元 5 世纪后半的雄略朝时期，在独立的天下观已逐渐形成的基础上，倭王开始使用“治天下大王”的统治者称号。可以说，这是倭王权进一步发展的结果。同列岛周边的东亚世界开展交流，对该时期倭王权的确立意义重大。倭国同周边诸国交流的路线主要有两条，分别是朝鲜半岛交通线（后文简称“半岛交通线”）与中国大陆交通线（后文简称“大陆交通线”）。

其中，半岛交通线对公元 4 世纪至公元 7 世纪日本列岛社会的历史意义重大。这一时期，大量的移民和物资从朝鲜半岛流入日本列岛，正是这些移民和物资推动了日本列岛社会的发展。因此，若想要掌握日本列岛的政治权力，牢牢掌控半岛交通线可谓至关重要。

大致以公元 4 世纪初为界，日本列岛一方掌控半岛交通线的主体发生了改变。公元 4 世纪以前，在日本列岛内部，主要是北九州地区的势力在同加罗（日本列岛社会对朝鲜半岛南部伽倻地区的称呼）往来交流。而公元 4 世纪初以后，畿内地区的大和取代了北九州地区的势力。也就是说，在该时期大和与加罗第一次产生了交集。笔者认为，正是这次的交集成为倭王权发展的原点。因此，接下来我们将研究掌控半岛交通线的大和与加罗，并探寻它们的发源地。

众所周知，日本之国又被称为“大和（ヤマト）”，大和原是奈良盆地东南部一带的地名。笔者认为，自大和国城下郡大和乡（天理市海知町）与大和神社（天理市新泉町）的所在地天理市南部开始，经箸墓古坟（樱井市箸中），直至古代被称作磐余的天之香具（久）山的东麓一带（樱井市池之内附近），即是大和本来的地理位置所在。

上述这一区域算是三轮山西麓地区，它恰好位于倭王权的发祥地范围内。本丛书中的《王权的诞生》详细介绍过的箸墓古坟与缠向遗迹也地处该区域范围。

可以说，倭王权（也称大和王权）诞生于这一地区，并逐渐自此脱胎成为列岛霸主。与之相应的，“大和”一词也从指代今奈良县范围的大和国全境，逐渐扩展为指代整个倭国，甚至后来的日本国所拥有的广阔领土。最初，“ヤマト（Yamato）”一词被写作“倭”，到了奈良时代则被表记为“大倭”，自公元8世纪中叶起，把“ヤマト”写作“大和”已成为一种共识。

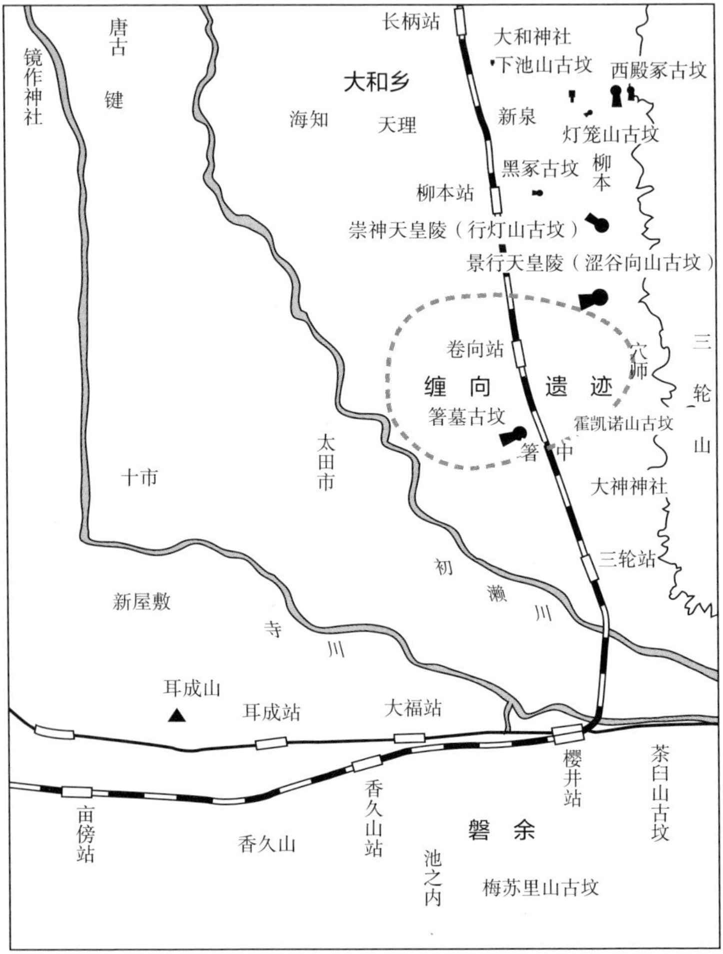

“大和”相关地图 “大和”位于三轮山西麓

朝鲜半岛的窗口“加罗”

在日语中，像“大和”一词那样，语义范围不断扩大且一词多义的地名，还有一个就是“加罗”。

古代史上提起的“加罗”，原本指的是在朝鲜的三国时代没有被百济、新罗吞并而得以幸存的一众小国。

一般来说，“加罗（カラ）”还可以写作“加耶（カヤ）”“伽耶（カヤ）”等，但因为在古代朝鲜语里“ラ”和“ヤ”通用，所以实际上加罗和加耶、伽耶[1]等意思相同，指的是《日本书纪》中记载的名为“任那”的地方，虽然该区域的地理范围也会因历史时期的不同而有所变动，但其所指代的地域主要还是框定在庆尚南道及其周边一带。

综上所述，“カラ（Kara）”一词源自朝鲜半岛南部的地名“加罗”。随后在日本，它被用来表记汉字“韩”，成为朝鲜半岛的总称，后又被用来表记汉字“唐”，意指中国，甚至引申出了“外国”之意。因电影《望乡》而闻名的“からゆきさん[2]”一词指的就是“去外国的人”。这便是“加罗”引申为“外国”的典型例子。

---

1 加耶、伽耶亦可写作伽倻，伽倻是目前广泛使用的译法，因此在后文中，本书将统一使用“伽倻”这一译法。

2 からゆきさん（Karayuki-san），から＝カラ＝外国，ゆき＝行き＝去，さん是对人的尊敬称呼。在中文中该词被译为唐行小姐或南洋姐，它是 19 世纪后半日本对前往中国、东南亚卖身的日本妇女的称呼。

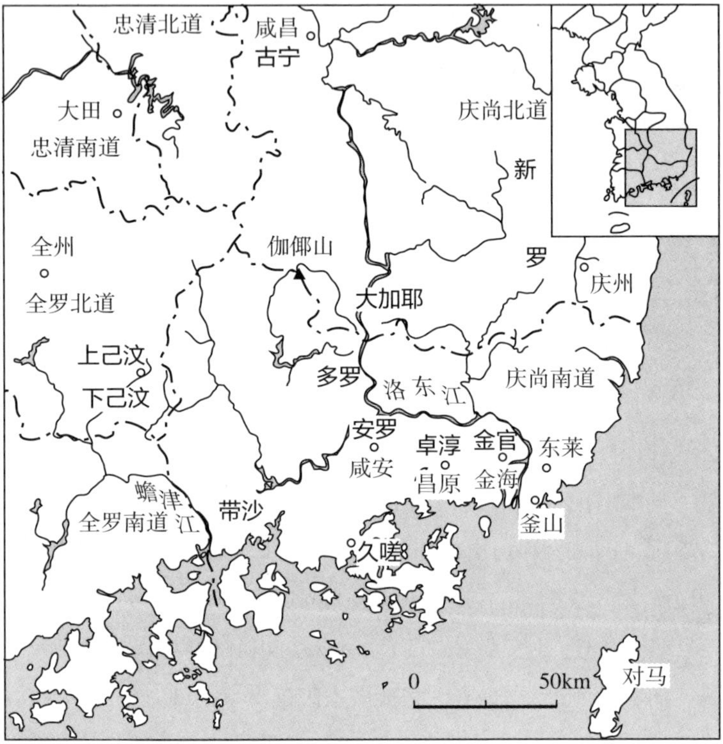

“加罗”相关地图（注：黑体为古地名）
“加罗”= 金官国，是这一地区的地名

虽说“加罗”一词语义的延伸与“大和”一词词义的扩展有着某些相似之处，但笔者认为对日本人来说，“加罗”原本就是一个自带特殊意义的外国地名。

“加罗”一词原本是一个固有名词，指朝鲜半岛南部洛东江河口右岸的金官国（庆尚南道金海市附近）。据《三国志·魏志·倭人传》记载的到邪马台国的行程记录，从朝鲜半岛前往日本列岛的登船起航处，有一个叫作“狗邪韩国”的国家，它就是后来的金官国。此“狗邪”与“加罗”实际上指的是同一个地方。

金官国虽是一个小国，但对倭人与倭国来说，它却是一个特殊的存在。金官国和对马隔海相望，天气好的时候，站在对马西北端的千俵莳山上，就可远眺金官国。此外，因为金官国拥有地处洛东江河口的天然良港，所以从史前开始这里就是朝鲜半岛与日本列岛往来交流的重要据点。倭王权建立后，官方外交也利用了此民间交往的路线，倭国与金官国最先建立了正式的外交关系。

正因如此，对于倭人来说，加罗即金官国自古以来就是朝鲜半岛的窗口，金官国是最靠近倭国的邻国，它给倭国提供了很多先进的文化产物，是一个无法替代的重要国家。

另一方面，金官国也是伽倻诸国中较有实力的国家之一，特别是从公元 4 世纪到公元 5 世纪前半，全盛时期的金官国显赫一时。原本指代金官国的专有名词“加罗”，也因为金官国的强盛，而被用于泛指朝鲜半岛的伽倻诸国。除此之外，正如人们把伽倻北部的伴跛国称作“大加耶”一般，“加罗”也被用于称呼实力强盛的伽倻诸国。

不过，在日语中“加罗”一词的词义之所以不断扩大，恐怕还是因为金官国自古以来便是朝鲜半岛的窗口。对于倭人来说，金官国就是距离最近且最为重要的异国。在半岛交通线至关重要的时期，“加罗”的词义扩大至指代整个朝鲜半岛。后来，日本列岛同中国直接交往，大陆交通线日趋重要，久而久之“加罗”的词义又扩张至指代中国，最终“加罗”的词义甚至进一步引申至指代所有外国。

任那一词的言外之意

《日本书纪》习惯将伽倻诸国称为“任那”。直到近几年，日本的教科书才开始将伽倻地区称作“加罗”或者“加耶”，在此之前的教科书也全是沿用《日本书纪》的说法，所以即便是现在，和笔者年纪相差不大的读者都感觉还是任那更为亲切。但是相较于长期以来从民众中孕育出的加罗，任那却是基于独尊倭王权的立场而被创造出来的，其政治色彩十分浓郁。

直到近二三十年前，日本古代史学界一直认为：日本在大和朝廷成立后不久的公元 4 世纪后半就把武装力量扩张到了朝鲜半岛南部地区，并在那里设立了统治机关——任那日本府，把那里当作大和朝廷的屯仓，像殖民地一样统治和管理这片区域，直至公元 562 年任那灭亡。这一看法虽然已在当今学界销声匿迹，但该观点造成的影响却依然存在。

如上所述，任那一词可谓是与任那日本府史观密不可分的。除此之外，任那恐怕还受到了《日本书纪》的影响。

《日本书纪》经常用任那一词泛指伽倻诸国，并主张该地区是大和朝廷的屯仓，如果直接按照《日本书纪》的字面意思理解，整个伽倻地区似乎都已处于大和朝廷的统治之下。然而事实上，倭国虽然在政治、军事方面影响着伽倻诸国，但这种影响绝非完全的统治。伽倻诸国虽小，可它们却一直保有政治独立性。《日本书纪》中有关任那的记述，忠诚地维护着日本古代国家的政治立场，但那并非客观事实，读者若是信以为真，只怕就真的掉进了《日本书纪》编撰者的圈套。

那么《日本书纪》是否完全不可信呢？也不尽然。虽然《日本书纪》秉持着日本古代国家的政治立场到处篡改原始史料，但另一方面，《日本书纪》也收录了大量现已无法查阅的珍贵史料。如果我们不能充分利用这座史料宝库，我们就无法探究本书所聚焦的这段时期的历史。笔者认为，了解《日本书纪》的立场，在进行史料批判的基础上，利用可以利用的材料，才是研究历史的应取之道。

实际上，《日本书纪》中频繁使用的任那一词是伽倻诸国中的一个国家——金官国的别名。公元924年的朝鲜史料《昌原凤林寺真镜大师宝月凌空塔碑文》所言“大师讳审希，俗姓新金氏，其先任那王族……投于我国”，说的是公元532年金官国的末代国王金仇亥向新罗投降一事，所以此处的任那毫无疑问就是金官国。

除此之外，朝鲜史料中再无使用任那泛指伽倻诸国的例子。《日本书纪》喜欢用任那泛指伽倻诸国，以使伽倻诸国附上大和朝廷直属领地之意。这种独特的用法将日本古代国家的政治立场暴露无遗。换言之，《日本书纪》中的任那原本就有“日本的附属国”这层言外之意。所以到了近代日本，任那才会被大量用于形容日本统治下的国家。朝鲜史学者田中俊明就曾表示：“我既不想使用，也不该使用任那。”笔者亦深以为然。

“大和”与“加罗”的相逢

对日本人来说，“大和”与“加罗”这两个词都有特别的意义。公元 4 世纪前半，狭义的“大和”与“加罗”产生了交集。以此为契机，日本列岛的历史迎来了崭新的篇章。

在朝鲜半岛南部，日本列岛与朝鲜半岛之间人员往来留下的痕迹遍布各处。在朝鲜半岛南部的伽倻地区大量出土了由日本列岛带至朝鲜半岛的遗物，以及被认为是日本列岛的移民在朝鲜半岛制造的遗物（后文统称“倭系遗物”）。

近年来，经过发掘调查以金海为中心的伽倻地区，考古人员发现了日本列岛弥生时代及其之前的倭系遗物，这些倭系遗物有大半来自九州北部地区，而古坟时代的倭系遗物则几乎全部来自畿内地区。

金海的良洞里遗迹有不少公元2世纪至公元3世纪的坟墓群，考古人员从中出土了小型仿制镜、中广形铜矛等倭系遗物，它们中有不少都被认为制造于弥生时代后期的九州北部地区。然而到了公元4世纪的金海大成洞遗迹以及东莱福泉洞遗迹，这些坟墓中的巴形铜器、碧玉制石材制品、筒型铜器等倭系遗物则几乎全部来自畿内的大和地区。韩国考古学者申敬澈指出，这是公元3世纪至公元4世纪之间，负责同伽倻开展交流的主体由北九州势力急转为畿内势力的结果。换言之，以大和国为中心的势力（=倭王权）在政治上统一了包括北九州地区在内的局部地区。连通日本列岛与朝鲜半岛的交通线也被紧紧攥在了倭王权手中。“大和”与“加罗”就这样相遇了。

从遗留在玄界滩远海无人岛——冲之岛上的祭祀遗迹，也可窥见“大和”与“加罗”的此次相逢。冲之岛宗像神社里的冲津宫供奉着“海北道中”的守护神——宗像三女神。而此处的“海北道中”指的就是从九州地区通往朝鲜半岛及中国大陆的海上要道。

冲之岛正式举行航海神祭祀是在公元4世纪后半。在这一时期，人们会在巨大的岩石上设立祭坛，奉上铜镜、碧玉制腕饰、滑石制祭具、武器、工具等物，举行祭祀活动。这些文物

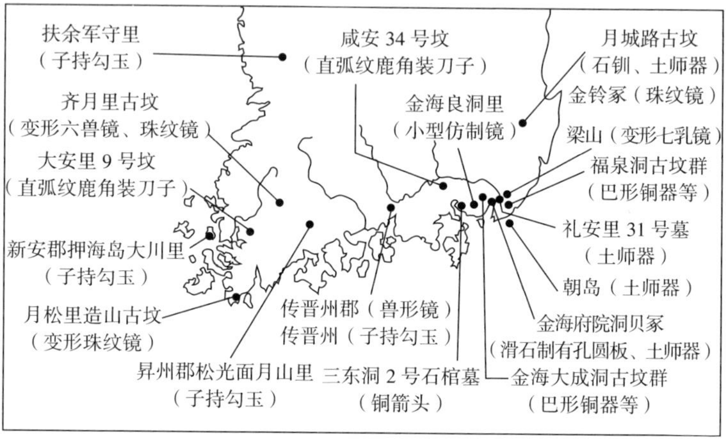

朝鲜半岛南部的主要遗迹与倭系遗物分布图（田中俊明提供）

和该时期古坟中的陪葬品种类相同，但其品质和数量却远超九州北部地区的古坟。可以说，单凭九州当地豪族的一己之力是无法举办冲之岛祭祀的，所以该项祭祀的主体无疑还是畿内的大和势力。

由此可见，冲之岛祭祀之所以出现于公元4世纪后半，是因为其是以倭王权为主体的祭祀活动。换言之，公元4世纪中叶以前，倭王权就已经掌控了从九州通往朝鲜半岛和中国大陆的海上要道。上述即是从考古学上证明“大和”与“加罗”产生交集的例子。

物资的流通往往也伴随着人员的移动。物资与人员在半岛交通线上往来不断，其中自日本列岛向朝鲜半岛的人员移动，正如朝鲜半岛南部出土的倭系陶器所示。从中我们还能看到大和势力延伸的足迹。

以金海、釜山为中心，考古人员从庆州、马山等地出土了若干陶器，这些陶器继承了古坟时代日本列岛上常用的土师器[1]的衣钵。据韩国考古学者安在晧的研究可知，土师器系陶器从公元4世纪前半一直存续至公元5世纪前半，它们的形制来源于畿内地区的布留式陶器[2]，抑或继承了布留式陶器衣钵的布留系陶器。某种程度上，这些陶器的形制随日本列岛陶器形制的变化而变化。另一方面，在朝鲜半岛软质陶器器形、制作工艺的影响下，这些陶器也显现出独有的变化。安在晧认为，根据上述情况推测，在过去曾有倭人集团从日本列岛移居朝鲜半岛。

移居朝鲜半岛的倭人制造的陶器沿袭了畿内布留式陶器的形制，这一情况表明，此类倭人移民大都来自畿内地区，或是他们与畿内地区的倭王权存在某种联系。也就是说，他们很有可能是在倭王权的授意下移居朝鲜半岛的。另一方面，朝鲜半岛上的倭系陶器也受到了朝鲜半岛当地陶器的影响，这说明部分倭人移民已在半岛社会定居下来。

综上所述，在倭王权掌控了朝鲜半岛交通线后，负责往

1 土师器，古坟时代至平安时代的素烧陶器，呈黄褐色，土质细腻，用高温烧成。

2 布留式陶器，代表古坟时代前半近畿地区风格的陶器样式。

来交流的大和倭人通过半岛交通线被派往加罗，并在加罗定居，他们的子孙所留下的陶器便是上文提及的土师器系陶器。

掌控朝鲜半岛交通线的目的

那么，掌控了朝鲜半岛交通线的倭王权为何要将倭人集团送至朝鲜半岛呢？

近年来，学界普遍认为，谈及日本列岛和朝鲜半岛的交流，就无法绕开铁的问题。记录了3世纪前后所发生事件的《三国志·魏志·弁辰传》记录的是公元3世纪前后发生的事情，其中有一段记述十分有名："国出铁，韩、濊、倭皆从取之。诸市买皆用铁，如中国用钱。"弥生时代日本列岛的倭人极度依赖朝鲜半岛的铁资源，为了获取铁资源，他们常常渡海来到朝鲜半岛。即便进入古坟时代以后，至少直到约公元5世纪末，这样的状况基本上也未曾发生改变。在那一时期，倭国内部虽然已在相当程度上普及加工武器、农具等制品，但大半的铁原料仍然需要从朝鲜半岛进口。

考古人员曾从公元5世纪的古坟中出土过大量的长方片形铁原料——铁铤，通过对其进行成分分析与形状比对，这些铁铤被认为很有可能来自朝鲜半岛，尤其是金海、釜山地区。另外，这些铁铤的重量符合一定的规格，它们很有可能具备货币的功能。在本系列前一册书（《王权的诞生》）中，我们已经讨论过获取铁原料的路径与政治权力间的关系。都出比吕志认为，倭王权通过掌控进口铁原料的半岛交通线来独揽向列岛各地的首领二次分配铁原料的权力，从而达到巩固霸权的目的。这是一个宏大而有吸引力的假说。若果真如此，那么在古坟时代，倭人自然也会为了获取铁原料等必需品而往返于朝鲜半岛与日本列岛之间。可以说，前文提到的朝鲜半岛南部出土的土师器系陶器，从考古学角度佐证了上述观点。

公元5世纪前半，正如后文所述，朝鲜半岛传来了多种先进技术，例如以烧制须惠器[1]的技术为代表的各类新式锻冶技术、金属加工技术等。就如同垄断铁原料一般，倭王权垄断了这些新式技术，并严控它们传入列岛各地。

在古坟时代，舶来的中国镜、碧玉制腕饰、装饰大刀、头冠等权力象征物，也大多通过半岛交通线从中国和朝鲜半岛诸国传入日本列岛。

综上所述，公元4世纪前半大和与加罗的相遇，意味着倭王权已完全掌控了半岛交通线。据此，倭王权垄断了以铁为代表的必需品、权力象征物及先进的技术，并通过在列岛内部对其实施再分配以强化对各地首领的政治统治。都出比吕志认

1 须惠器，古坟时代后期至平安时代盛行的陶器，呈灰色或黑色。

为，古坟时代初期形成的日本列岛内的这种政治性统一可被理解为“早期国家”的形态。

正是那些在倭王权授意下前往朝鲜半岛并定居于此的倭人，开拓了被倭王权独霸的半岛交通线。公元 4 世纪以后，倭王权加强了同朝鲜半岛的交流，大量的倭人抵达朝鲜半岛。但是，倭王权这样做并不是为了统治朝鲜半岛南部，有时倭王权只是应朝鲜半岛一方的请求提供军事援助，作为回报，倭王权会要求朝鲜半岛一方提供人员和物资，当然这些人员和物资必须由倭王权垄断。

何时建立国家

日本列岛上的国家是何时建立的呢？这个问题的答案关乎人们对“国家”的定义，所以表述起来相当复杂。津田左右吉（1873—1961）曾批判《古事记》和《日本书纪》，继承了津田左右吉批判思想的战后古代史学界普遍认为，《古事记》和《日本书纪》的史料性不够严谨。所以学界对其记述的内容也多持否定态度。不过，较之过去，当今史学界对各类制度形成的时期又有了更新的认识。在这样的研究动向中，希望重新审视“日本列岛何时建国”的呼声也越来越高。

学界的这种动向是严密批判史料的成果，当然应该得到充分的尊重。结合这些成果，笔者认为国造制[1]、部民制[2]、氏姓制度[3]等，基本上都形成于公元6世纪以后。

不过，自学界对《古事记》《日本书纪》的史料定性后，古代史研究者们便对《古事记》和《日本书纪》敬而远之了。史学研究的时间范围也从大化改新前，推后至奈良时代、平安时代。这令大化改新以前的史学研究变得分外薄弱。

另一方面，随着发掘调查成果的累积，较之过去，考古学界对该时期的研究却大为充实，研究者的人数更是与日俱增，相关研究的进展也可谓是突飞猛进。于是，在充分吸收考古学研究成果的基础上，探讨《古事记》《日本书纪》的史料性，恐怕才是如今研究大化改新前古代史工作的当务之急。

正如本系列前一册书（《王权的诞生》）所言，近年来的考古学逐渐明晰的一个重要史实是——一股以大和为中心的势力早在古坟时代初期，就已在政治上统一了列岛。那么，我们应该如何看待这种“政治性统一”的实质呢？或者说我们是否应该将这种“政治性统一”视为国家呢？虽然各方学者对此仍然众说纷纭，但是比起这种各家争鸣的状态，恐怕探讨“以大和为中心的势力完成了对日本列岛主体部分的政治性统一”这种

1 国造制，大和时代设置的地方官制度，国造由大和朝廷任命，掌握所辖地域的军事权和裁判权。

2 部民制，大和时代的民众统治制度，大和朝廷将被征服的氏族部落、大陆移民以集团形式编为部民，从事某一特定职业，分别隶属于皇室或贵族。

3 氏姓制度，大和朝廷向各氏集团授姓，以稳固统治秩序的制度。

基本认识是否妥当，才最为重要。而对于这一问题，笔者所持态度与本书参考文献的研究方向大致保持一致，即表示赞成。此外，笔者对都出比吕志这种把上述的“政治性统一”称作“早期国家”，并将其归入“国家”范畴的观点，甚感亲切。

第二节　半岛的动乱和倭王权的巩固

和百济建交——七支刀铭文

倭王权在公元 4 世纪初掌控了半岛交通线，并通过半岛交通线开始与伽倻诸国交往。其后不久，倭王权又通过伽倻诸国牵线搭桥，与刚建国不久的百济建交。随后，双方缔结为军事同盟。那么，倭国为什么会和百济结盟呢？下面就让我们以奈良县石上神宫收藏的七支刀的铭文为线索，对该问题一探究竟。

铭文刻于七支刀的正反两面：

【正面】

泰和四年五月十六日丙午正阳造百练铁七支刀□辟百

兵宜供供侯王□□□□□

（大意：泰和［太和］四年［369］五月十六日丙午正午，用百炼之铁铸七支刀。此刀能辟邪，适于王侯佩戴。）

【背面】

先世以来未有此刀百济王世子奇生圣音故为倭王旨造传示后世

（大意：先世以来，如此宝刀从未出现，百济王世子［太子］奇生［贵须王］特意为倭王精心铸造，以传后世。）

七支刀的铭文该如何解读仍众说纷纭，但是对于“泰和（太和）四年百济王世子（太子）打造了七支刀并将其赠予倭王”的观点，各家学者的意见基本保持一致。百济王世子向倭王赠七支刀一事证明，百济承认了倭王的政治地位。换言之，在这一时期，倭国和百济建立了正式的外交关系。

《日本书纪》中也有与七支刀铭文相对应的记述。《日本书纪·神功纪》五十二年九月条中有如下记载：“久氐等从千熊长彦诣之，则献七枝刀一口、七子镜一面及种种重宝。”从此，百济每年都会向倭国“朝贡”（外国之王以臣下之礼献上贡品）。这里需要指出的是，《日本书纪》将“七支刀”写成“七枝刀”，铭文中的“支”和“枝”是通假字，所以两者都有“分成七枝的刀”之意。

据说上述《日本书纪》的记载是参考《百济记》写成。除

国宝七支刀　长74.9厘米（石上神宫藏）

此之外，在《日本书纪》编撰的过程中，编撰者也有参考百济相关史书“百济三书”中的另外两本——《百济本记》和《百济新撰》。不过值得注意的是，从内容上看，“百济三书”似乎并非编撰于百济本国。学界有种较为令人信服的观点认为，公元660年百济灭亡后，流亡至倭国的百济人于公元7世纪末至公元8世纪初，应《日本书纪》的编委会之邀，撰写了百济三书。

虽然流亡倭国的百济人在编撰百济三书时，充分利用了百济的古籍资料，但是在政治立场上，他们为日本朝廷效力，为了迎合天皇和日本朝廷的心意，少不了做小小的修改。所以，若想好好利用这些资料，我们必须多加留意、甄别。

如果把参考《百济记》编撰的《日本书纪·神功纪》的纪年，推后干支二运（一运等于六十年），则可通过计算得出其所述内容的实际年代[1]。照此方法，《神功纪》五十二年可根据前代研究转换为公元252年，随后我们再将这一时间推后干支二运，即可得到公元372年这一实际年代数，公元372年与七支刀铭文中出现的公元369年仅仅相隔三年，在时间上可以说二者是大致吻合的。

1 经学者那珂通世论证，在时间上，《日本书纪·神功纪》《日本书纪·应神纪》及其援引的百济史料《百济记》比《日本书纪》所述年代推后120年。

不过需要注意的是，《日本书纪》之所以会刻意将上述情况表述成百济“朝贡”倭国，是因为《日本书纪》有其惯用立场——日本自古以来就是受周边各国朝贡的“东夷小帝国”。所以，我们切不可不假思索地对《日本书纪》的全部内容照单全收。至于七支刀的铭文，我们仔细品味就会发现其中并没有只言片语关乎“朝贡”，所以在那一时期，百济与倭国结成的外交关系，实际上应该是对等的外交关系。这样理解显然更符合史实。也就是说，作为两国平等建交的纪念，七支刀被百济王世子赠予倭王。

据《日本书纪》记载，倭国与百济建交，是百济率先行动并经由伽倻地区的卓淳国（庆尚南道昌原）从中撮合才得以达成的。

缔结军事同盟

那么，百济为什么要拉拢倭国呢？接下来，让我们把目光转向朝鲜半岛。

那时的朝鲜半岛刚刚进入三国时代，北方有强国高句丽虎视眈眈，南方有刚建国不久的新罗和百济东西并立，至于伽倻诸国，它们被夹在新罗和百济之间连成一片。在此背景下，应对高句丽的南下政策，便成为百济与倭国交好的缘由。

另一方面，于公元 280 年统一了中国的西晋，进入公元 4

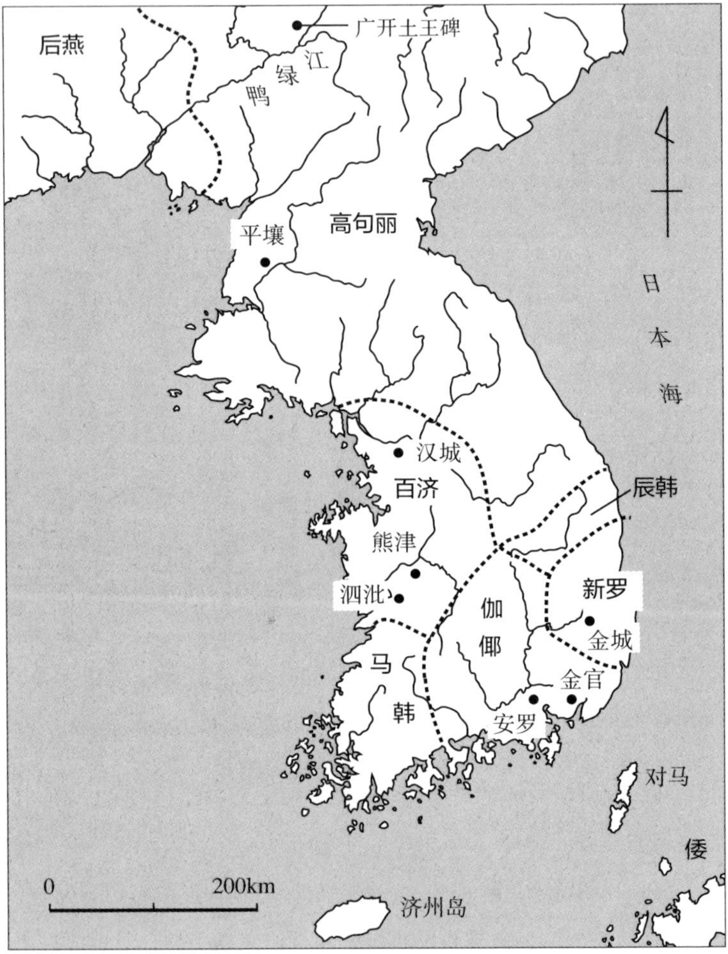

公元 4 世纪末的朝鲜半岛　百济与高句丽交战，并拉拢倭国

世纪便急速衰落，中国北方的游牧民族接连翻越长城，屡次犯境，建立政权，竞相称霸。中国逐步迈入五胡十六国的时代。公元 316 年，西晋灭亡。西晋皇族逃往江南，于建康（南京）重建晋廷，史称东晋。

西晋的衰亡与晋室南迁，给朝鲜半岛的格局带来了巨大的影响。公元 313 年前后，高句丽一举攻占原西晋的统治据点——乐浪、带方二郡，并将西晋势力逐出朝鲜半岛。然而，西晋势力虽一落千丈，但在毗邻朝鲜半岛的辽东、辽西地区，前燕势力却在不断扩张。不可避免地，前燕与高句丽爆发了激烈的冲突。

公元 342 年，高句丽大败于前燕。翌年，高句丽王被迫向前燕称臣。高句丽故国原王在遭受这一重大挫折后，以乐浪郡故地平壤为据点，意图使高句丽势力向朝鲜半岛南部扩张，以谋求生存空间。在此背景下，高句丽和公元 4 世纪前半刚于马韩之地建国的百济相互对峙。公元 371 年，百济近肖古王同太子贵须一道，进攻高句丽的平壤城，双方发生激战。高句丽故国原王迎击敌军，不幸中箭，战死沙场。而这正是《日本书纪》记载的，百济向倭国献上七支刀的前一年。

如此看来，百济是在与采取南下政策的高句丽激烈交锋之时，才拉拢了倭国，与倭国建交，赠予倭王七支刀的。可以说，在那时百济急需一个军事伙伴。所以，它将目光投向了倭国。另一方面，对倭国来说，百济同样重要，百济是先进文化产物的供给方。不仅如此，乐浪、带方二郡被高句丽攻陷后，

广开土王碑（1913 年）

居于此地的中国人有不少都逃往了百济。百济在败于高句丽之后的第二年，便向东晋遣使朝贡，与东晋正式建交。这样一来，倭国便打通了沟通朝鲜半岛和中国大陆的新渠道。

被参谋总部相中的广开土王碑

倭国和百济结盟后不久，应百济之请，倭国参与到百济与宿敌高句丽的对战中。此事被记载于广开土王碑（又称好太王碑）的碑文之中。对于因史料匮乏而迷雾重重的列岛 4 世纪史而言，这篇透露倭国在半岛动向的碑文可谓弥足珍贵。

广开土王碑矗立在今中国境内鸭绿江北岸的吉林省集安市原高句丽旧都国内城内，其碑高 6 米，伟岸威仪。广开土王碑的碑文共计约 1800 字，它记录了倭国活跃于朝鲜半岛的情况，其中的“辛卯年条”部分在日本国内一直备受关注，而其前后篆刻的文字如下：

① 百残新罗旧是属民，由来朝贡。（百残［= 百济］、新罗自古便是属民，历来皆朝贡。）

② 而倭以辛卯年来，渡海破百残□□新罗，以为臣民。（释文参见后文。）

③ 以六年丙申，王躬率水军，讨伐残国。（[永乐]六年丙申[396]，王亲率水军讨伐残国[=百济]。）

（□表示碑面风化，碑字无法释读之处。）

明治时代以来，日本学界独重上述②辛卯年条一节之内容，并将其大致解读为："倭以辛卯年（公元391年）来，渡海攻百残、□□、新罗，以为臣民。"换言之，公元391年倭国渡海攻打朝鲜半岛，短时间内大败百残（对百济的蔑称）、新罗等，并将它们纳为臣属。可以说，这种说法大大满足了日本人的民族优越感。

然而，正如昭和四十六年（1971）近代史专家中冢明所言，自明治时代以来，日本关于广开土王碑的研究显然走上了歧路。明治十六年（1883），日本参谋总部的炮兵大尉（实际上是个间谍）酒匂景信将广开土王碑的拓本（双钩填墨本）带回日本后，参谋总部对碑文做了解读。于参谋总部而言，"辛卯年条"就是证明朝鲜半岛南部自古以来便处于日本统治之下的铁证。参谋总部的此番解读严重影响了后世的碑文研究。

对此，在中冢明的启发下，旅日考古学者李进熙又提出了"碑文篡改说"。李进熙将研究的目光聚焦至参谋总部的解读及石碑表面涂满石灰的报告。他认为，酒匂景信将拓本带回日本后，篡改了其中的部分内容。参谋总部为掩盖真相，便派遣大量工作人员至石碑所在地，用石灰涂在碑面上篡改了碑文。

但是，那时若要前往石碑所在地进行实地调查是件相当困难的事。因此，李进熙提出的假说主要还是依赖于拓本内容，以及战前去过石碑所在地的学者们的手记。后来，中国吉林省当地的王健群，对广开土王碑又进行了一次详细的调查。经调查发现，是拓工初天富、初均德父子把石灰涂在了石碑上。综合其他诸多例证，王健群的研究表明，上述涂抹石灰、篡改碑文之事纯属子虚乌有。因此，涂抹石灰前所制作的原石拓本，字迹虽已模糊不清，但其史料价值却非常之大。

原石拓本辛卯年条的碑文，除完全磨损至无法辨认的两个字及一个不清晰的“海”字外，其他的碑文皆可确认。王健群说：“在原来的石碑上，‘海’字也是能够依稀辨认的。”综上所述，经过众多学者的不断努力，辛卯年条碑文的可信度又再次得到了确认。

辛卯年条是序文

明治时代之后的碑文研究最大的问题就是将辛卯年条从文脉中剥离出来，并以此为凭证，断章取义地强调倭国在朝鲜半岛的行动。这种研究方法只取对自己有利的部分加以阐释，说它是“报喜不报忧”也不为过。相比之下，朝鲜、韩国的学者们则一直在批判日本学界的这种歪曲解读，并积极提出了自己的新见解。这些新见解虽然形形色色，但它们全都否定百济、新罗等附属于倭国。对于高句丽自始至终的有利形势，它们的认识是一致的，可以说，这些见解完全站在了日本方面解读的对立面。

但是，或许正如朝鲜史专家李成市指出的那样，日本明治时代以来对广开土王碑的解读，和韩国、朝鲜学者的解读，都受到自身所处时代的影响，并不客观。为了摆脱这种研究状况，我们必须着眼于碑文的整体脉络，重新思考辛卯年条的内容。

经过重新梳理碑文，我们发现日本、韩国、朝鲜的学者在理解碑文时都犯了一个语法上的大错误，即将“以辛卯年来”的“来”理解成了动词。实际上，“以辛卯年来”在语法上同“辛卯年以来”之意完全相同，即可解释为“从辛卯年起延续至今”。这样一来，上述②的释文就变成了：“倭国自辛卯年（公元391年）以来，常渡海攻百残（=百济），□□新罗，使之为属国。”这样的解释读起来似乎顺畅不少。该方案由日本的东洋史学者西岛定生提出，王健群也持相同看法。

此外，若将辛卯年条②置于上下文中理解，以往被忽视的重要信息也会浮出水面。从篇章结构来看，辛卯年条出现在碑文的序文中，该序文旨在正当化广开土王的战绩。换言之，上述碑文的解读如下：①新罗、百济原本就是高句丽的属国，且一直向高句丽朝贡；②然而，倭国自辛卯年起，频频渡海进攻百济、新罗，并使得百济、新罗附属于倭国；③在这种形势下，广开土王于公元 396 年，亲率水军，讨伐已沦为倭国属国的百济。而此后的内容写道："归王（= 百济国王）自誓，从今以后，永为奴客。"通过上述解读可知，①至③文段的重点明显落在了记录和称颂广开土王辉煌战绩的③上。

②辛卯年条揭示了③的出兵理由，相当于在为后文做铺垫。正因如此，站在高句丽的角度看，②辛卯年条记述的内容应是对高句丽相对不利的内容。从碑文的整体文脉也可知，无论怎么看，②的内容大致都应该是在说倭国迫使百济、新罗臣服。

广开土王碑上的"倭"是海盗吗?

重新梳理广开土王碑的碑文，我们可以知道，尽管时间并不长久，但百济和新罗的确也曾短暂地做过倭国的属国。通过碑文的文脉逻辑，辛卯年条的内容得到了印证。不过值得注意的是，这些碑文旨在强调广开土王战功卓著，所以在内容上难免有些夸张。例如：①里提到百济、新罗两国原本就是高句丽的属国，它们自古以来便向高句丽朝贡。我们无法认定这些记述即为事实。我们也很难判断②里提到的"破百残""以为臣民"等内容，是否属实。

不过，我们也没法妄断上述①②纯属子虚乌有。碑文将倭国描述成一股强大的势力，它会趁势将百济、新罗纳入麾下，它藏于两国之后，始终与高句丽作对。这样的描述或多或少都

广开土王碑文中的倭国

公历	事件
391 年—396 年	倭国频频渡海，前往朝鲜半岛，迫使百济、新罗成为其属国。广开土王亲率水军征讨沦为倭国属国的百济。
399 年	因百济与倭国沆瀣一气，广开土王南下至平壤，防御百济进攻。另一方面，新罗向高句丽遣使告知倭兵已侵入新罗国内，广开土王承诺救援新罗。
400 年	为救援新罗，广开土王派遣五万大军大败倭军，并追击倭国逃兵至任那加罗（金官国）。
404 年	倭国水军沿朝鲜半岛西海岸北上，侵入带方地界，广开土王亲率大军迎击，重创倭军。

夹杂着夸张的成分，因为碑文要以此来突出广开土王的卓著功勋。但即便如此，我们也不会否认上述记载的某些事实根据。例如，公元 399 年百济同倭国交好，为表示诚意，百济曾将人质送至倭国。碑文中涉及的核心事件的确存在。

王健群认为，上述碑文中提到的“倭”，并非指统一了日本列岛的那股政治势力，而应该是指日本北九州地区的地方势力，或如后世倭寇般的海盗。笔者不认同王健群的观点。那个被高句丽视作强敌的倭国，那个被百济拉拢的倭国，以及百济为表诚意特意送去人质的倭国，怎么可能只是一介地方豪强，又或者是一群海盗呢？在本书中，笔者已详细介绍过大和与加罗的相遇，也提到过倭国与百济建交的纪念物——七支刀。如果我们将此历史背景纳入考量，广开土王碑中出现的“倭”无疑正是能够代表日本列岛正统的倭王权。

派兵支援百济是为了获取先进文化产物

公元4世纪后半，高句丽制定的南下政策，把作为新兴国家的百济、新罗，甚至伽倻诸国和倭国都卷入其中。朝鲜半岛迎来了史上最早的动荡时代。

新罗有赖于高句丽强大的军事实力，唯其马首是瞻。另一方面，百济和伽倻诸国则选择同倭国合作，它们把倭国拉入朝鲜半岛的纷争，使其在对战高句丽的过程中扮演重要角色。过去，日本史学界认为，倭国出兵朝鲜半岛是想要统治朝鲜半岛南部的伽倻诸国。但是，如果把倭国在朝鲜半岛的军事行动单纯归结于此，未免为时尚早。况且，在笔者看来，在高句丽的压迫下，百济和伽倻诸国向日本求援，由于强化王权少不了同半岛的联系，因此倭国是积极应邀才出兵朝鲜半岛的。据广开土王碑的碑文记载，倭军以金官国为据点，往东向新罗境内，往西向遥远的旧带方郡（首尔附近）地界进军，在此过程中遭遇高句丽军队，与之发生激战。而后，倭国与高句丽结怨，两国成为宿敌。另外，在那一段时期内，因躲避战乱或是报答倭国的军事援助而大量涌入日本列岛的人员和物资，其数量远超以往任何时期。

倭王权垄断了这些流入列岛的知识分子、技术人员以及铁原料、先进文化产物等，并通过再分配这些人员和物资，进一步强化对各地首领的控制。正如本系列前一册书（《王权的诞生》）所言，公元 4 世纪末，大王墓大型化趋势明显，古坟时代进入中期阶段。而这一情况发生的背景就是，倭国投身于高句丽南下政策挑起的半岛战乱，并借此机遇发展壮大。在倭王权形成的过程中，半岛交通线起到了至关重要的作用。

“小帝国”意识的萌芽

公元 4 世纪后半，倭国连同一直以来相处友好的伽倻诸国，与百济结盟。客观来说，倭国与这些半岛国家绝非统治与被统治的关系，它们的地位是相对比较对等的。但不可否认的是，伽倻诸国全是小国，所以在某种程度上它们与倭国之间还是形成了一种依存与保护的关系。此外，即便在与百济、新罗的外交关系中，倭国也凭借其军事实力掌握了主导权，倭国会视情况向半岛诸国索要王族人质或大量人员和物资，有时还会介入他国政治。

在广开土王的时代，新罗和百济会向倭国送去作为人质的王族。接下来，我们将以这些人质为线索，进一步梳理该时期的倭国同朝鲜各国的关系。

日本学界长期以来的主流观点认为，百济、新罗将王族送至倭国做人质，即是它们臣服于倭国的证据。然而近年来，这样的观点正在被逐渐修正。人质在日语中为“質（ムカハリ）”，其本意是王的替身（所以通常选择王族充任）。正如山尾幸久所言，当一个国家请求他国予以政治性、军事性协助时，为保证不会背叛他国，该国需向他国派遣外交使节，这种外交使节就是作为王替身的人质。具有这种性质的人质，在这一时期，被百济和新罗送往倭国。而另一方面，倭国则无须向上述两国送交人质。也就是说，人质输送是单向的。

据《三国史记》（成书于 1145 年，是现存最古老的朝鲜史书）记载，公元 397 年百济的阿莘王（阿花王）为与倭国交好，将人质太子腆支（直支）送往倭国。《日本书纪·应神纪》就此事也有相应的记载（括号内为同一个人的人名在《日本书纪》中的写法），故证明此事多半属实。而前述的广开土王碑上有记载：永乐九年（399）百济悍然毁约，勾连倭国。这段碑文似乎也可以指向百济曾有过将人质送往倭国的行为。立场各不相同的三份记录，却几乎一致地记载了同一件事情，这种情况是极为罕见的。

百济将人质送往倭国，正如广开土王碑上记述的，公元 396 年百济败于高句丽，因此不得不向高句丽臣服。那时的百济屈于高句丽强大的军力，迫不得已背离了与倭国缔结的同盟。但此后不久，百济又再次在倭国的协助下，走上了一条与高句丽抗争到底的道路。所以，在这一时刻，阿莘王为表绝无二心，便将太子送去了倭国。

另一方面，公元 400 年前后，新罗将王子美海（微叱许智）送入倭国做人质。其后，又通过朴堤上（毛麻利叱智）出奇谋，让王子得以平安返回新罗。这一事件在《日本书纪·神功纪》《三国史记》《三国遗事》(约1289年成书，是仅次于《三国史记》的朝鲜史书）中均有记载。而且《三国史记》《三国遗事》中还记载了美海之兄宝海于公元5世纪初被送往高句丽做人质的事情。

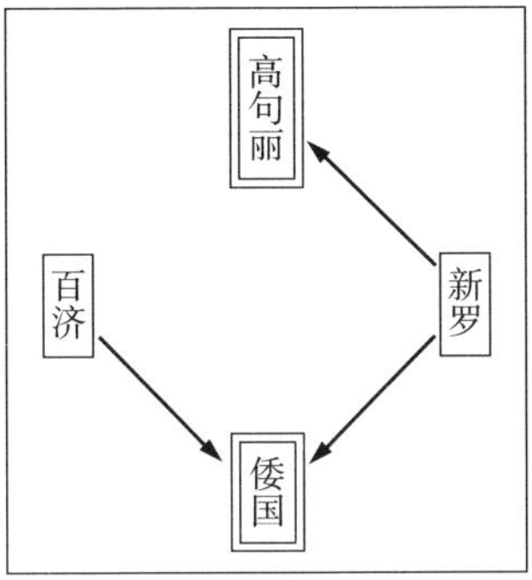

人质输送图 人质被送至箭头方向

这一时期，新罗军队在高句丽援军的帮助下，肃清了侵入新罗境内的倭军。但即便如此，来自倭国的威胁也未能完全解除。为防倭国再犯，新罗同倭国进行了外交谈判，两国约定倭国罢兵，不再进攻新罗，但作为交换，新罗需要将王子作为人质送往倭国。

如上所述，从公元4世纪末到公元5世纪初，新罗将王族当作人质送入倭国和高句丽，百济也将人质送往倭国。特别值得一提的是，新罗几乎是在同一时期向高句丽和倭国送去了人质，其中的苦楚不言自明。另一方面，虽然有他国将人质送入倭国和高句丽，但倭国和高句丽却并未向他国输出过人质。笔者将这种关系整理成图，参见本页人质输送图。

总而言之，在古代国家约定动用或不动用军事力量之际，某一方朝军事实力更强大的另一方派出的使节即为人质，人质的作用在于代替王成为信守承诺的保证。此外，人质输送是单向的，这表明接受人质的一方（倭国、高句丽）相对于输送人质的一方（新罗、百济）在外交上掌握一定的主导权。

在与半岛诸国的外交关系中逐渐掌握主导权的倭国，甚至还会干涉别国王位继承之事。

公元 405 年，百济阿莘王（阿花王）薨，各方势力围绕王位继承权展开激烈角逐。倭王权将百济送入倭国的人质腆支（直支）送归百济，并竭力支持其承袭王位。虽然政治立场有所不同，但《三国史记》和《日本书纪》都记载了此事。由此可知，此事应该基本属实。铃木靖民认为，倭国正是以此事为契机，开始逐渐形成倭本位的小中华意识。

通过倭王权偶尔介入他国内政，倭国的民族意识和国家意识开始形成。倭国渐渐单方面地认为自己同半岛各国的外交关系是一种朝贡关系。不久，倭五王遣使前往南朝宋[1]，声称倭国在朝鲜半岛南部的任那、百济建立了直属领地。当然，这些都只不过是倭王权的一厢情愿，倭国与半岛各国之间并未真正形成客观、永久的外交关系。

---

1 南朝宋（420—479），是中国南北朝时期南朝的第一个朝代，因国君姓刘，为与后来赵匡胤建立的宋朝相区别，故又称为刘宋。

第三节 | 渡来人[1]迁入与列岛技术革新

5 世纪前半的第一批渡来人

以广开土王大力推行的南下政策为导火线，朝鲜半岛一时突入战乱时代。在上一节中，我们讲到倭国插足朝鲜半岛战事，朝鲜半岛的人员和物资在这一时期大量流入，成为倭王权获得长足发展的重要契机。在本节中，我们将详细阐述这一过程。

在古代，一直有人断断续续地从朝鲜半岛渡洋至日本列岛，并在此定居。这些渡来人（归化人）在历史进程中发挥了难以想象的作用（日本古代史学界关于应该选用“渡来人”还是“归化人”作为标准用语存在争议。笔者认为这两个词均有优劣，故而在本书中暂且统一使用“渡来人”这一表达）。关于这一点，关晃曾有如下论述：

> 较之日本列岛固有之物，被渡来人断断续续带入列岛的技术、知识和文化产物，有其卓越的高度。正是因为吸纳了这些先进文化，列岛社会才迈入了崭新的阶段，

1 渡来人，从他国渡洋到日本的人，尤指 4 世纪至 7 世纪前后朝鲜半岛、中国大陆的移民。

> 且在精神文化层面有了长足的进步。因此，说渡来人带来的先进文化是列岛社会新时代的主角绝不为过。甚至，仅说这些先进文化对日本文化的发展做出了贡献也是远远不够的。
>
> 我们必须承认日本人不论谁都有古代渡来人 10% 到 20% 的血统。经常听人说："我们的祖先同化了渡来人。"事实上，这种说法颇值得商榷，应该说渡来人就是我们的祖先。他们所做之事不是在为日本人服务，相反我们该说："那些事由日本人完成。"

以上便是关晃的观点，虽然距离这一观点提出已过去了四十多年，但关晃说的"渡来人就是我们的祖先""那些事由日本人完成"，在笔者看来真称得上是至理名言，至今读来仍能获得新的感动。与这种开放的精神相比，二战以前人们高声大呼的"要保持大和民族血统纯正"的口号，是基于多么狭隘且错误的历史观炮制出的排外主义意识形态啊！

据《古事记》和《日本书纪》记载，渡来人是在应神朝时期第一次大规模移民到日本列岛的。秦氏的祖先、倭汉（东汉）氏的祖先都曾率领大批族人移居列岛。两书中甚至还出现了王仁（和迩吉师）渡来，教授倭国太子汉文典籍的记录。

应神天皇被认为是个真实存在的人物，他是倭国早期的大王，其在位年代在公元 4 世纪后半到公元 5 世纪初之间。也就是说，其在位时期正好与广开土王在位时期有所重合。虽然《古事记》《日本书纪》都记载称这一时期有大量的渡来人从朝鲜半岛涌入日本列岛，但笔者认为这些记载仍然存疑、不可全信。比如，据《古事记》记载，在应神朝时期移民到日本列岛的和迩吉师，带来了《论语》和《千字文》。但《千字文》成书于公元6世纪前后，这与应神朝的时间明显矛盾。另外，《日本书纪·应神纪》中记载的倭汉氏之祖阿知使主的儿子“都加使主”和《日本书纪·雄略纪》中记载的“东汉直掬”是公元5世纪后半雄略朝时期的同一位人物。

《日本书纪·应神纪》和《日本书纪·雄略纪》中有很多关于渡来人的记载，并且正如倭汉氏与秦氏的相关记述及缝衣工女渡来的记述那样，两者有不少内容都是相互对应、相互补充的。《日本书纪·雄略纪》长于记录，相比之下，记载了相同内容的《日本书纪·应神纪》则比较注重讲述始末缘由之上架空的传说。

综上所述，《古事记》《日本书纪》关于应神朝渡来人的记载，虽然不具备极高的可信度，但我们也不能武断地认为《古事记》和《日本书纪》的记录全凭捏造。之所以这样说是因为，《日本书纪·雄略纪》中有让东汉直掬管理渡海前来的今来（新）汉人的记录。所谓今来，有与之前的渡来人相比是新移民之意。因此，在倭王权之下存在着以倭汉氏和秦氏等为代表的早在雄略朝以前就移民列岛的古渡来人团体。只不过因为《古事记》和

《日本书纪》的史料可信度不高，我们无法断定是否发生在应神朝时期。

战前的日本学界，基本上认同《古事记》《日本书纪》关于应神朝渡来人的记载。而在批判上述两书史料价值的战后，否认两书所述看法成为主流意见。最近的研究就呈现出对公元5世纪前半的渡来人评价不高的趋势。虽说仅凭《古事记》《日本书纪》的相关记载难以断定渡来人是否曾在应神朝渡海抵达过日本列岛，但是如果考虑到当时日本列岛周围的国际形势以及考古学调研的成果，我们还是可以大致推断出第一批渡来人的移民高峰多半出现在公元5世纪前半。可以说，在那时第一批渡来人所携之物，对后世列岛历史的发展产生了巨大的影响。

大批渡来人前往日本列岛定居的深层原因是半岛战乱。古代的朝鲜半岛爆发大规模战乱的时期如下：①4世纪末至5世纪初、②5世纪后半、③7世纪中叶。①即我们介绍过的广开土王的时代；②是公元475年，高句丽攻克百济都城汉城（汉山城，今首尔）前后所引发的战乱，百济被迫迁都汉城以南的熊津（忠清南道公州）艰难复国；③为新罗与唐的联军和高句丽与百济的联军间爆发的战争，百济与高句丽相继灭亡。公元663年，救援百济的倭军在白村江与唐军遭遇，倭军大败。

显然②与③是第二批、第三批渡来人移居日本列岛的高峰期。通常来说，在古代，渡来人多是为了躲避朝鲜半岛大规模的战乱，才会集体移民至日本列岛的。所以，第一批渡来人移居日本列岛的时期，应该与上述①的时期有所对应。

渡来人移居日本列岛的另一个契机在于移民接纳方——倭王权的态度。移居日本列岛的渡来人大都受倭王权统治，且会运用专业技术和知识为倭王权服务。公元 5 世纪初第一批来到日本列岛的渡来人尤其如此。倭王权在统一列岛主体部分时的历史状况，决定了渡来人的生存状态。这些都可以得到考古资料的支持。

新生活方式的传入

渡来人在日本列岛留下了诸多遗物，其中最常见的就是形形色色的韩式陶器。韩式陶器是指出土于日本列岛西部各地公元4世纪后半至公元5世纪的遗迹中的一类陶器，通常情况下，它们的形状及制作工艺酷似同时代朝鲜半岛南部的陶器。

众所周知，日本古坟时代的陶器大致可分为须惠器和土师器两类。而韩式陶器也可以分为陶质和软质两类。前者是须惠器的雏形，是用转盘让黏土成型，然后再在窖窑里用高温内焰烧制而成的一种高级陶器。制作它需要超高的技术，在渡来人到来以前，日本列岛没有这种技术。后者同土师器一样，是一种用外焰烧制而成的泛红色陶器。软质陶器有日本列岛的土师器没有的种类和形状，专家一看便能有所分辨。此外，这两种陶器大致还可以分为渡来人直接从朝鲜半岛带入型和运用渡来人出身地的技术在日本列岛制成型两类。

首先，这些陶器的年代大都集中在公元4世纪后半至公元5世纪末，即日本古坟时代中期至后期初。这说明在该时期内抵达日本列岛的渡来人人数最多。

值得一提的是，渡来人在日本列岛的分布情况。就距离而言，离朝鲜半岛较近的北九州地区似乎应该渡来人人数众多，但事实却是，大阪府的渡来人人数占优，大阪府的河内地区人数尤多，奈良县次之，接下来是冈山县、福冈县、长崎县降序排列。换言之，畿内的河内、大和地区有数量最多的渡来人，其次是吉备和筑紫。由此可知，在该时期有大半渡来人都被有计划地迁至了与倭王权关系密切的要地。

上述的陶质陶器经本土化后就变成了须惠器。早期的须惠器产于北九州、濑户内海沿岸、畿内等列岛西部各地。不久之后，大阪府一个叫作“陶邑”（堺市南部及其周边）的地区逐渐成为日本列岛须惠器的生产中心。这一点，我们将在后面的章节详细讲到。

人们长期以来一直认为，须惠器最早产于公元5世纪中叶。近年来，认为须惠器最早产于公元5世纪前半或公元5世纪初的观点渐渐占据了主流。而最近，在平城宫遗址下层的古坟时代的地层中，同早期须惠器一起出土的扁柏材质的半成

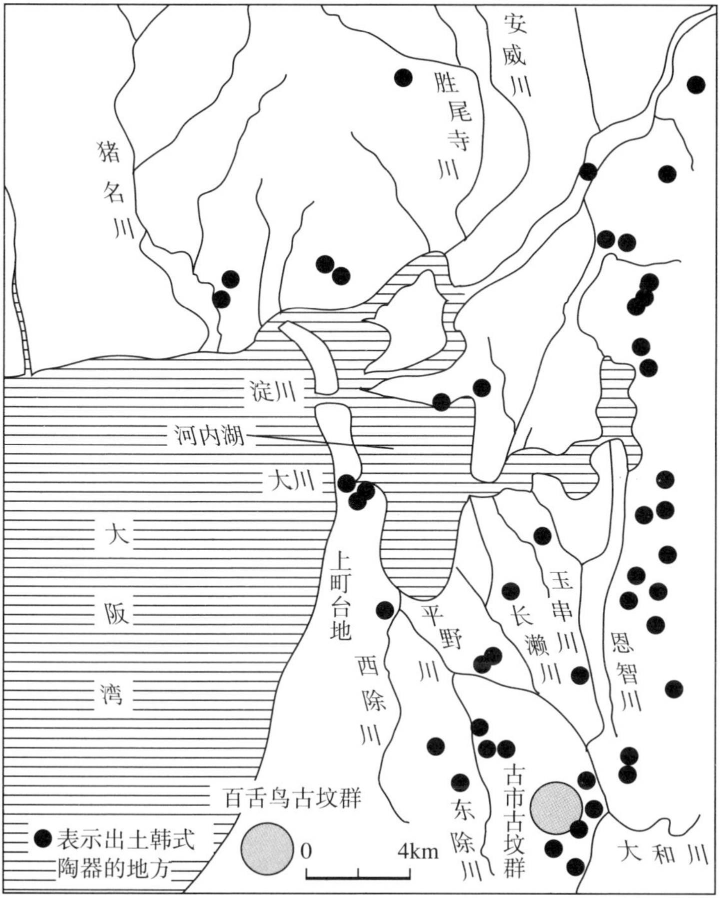

大阪府的韩式陶器分布图（田中清美提供）

品，成为可证明须惠器起始年代的有力证据。通过年轮推测年代的方法，我们可知木材采伐于公元412年。所以，主张须惠器产于公元400年前后的说法，更具说服力了。

如上所述，公元400年前后第一批渡来人移居日本列岛，他们带来的陶器制作技术为其后须惠器的诞生创造了条件。不过，渡来人带入日本列岛的可远不止高超的陶器制作技术。

负责生产须惠器的渡来人还将新的生活方式带入了日本列岛。那时的人们在竖穴式住宅[1]里垒灶台，灶台上还有深腹的瓮和带把手的锅可以使用，瓮内装了甑，用作蒸器。这些全是日本列岛此前没有的。后来，垒灶台做饭的烹调法，在列岛内迅速普及，并作为倭人的生活文化保留下来。

另外，公元5世纪初，马和马具从朝鲜半岛传入日本列岛，骑马之风迅速席卷岛内各处。虽然令人意外，但日本列岛确实直到公元4世纪都还没有出现过马这种生物。也是在这一时期，给甲胄钉铆钉的技术，给耳饰、带饰等金属制品镀金的技术也传入日本列岛。这些新的锻冶技术或金工技术被成体系地引入日本列岛。

先进技术传入地方

一系列先进技术的传入，宣告了日本列岛技术革新时代的到来，而这些革新的技术也成为列岛大规模社会变革的导火

1 竖穴式住宅，日本绳纹、弥生、古坟时代广泛流行的居住形式，在地面挖个浅坑，然后架上屋顶，盖成房子。

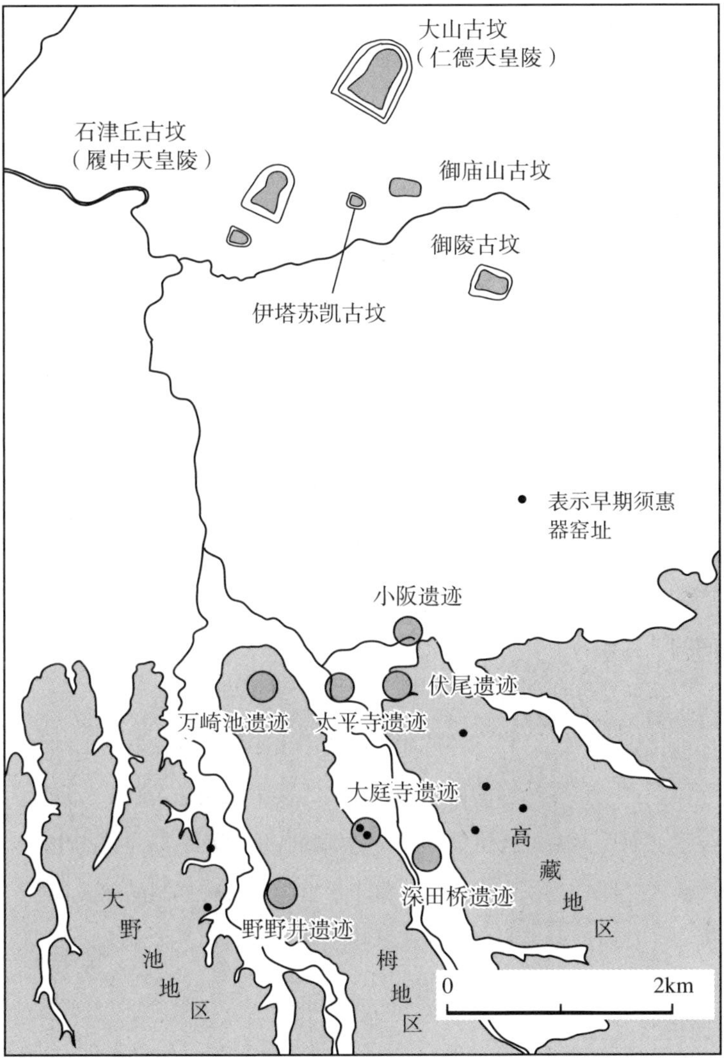

陶邑古窑址群早期窑址的分布（菱田哲郎提供）

索。这里值得注意的是，日本列岛自始至终都是在倭王权的主导下采纳先进技术的。

如上所述，在列岛西部须惠器以多元化的形式进行生产。正如最近发现的陶邑古窑址群大庭寺遗迹表明的那样，陶邑的须惠器生产规模一直以来都相当出众。陶邑很快就明确了倭王权须惠器生产中心的性质。初期陶器的形状缺乏统一性，而陶邑生产的不同种类的陶器，都有其固定的形状和装饰，自成规格。这就是须惠器的标准化。陶邑产出的标准化须惠器一经推出，便迅速在列岛各地传播。最早在公元 5 世纪中叶，列岛各地便已经能够产出酷似陶邑水平的须惠器了。但需要指出的是，直到公元 5 世纪末以后，列岛各地的须惠器生产才步入正轨。整个公元 5 世纪，陶邑制品行销东北到九州之间的地区。

各地早期的须惠器并不统一，所以先是在陶邑进行集中的标准化生产，之后列岛各地才开始能产出一些标准化器形的须惠器，这一转变过程的出现，正是因为倭王权先是垄断了先进技术，而后又通过提供技术支持向列岛各地普及了标准化的生产模式。此外，在日本列岛，整个 5 世纪只有陶邑制品能大范围流通。该现象表明，倭王权掌控了须惠器的生产体制，以及列岛各地依赖陶邑制品的情况。

渡来人的故乡——加罗

渡来人的遗物能够展示他们在这一时期内的活动轨迹，这对追寻他们的历史大有助益。

在渡来人的遗物之中，陶器最能展现某个地域的特性。据定森秀夫的研究，公元 5 世纪前半以前的陶质陶器大多产于以洛东江下游为中心的伽倻南部地区。此外，韩国的考古学者朴天秀认为，大庭寺遗迹出土的初期须惠器，很有可能来自釜山、金海（金官国）及其周边的昌原（卓淳国）、咸安（安罗国）等伽倻南部各地的多个手工艺人团体。此外，直到公元 5 世纪前半，马具、铁矛、甲胄、铁铤、箭囊等渡来系文化产物同样多来自釜山、金海地区的金官国。

如上所述，第一批渡来人在列岛内留下了大量的遗物，这些遗物说明他们大都来自伽倻南部。从《日本书纪》和广开土王碑的内容看，伽倻诸国中最早与倭王权建立紧密联系的是金官、安罗和卓淳等国，它们几乎全是位于伽倻地区南部的国家。可以说，该情况与考古遗物透露的信息几乎一致。

伽倻南部地区也集中出土了不少以土师器系陶器为代表的倭系遗物。也就是说，4 世纪前半以后，大和人成群结队地渡海抵达加罗地区，到了 4 世纪末，加罗居民又大规模地渡海前往日本列岛。移民方向大为逆转。大和与加罗就这样在大量的人员和物资往来间，建立了特殊的羁绊。

不过，该时期大和与加罗的交往却有着决定性的不同。从加罗流入大和的通常是灶台、须惠器、马匹、马具等，后来这些东西继续扎根日本列岛，融入了日本列岛的文化。而大和传入加罗的物品则几乎没有扎根朝鲜半岛，更谈不上融入当地文化了。这些大和传入加罗之物，大都仅在加罗周边有限的区域内短时间存续。由此可见，是大和单方面地接纳了加罗的文化产物。

上面我们讲到《古事记》和《日本书纪》都集中记载了应神朝时期渡来人之事。其中备受瞩目的是，具有代表性的渡来人——倭汉氏和秦氏都在应神朝时期渡海移居倭国。那么，我们是否可以凭此断定倭汉氏和秦氏来自伽倻地区呢?

倭汉氏在平安时代初期号称是汉朝皇室的后裔，但事实究竟如何仍然很难判定。有种说法可能比较具有说服力，即在日语中“汉（アヤ）”与“安邪（アヤ）”的读音相同，所以倭汉氏来自安邪，也就是安罗（读作“アラ”，在古代朝鲜语中ヤ=ラ），他们把地名当作氏族名。

而秦氏自称为秦始皇的后裔，显然是为同倭汉氏分庭抗礼而强行附会。据《日本书纪·应神纪》的记载，弓月君（秦氏的祖先）等人原本打算离开百济移民日本列岛，谁料新罗人从中捣乱，他们只得暂时逗留加罗，其后才从加罗渡海抵达日本列岛。从中我们可以看出，秦氏实际上可能也是伽倻出身。

如上所述，倭汉氏很可能出身于朝鲜半岛伽倻南部的安罗，而秦氏实际上也多半来自伽倻。综合近年来的考古学研究成果，该结论更能自圆其说。

据广开土王碑的记载，公元 400 年，救援新罗的五万高句丽军队在新罗城（新罗都城，今韩国庆州）附近与倭军激战，倭军败退，高句丽军队乘胜追击倭军至任那加罗（金官国）的从拔城，并成功攻陷此城。那时，守城的安罗人似乎也同高句丽军队奋战至最后时刻。而倭国则和金官、安罗等伽倻南部诸国联合采取了军事行动。在该时期，新罗城至伽倻南部一带是战争的主战场，这次的战争促使加罗居民大量移居日本列岛。

“加罗”情结的思想根源

在半岛交通线中，不同于倭王权和百济、新罗的外交关系，大和与加罗的关系是一种更特别的存在。之所以这样说，是因为公元 400 年前后半岛战乱规模空前，半岛南半部的广大地区皆卷入其中。然而，以出土文物的信息看，移居列岛的渡来人大半来自伽倻南部地区，来自主战场新罗和同盟国百济的人却寥寥无几。

战祸诚然是导致加罗人决心移民的直接原因。但是另一方面，历史上大和与加罗之间形成的交流通道，使加罗人很自然地顺着这条路线前往日本列岛，恐怕才是更为根本的原因所在。倭人（以大和出身者为中心）对聚居的加罗人而言，是较为亲近的存在。两者之间不间断地保持着日常的交流，这促成了加罗人希望移居日本列岛的意愿。另一方面，加罗人移居日本列岛时带入列岛的技术和文化产物，大都与文化、生活密切相关，它们后来也深深扎根在列岛社会。

那时，同盟国百济也向倭王权输送了大量的人员和物资，作为对倭国军事援助的报偿。《日本书纪·应神纪》有记载称，百济王派阿直岐入倭献良马。阿直岐来到倭国，除负责养马外，还成为倭国太子的儒学老师。从这段记录可以看出，百济赠予倭国之物，多半是学者、名马或珍奇宝物等能代表国家威信的第一等的人员和物资。新罗的情况也与百济大致相同。可以说这些赠予之物汇聚了当时朝鲜半岛的文化精粹，它们足以取悦倭王权的中枢。但另一方面，这些赠予之物的历史意义却要远小于那些从加罗传入日本列岛的文化产物。

公元 5 世纪前半加罗传入列岛之物与百济、新罗传入列岛之物不论在质或量上都存在很大的不同。而这正反映两者同倭国的外交关系存在本质上的差异。

正如本书之前提到的，倭王权长期以来偏爱任那二字：倭五王向南朝宋讨封的官爵中包含任那二字；公元 6 世纪，金官国被新罗吞并，倭国立刻派兵，并纠集其他的伽倻诸国和百济，策划了“复兴任那”的计划；公元 6 世纪中叶以后，伽倻诸国全部被新罗、百济吞并，倭国又提出“复兴任那”的口号，执拗地要求新罗代替任那向其献上“任那之调（贡品）”。

倭王权对任那异常执着，这究竟从何而起呢？究其原因，笔者认为，倭王权对任那的异常执着始于公元5世纪前半，那时倭国与以金官国为中心的伽倻诸国建立了密切的关系。公元5世纪中叶前大和与加罗还处在蜜月时期。公元4世纪至5世纪前半，金官国迎来全盛期，那时它又被称作“大驾洛”，在伽倻诸国中处于核心地位。正巧是在金官国的全盛期，第一批渡来人将各种各样的先进文化产物带入日本列岛。这些先进的文化产物不仅巩固了倭王权，还在较短的时间内于列岛社会掀起了技术革新的浪潮。因此，在这一时期，任那对倭王权的重要性可以说是不可估量。

也是在这一时期，倭人对加罗产生了特有的感情。倭人对带入先进文化产物的加罗心生向往，这种特别的观念随着须惠器和韩式灶台的普及更加深入人心。

笔者认为，正是日本列岛之人内心萌发出的那种对加罗的热望，使得倭王权在本质上对任那心生执着。而那种热望的不寻常之处，就体现在人们会使用含有王权直属领地之意的任那一词，并把加罗作为军事援助报偿提供给倭国的先进文化产物，单方面认作“调 = 贡品”，以证明加罗是倭王权的直属领地。通过这种操作，倭王权将民众憧憬的异国打造成了受伟大倭王统治的“海北之屯仓”——任那，通过这种方式倭王权的权威得以提升。于倭王权而言，加罗是支撑倭国官方意识形态“天下观”的代表性依据，故而其存在的重要性与日俱增。对于该时期日本列岛的民众和倭王权而言，加罗=任那的观念是不可替代的。

从技术革新走向社会变革

公元5世纪前半，更多先进的技术和文化产物从朝鲜半岛流入日本列岛。日本列岛迎来了技术革新的时代。

其中，新型铁制农具和灌溉技术带来的社会性影响最为惊人。公元5世纪，列岛出现了安装在锹、锄等农耕具上的“U”形铁制刀刃以及和现在相同形状的用于收割水稻的镰刀。它们全都从朝鲜半岛传入，并为此后日本列岛的农具形态确立了基础。

公元5世纪，日本列岛的土木、灌溉技术得到大幅提升。从大阪市东南部至东大阪市、八尾市一带的河内低地可谓遗迹众多，出土了不少公元5世纪的韩式陶器，这里曾是第一批渡来人的聚居区（参见第051页地图）。其中，考古人员在八尾市久宝寺北遗迹、亀井遗迹等处发现了大规模的堤堰、河川的护岸设施。这些设施的底部都被打入一列列的木材做根基，木材上面用混了草叶的土和黏土交互夯实，垒起土墙，其建造法使用了类似于版筑[1]的新型技法。田中清美指出，这些都是渡来人带来的最新技术。前文已经讲过，这批渡来人直接受到倭王权的管辖，公元5世纪时倭王权利用渡来人带来的技术大规模开发了河内地区。

公元5世纪前半半岛传来的新式农具、土木灌溉技术，使得此前无法耕种之地得以开垦，单位面积的农产品产量也大幅提升。由于耕地面积有所增加，人们建起了新的村落，聚落数量一时大增。由此可见，技术革新成为推动社会结构变化的原动力。

人们的生活水平大幅提高。古坟时代的人虽和以前的人一样生活在竖穴式住宅里，但他们的房屋中央却出现了垒砌好的用于做饭的炉子。正如前述所言，灶台是和须惠器一起被渡来人从朝鲜半岛带至日本列岛的，后来它又迅速普及至日本列岛各地，不久之后在墙壁上垒筑灶台的竖穴式住宅已在列岛各地随处可见。这样一来，火力稳定、温度较高、使用锅和甑进行烹调的方法也在日本列岛普及开来。

此外，公元5世纪迅速大众化的须惠器也进入了普通聚落。素烧土师器质地多孔，容易渗漏。相比之下，须惠器质地细密、坚固，适合储藏液体。相较于耐火性强、适合做烹调用具的土师器，作为储藏用具的须惠器更加坚固，它通常

1 版筑，一种修建墙体的方法，即将木板立于墙两侧，木板之间填土逐层夯实，如此层层向上筑成墙体。

被用作盛食物的供膳具。就这样，土师器和须惠器的用途得到了区分。

如上所述，第一批加罗渡来人带来的文化产物，在列岛各领域掀起了技术革新的浪潮，并推动列岛社会发生了变革。在这一过程中，人们的日常生活产生了惊人的变化。从这个意义上说，公元5世纪可谓是列岛社会变革的世纪。

公元5世纪列岛的统治及其局限性

公元5世纪的倭王权通过垄断从加罗经半岛交通线输入日本列岛的人员和物资，巩固了其在日本列岛的统治。接下来，我们将具体分析倭王权统治形式的特征。

这一时期，日本列岛各地有实力的首领为了获取从朝鲜半岛传来的先进的文化产物和必需品，要么请求垄断资源的倭王权直接分赐，要么接受倭王权的指导，培养技术人员。笔者认为，在公元5世纪，无论是铁原料、须惠器抑或锻冶、烧窑等技术，它们基本上都通过上述两种方式普及至各地。各地的首领如若不服从倭王权的统治，那么地方上的技术将无法得到更新。这就是当时日本列岛的社会构造。而列岛各地的首领如若归入倭王权帐下，就可以获得先进的文化产物，巩固自己在地方的统治。总而言之，该时期的倭王权通过垄断先进的物质文化并将其再分配至地方，统一了日本列岛。

但是，如果认为倭王权的这种统治结构相对稳固，有较强的向心力，那就大错特错了。因为建立在先进文化产物再分配上的政治关系，绝不是永续和稳固的。究其原因，倭王权的这种再分配，不只强化了倭王权对地方的统治，它也将先进技术移植到了地方，地方即可自发地运用和生产。实际上，公元 6 世纪以后，地方才逐渐建立起制铁、须惠器生产等的体系。换言之，通过垄断必需品、先进文化产物以统治地方势力的做法是具有局限性的。

诚然，通过集中管控传入日本列岛的人员和物资，早期的倭王权在政治上统一了日本列岛。但是，这个阶段的统一却建立在倭王权和地方势力之间人员和物资相互流通的体系之上，这种结构相对原始，对倭王权而言，其中深藏危机，因为这样的结构极不稳固。可以说，公元 6 世纪的倭王权最大的政治课题就是如何克服这种不成熟的政治性统一。

第四节 | 倭五王——加入和脱离册封体制

从南朝宋获赐官爵

公元 4 世纪至公元 5 世纪，倭王权通过掌握半岛交通线，获得了更大的发展。在此过程中，与倭国缔结同盟的百济于公元 372 年向东晋朝贡。公元 420 年南朝宋建立后，百济很快被授予爵位。翌年，倭国首次向南朝宋派出使节。虽也有史书记载，公元 413 年倭国使者随高句丽使者一道入朝，但其内容却存在一些矛盾之处，似乎高句丽将倭国俘虏扮作了倭国的使者，用以表明倭国是高句丽的属国。公元 266 年，继向西晋朝贡以来，倭国女王（大概是继承卑弥呼之位的台与）时隔一个半世纪向中国派遣了使者。其中，恐有同盟国百济牵线搭桥或建言献策的斡旋。这样一来，公元 5 世纪，大陆交通线得以恢复，倭王向南朝宋朝贡，并获赐官爵。较之半岛交通线，对公元 5 世纪的倭王权而言，大陆交通线有着不同寻常的意义。接下来，我们将就这一点展开详细介绍。

倭王获赐的“官爵”，是由官和爵组成的称号。公元 438 年倭王珍受封安东将军、倭国王，其中安东将军属于官，而倭国王则相当于爵。我们将授予官爵一事称作“册封”。所谓的“册封”，原本是指中国皇帝赐予臣下王、公、侯等爵位和采邑（领地）的行为，尔后它还被应用至中国同周边各国统治者的外交关系中。中国皇帝通过给他们颁布册书（委任状）来授予其官爵，通过该制度，中国皇帝同周边国家的统治者确立了君臣关系。

西岛定生指出，近代以前东亚世界的国际关系秩序是通过以中国王朝为中心的“册封”体系建立起来的。西岛定生提倡用历史概念“册封体制”来表述该体系。中国皇帝册封外国统治者的前提，是他们普遍存在一种将居住在中华世界以外的人称作“夷狄”的中华思想（华夷思想）。此外，皇帝对夷狄施以王者之德以感化夷狄归入中华世界的王化思想也客观存在。这种思想认为向中国朝贡的夷狄是因仰慕皇帝之德才特此前来。而远道而来的夷狄的朝贡正好可以说明皇帝的德行之高，权威布于四海。另一方面，周边各国的统治者如果得到中国皇帝的册封，就意味着其统治者的地位已得到中国王朝的认可，该统治者在本国国内的权威也会大增，且这种认可对该国同周边其他国家的外交关系同样意义非凡。这样一来，在东亚世界以中国为中心形成的国际秩序框架就可以浓缩为“册封体制”这一概念。

公元 421 年以来，赞、珍、济、兴、武共计五位倭王陆续向南朝宋朝贡，并获赐官爵（参见第 066 页的年表）。这五位倭王史称“倭五王”。公元 479 年，南朝齐任命倭王武为“镇东大将军”。公元 502 年，梁同样封倭王武为“征东

倭五王向南朝宋遣使年表

公历	事件
公元 421 年	倭王赞朝贡，获赐官爵
公元 425 年	倭王赞派遣司马曹达，献上国书和信物
公元 430 年	倭王（赞？）遣使朝贡
公元 438 年	倭王珍遣使朝贡，自称使持节，都督倭、百济、新罗、任那、秦韩、慕韩六国诸军事，安东大将军，倭国王，请求南朝宋给予正式任命，但仅被任命为安东将军、倭国王。此外，倭王珍还请求正式赐予其臣下倭隋等十三人平西、征虏、冠军、辅国将军称号，获得认可
公元 443 年	倭王济遣使朝贡，被授予安东将军、倭国王
公元 451 年	倭王济除安东将军称号外，还获赐使持节，都督倭、新罗、任那、加罗、秦韩、慕韩六国诸军事。其为臣下二十三人请封的军、郡（将军称号和郡太守称号）获得批准
公元 460 年	倭国遣使朝贡
公元 462 年	封倭王世子兴为安东将军
公元 477 年	倭王（武？）遣使朝贡
公元 478 年	倭王武自称使持节，都督倭、百济、新罗、任那、加罗、秦韩、慕韩七国诸军事，安东大将军，倭国王，遣使上表，请求认可其自封的开府仪同三司和其他官爵。结果，百济除外的使持节，都督倭、新罗、任那、加罗、秦韩、慕韩六国诸军事，安东大将军，倭王得到承认

大将军”。此二者授予倭王的官爵带有祝贺新王朝之意，因为倭王武获赐这些官爵并非因为朝贡。倭王武于公元 478 年派出了最后一批使节。从中国方面的史料看，公元 5 世纪可以说是“倭五王的世纪”。

倭五王是谁？

《宋书》中记载的倭五王和《古事记》《日本书纪》中登场的大王，有什么关系呢？就此问题，学术界已经做了充分的探讨，但笔者还是想简要地陈述自己的看法。

就倭五王问题，有幕末提倡的熊袭伪僭说，有近年来古田武彦提出的“九州王朝”说那样的九州豪族说……但这些假说基本上都没有确凿的证据，难以令人信服。倭王武的奏表中曾写道：“东征毛人五十五国，西服众夷六十六国……”从中可以看出倭王武的居所不可能是关东或九州等边境地区，应该是位于日本列岛的中央位置，即畿内地区。也就是说，倭五王就是倭王权的王。

《古事记》和《日本书纪》如下页左上图所示，梳理了该时期倭国大王的系谱。另一方面，如果按照《宋书》的记载，倭王珍是倭王赞的弟弟，倭王兴是倭王济的世子（继承王位的王子），倭王武是倭王兴的弟弟。如果将上述亲属关系用系谱表示，即如下页左中图所示。此外，比《宋书》更晚一些的《梁书》也记载了倭五王之间相应的亲属关系（如下页左下图所示）。其中，“讚—赞”“珍—弥”的倭王名称虽有不同，但值得注意的是《梁书》认为倭王弥（珍）和倭王济是父子关系。然而，《梁书·倭传》转引了其他史书的内容，因史料缺乏原创性，其可信度有限，所以还是依据《宋书》比较可靠。

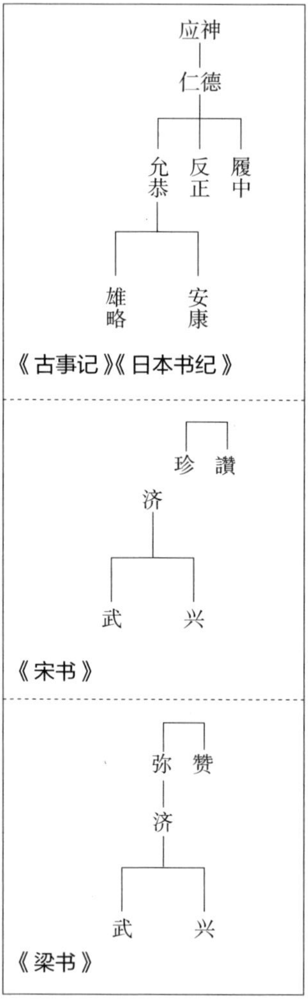

大王的系谱

过去，藤间生大曾指出《宋书》中没有关于倭王珍和倭王济的关系说明，故推测在此期间，倭国王统发生了变化。自那以后，日本史学界虽有不少学者继承了藤间生大的上述假说，但笔者对此观点仍持保留态度。正如《宋书·倭国传》在开头部分写道“倭国，在高骊（高句丽）东南大海中，世修贡职（其王世代向中国进贡）”，《宋书·倭国传》主要记载了倭王和南朝宋的通交情况，其系统性记载倭王系谱的意识可谓非常淡薄。因此，笔者认为倭王珍和倭王济的系谱很有可能是一不小心写漏了。

就如同《宋书·倭国传》中将倭王赞称为“倭赞”，将倭王济称为“倭济”那样，该书将二人冠以“倭”姓，说明南朝宋方面认为两人皆是倭王室成员。再者，公元 462 年，南朝宋孝武帝向倭王兴下达诏书：“奕世载忠（继承了历代倭王的忠诚），作藩外海（在海外作为南朝宋的边防重镇）……”故此可见南朝宋认为倭王王统历经数代未发生更迭。换言之，在南朝宋看来，倭国王室一直延续着同一个王统。

倭国与高句丽的对抗意识

前面已经讲过，所谓的“册封”就是指皇帝授予官爵。倭五王为何特意派遣使节向南朝宋讨封呢？

公元 438 年，倭王珍自称①使持节，②都督倭、百济、新罗、任那、秦韩、慕韩六国诸军事，③安东大将军，④倭国王，并要求南朝宋给予正式的任命。①“使持节”是一种官职名称，意味着皇帝将其大权的一部分（赏罚权等）移交给持节人，说明官爵规格之高。②“都督……诸军事”是一种表示军政权所管辖范围的称号，指统辖军事上各项事宜的权限。③“安东大将军”是将军称号，“将军”原本是颁给统军指挥官的官职，在使用过程中逐渐衍生出很多种类，在南北朝时期它成为指代武官身份高低的称号。④“倭国王”是爵位称号，它表示拥有该称号的人掌握倭国国内的民政权。

上述内容大约就是倭王珍自封官爵的含义。如此看来，倭王珍的目的就是要求南朝宋承认其不仅拥有倭国国内的民政权、军政权，还承认其拥有朝鲜半岛南部六个国家和地区的军政权。与民政权的管辖范围相比，军政权的管辖范围更广，这

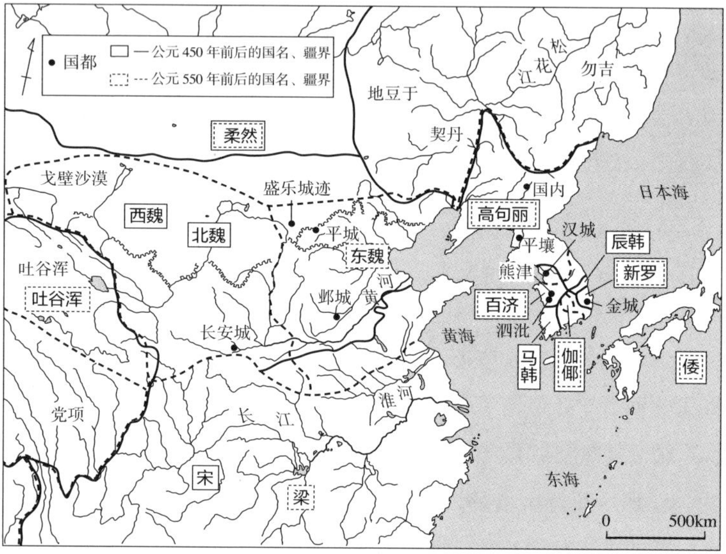

公元 5 世纪至公元 6 世纪的东亚（田中俊明提供）

就是倭王珍自封官爵的特点所在。

“六国”中的秦韩、慕韩指“三韩”中的辰韩和马韩。在过去的朝鲜半岛南部的韩族居住地，有很多小国，分别位于马韩、辰韩、弁韩三个区域内。公元 4 世纪，百济兴起于马韩之地，新罗兴起于辰韩之地，它们分别建立国家，而弁韩之地则依然群雄割据，统称伽倻。

百济、新罗建国后，并没有完全统一马韩、辰韩之地，公元 5 世纪马韩、辰韩之地仍残存部分小国（参见本页地图）。所以自封官爵中的秦韩、慕韩就是指这片区域。除倭国外，倭王还向南朝宋讨封了包括秦韩、慕韩在内的任那（于倭王而言，任那不仅指金官国一国，还指整个伽倻地区）、百济、新罗的军政权。这样一来，把上述地区合在一起，其范围即相当于除高句丽统治区域外的整个朝鲜半岛南半部。换言之，倭王是希望南朝宋认可其拥有除高句丽统治区域外的朝鲜半岛其余地区的军政权。

不过，这也并不意味着倭国已经实际统治了这片地域。该时期的百济和新罗都是独立国家，伽倻地区虽然群雄割据，但它们并不处于倭国的统治之下。坂元义种指出，即便实际上并无统治权，但倭王仍然可以如此自称，甚至得到中国方面统治者的承认。因此，从倭王自称的这些官爵中，倭王急不可耐想军事统治朝鲜半岛南部之心可见一斑。

那么，倭王想要获得上述称号的目的何在呢？

至少在倭王珍以后，倭王请赐“都督诸军事”称号的范围通常都是指高句丽统治区外的半岛全境。倭王济请封官爵之时，在“都督诸军事”的范围中加上了加罗，后世的倭王武也承袭了这一点。在此情况下，我们可以认为任那即指囊括了金官国和加罗的北大加耶地区，同时秦韩、慕韩也被纳入其中，“都督诸军事”的范围不可能特意把金官国、大加耶以外的伽倻各国排除在外，对于倭国来说，实际上这两个国家就代表整个伽倻地区。各代倭王一直执着地要求南朝宋承认其拥有统治除高句丽势力范围外的半岛全境的军政权。

对此，南朝宋则坚持拒绝将百济纳入倭王要求的“都督诸军事”范围内。这是因为自公元 416 年百济王余映（腆支王）接受东晋册封以来，百济王世世代代都接受南朝授予的“都督百济诸军事”称号。此外，坂元义种指出，对于南朝宋来说，百济是其封堵北魏政策重要的筹码，故而无论如何南朝宋也不会承认倭国拥有百济军政权。另一方面，新罗和南朝宋没有建交，即便承认倭王拥有新罗的军政权，于南朝宋而言也不存在任何利害冲突。

倭王之所以想要南朝宋承认其在除高句丽势力外的整个朝鲜半岛南部的军政权，可能与倭国是反高句丽势力盟主的身份有关。因为公元 478 年，倭王武在其奏表中不厌其烦地表达了该主张。

倭王武奏表的真实意图

收录于《宋书》的倭王武奏表采用汉文骈体书写，辞藻华丽，共四段。倭王武此次上表的目的如同文末所述那样，是要求南朝宋赐予其官爵，而在此之前的部分则都是在叙述请求赐予官爵的理由。这一结构对评价这份奏表的史料性质十分关键。（以下为该奏表的大意。笔者参考西岛定生的译文，对其分段稍作调整。）

第一段 祖先的征服战争

倭国虽与中国相距甚远，但却是皇帝陛下您的边防重镇。“自昔祖祢，躬擐甲胄，跋涉山川，不遑宁处（从前，吾祖先终日征战，跋涉山川，几无闲暇之日）。东征毛人五十五国，西服众夷六十六国，渡平海北（朝鲜半岛）九十五国。”由是，皇帝陛下天下太平，天子之德远播四方。

第二段 高句丽的残暴无道

我继承倭王位后，“驱率所统，归崇天极（率领部下，归顺皇帝陛下）”，想借道百济，向陛下朝贡。然则高句丽残暴无道，包藏侵略邻国之野心，危害边境之民，杀戮不断。是故多年来，倭国皆朝贡受阻。

第三段 征讨高句丽的夙愿

先考倭王济因仇敌高句丽阻隔倭国向陛下朝贡之路，义愤填膺，遂欲率百万之军，大举讨伐高句丽，怎奈先考与兄倭王兴突然相继离世，仅一步之遥，征讨高句丽的夙愿便化作了烟云。

第四段 表明征讨高句丽的决心和请赐官爵的要求

而今，丧期已满，整饬军备，我想继承先考及兄之遗志。皇帝陛下恩德布于四海，倭国如蒙陛下威光，定能大破强敌，渡过国难。如能遂此夙愿，愿效仿先王之例，年年进贡，岁岁来朝，尽忠报效陛下。因此，窃自封开府仪同三司及其他官爵，如蒙不弃，予以假授，将不胜感激。

在奏表中，倭王武自其先祖时代以来的东征西讨说起，向南朝宋展示了倭国从日本列岛至朝鲜半岛的势力范围（第一段）；接着控诉了侵略百济且阻隔倭国向南朝宋朝贡的高句丽的无道（第二段）；并表明征讨高句丽是其父王在世时的夙愿（第三段）；为征讨高句丽，请封开府仪同三司和使持节，都督倭、百济、新罗、任那、加罗、秦韩、慕韩七国诸军事，安东大将军，倭国王等官爵极为必要，并力陈理由（第四段）。也就是说，第一段至第三段的叙述都是在为第四段的请封官爵铺垫理由。

西岛定生指出，这份奏表是以中国的天下思想为前提写就的。中国的皇帝主宰天下，倭王是其边防重镇，是感戴皇帝恩德前来朝贡之人。因此，西岛定生进一步指出，有名的“东征毛人五十五国……”根据上下文可以理解为：此举并非扩大了倭国的版图，而是经倭王的努力，为中国皇帝扩大了版图。

另一方面，上述奏表仍不免透露出倭王武想获得与高句丽同等官爵之私心。其中，令人印象最深刻的是，倭王想征讨高句丽之心原来古已有之。此外，倭王自封的“开府仪同三司”是一种与三司（=三公，即南朝宋的太尉、司徒、司空）规格相同，且能开设府（官府）的名誉性官衔。据坂元义种的研究称，在南朝宋，拥有“开府仪同三司”官衔的各国国王仅四人，其中之一就是高句丽国王高琏（长寿王）。因此，倭王之所以会要求南朝宋承认其自封官爵，归根结底还是因为倭国想同高句丽对抗，想获得与高句丽旗鼓相当的地位。所以，倭王在奏表中浓墨重彩地强调征讨高句丽之决心，并通过这种方式让南朝宋明白倭国已拥有与高句丽分庭抗礼之势。

接下来，倭王武试图建立一个以倭王为盟主的独立小世界。倭王向南朝宋宣布自己的势力圈囊括了列岛以东的“毛人”、列岛以西的“众夷”，甚至“海北”地区，具体而言即倭王在“都督倭国、百济、新罗、任那、加罗、秦韩、慕韩七国诸军事”自封称号中表述的范围。倭王武之所以在奏表中大骂高句丽的“无道”，不只是因为高句丽阻挠了倭国向南朝宋朝贡，更重要的一点在于，高句丽侵略了百济，可百济正好处在“以倭国为中心的独立小世界”中。换言之，倭国是百济的宗主国，有义务保护百济不受外敌侵略。也就是说，倭王武在奏表中认可了中国皇帝统治的“天下”，并承认自己的倭国也在“天下”之中。另一方面，倭王武又设想出一个相对独立于中国皇帝统治“天下”之外的，以倭国为中心的独立小世界，并通过自封的“都督诸军事”的所辖范围来表现其构想。

公元475年，高句丽大举进攻百济都城汉城，汉城陷落，百济王战死。至此，百济陷入生死存亡的紧要关头，只得被迫迁都汉城以南的熊津，以图东山再起。倭王武遣使南朝宋发生在百济陷入危机后不久。这一时期，倭王权对百济的影响力有所增强。正是在这样一个时期，倭王武向南朝宋表明征伐高句丽之决心，以促使南朝宋承认其拥有管理百济的军政权，并赐予其与高句丽同等规格的官爵。

倭王官爵的弱点在于将军称号

倭王对南朝宋采取的基本外交策略如上所述，倭王在向南朝宋讨封官爵时，逻辑似乎稍有不一致之处。之所以这样说，是因为倭王虽固执地要求将百济纳入“都督诸军事”的范围，但在将军称号上却只自称“安东大将军”。然而，这个将军称号存在一个致命的弱点，即在倭王向南朝宋讨封的官爵中，该将军称号与其他各国相比，规格较低。

我们比对高句丽、百济、倭国向南朝宋讨封的将军称号，可以发现：高句丽王获赐的是“征东大将军”或“车骑大将军”，百济王获赐的是“镇东大将军”。但另一方面，倭王赞的官爵是没有详细记载的，而倭王珍、济、兴的官爵则全是“安东将军”（笔者对《宋书·文帝本纪》记载的公元451年倭王济升格为“安东大将军”存疑），到了倭王武时期，倭王武才被任命为“安东大将军”。

将军称号的上下品级有详细的规定。坂元义种指出，包括“安东将军”在内的“四安将军”（“四”即东西南北）“四镇将军”“四征将军”全都属于三品官爵。其中，“四安将军”→“四镇将军”→“四征将军”依次按照由低到高的顺序排列。另外，包括“安东大将军”在内的“四安大将军”“四镇大将军”“四征大将军”“车骑将军”全都高一档，属于二品官爵，其地位由低到高按照“四安大将军”→“四镇大将军”→“四征大将军”→“车骑将军”的顺序排列。很明显，按照南朝宋的将军称号体系，倭王加封的“安东将军”“安东大将军”比高句丽王加封的“征东大将军”“车骑大将军”，以及百济王加封的“镇东大将军”的规格低很多。究其原因，可能是在南朝宋看来，比起高句丽和百济，倭国只不过是个后来的家伙，南朝宋对高句丽和百济的评价明显高于倭国。

虽然倭王对高句丽抱有极大的敌意，但是在将军称号的问题上，倭王为何没向南朝宋讨封与高句丽同级别的称号呢？这可能是因为倭王权对南朝宋的官职体系不太了解。但笔者认为，比起将军称号的晋升，倭王可能更加在意南朝宋是否认可其拥有除高句丽统治区域外整个朝鲜半岛南部的军政权，因为只有获得认可，倭王才能确立其反高句丽势力盟主的国际地位。

倭王也为臣下向南朝宋讨封

倭王也请求南朝宋为自己的臣下叙爵。公元 438 年，向南朝宋朝贡的倭王珍，在要求南朝宋正式任命其自封官爵的同时，也替倭隋等十三人讨封了“平西将军”“征虏将军”“冠军将军”“辅国将军”等将军称号。此外，公元 451 年，应倭王济的请求，南朝宋也赐予了倭王臣下二十三人将军称号或郡太守称号。

东洋史学家堀敏一指出，倭王之所以替臣下请封，是因为其认为有必要通过中国王朝的官爵来明确倭王与臣下之间的上下级关系。正如武田幸男所言，倭隋这一人物的倭姓表明其为倭国的王室成员。百济王也曾为其臣下数次向南朝宋讨封，不过这些臣下也都是百济的王族或有实力的贵族。照此惯例，倭王珍和倭王济恐怕也为构成王权的王族和有实力的贵族等讨封了官爵。

在这里，我们需要注意倭王为其臣下讨封的这些将军称号的等级。倭王珍获赐的“安东将军”称号是三品官爵，而其臣下获赐的“平西将军”“征虏将军”“冠军将军”“辅国将军”等同样也是三品官爵，只不过“平西将军”“征虏将军”“冠军将军”“辅国将军”分别比“安东将军”低一级、三级、四级、五级。总而言之，倭王及其主要臣下获赐的官爵，身份相差不大。

因为上述官爵均由倭王自己向南朝宋讨封，故而这些官爵多少反映了该阶段倭王权内部等级高低的情况。至少直至倭王济一代，倭王还属于联合政权的盟主，其地位与臣下差别不大。

然而，到了最后的倭王武时期，已无任何迹象表明，倭王曾为其臣下请封过将军称号。就此，坂元义种认为，上述奏表第四段末尾处提及的“窃自封开府仪同三司及其他官爵，如蒙不弃，予以假授……”中，“其他”二字可解释为“其他人”。也就是说，倭王曾为其臣下请封过官爵。但笔者认为，这是坂元义种对文意的误解，若将此处的“其余”理解为“开府仪同三司”之外的自封称号，恐怕更合理（参见前述奏表译文）。在倭王珍、倭王济时期，为了维系倭国王权内部的君臣关系，倭王仍需要借助中国王朝的权威，替臣下请封将军称号。但是，到了倭王武时期，倭王权已经得到了强化，自然也就无须借助中国王朝的权威了。

倭国和中国王朝的诀别

尽管倭王武呈上了流畅华美的奏表，强烈要求讨封官爵，但到头来却仍以失败告终。南朝宋仅新赐予倭王“安东大将军”称号，倭王最期待获得的两项称号：所辖包括百济的“都督诸军事”以及与高句丽同级别的“开府仪同三司”，全都落了空。

如果站在南朝宋的外交政策上考虑，这一结果有其必然性。公元 472 年，百济虽朝贡过北魏一次以求军事援助，但大体上说，其与南朝仍然保有较为友好的关系。至于同时和南北两朝交往的高句丽，因其国力强盛而被南朝宋纳入了包围北魏的战略外交圈，一时不能从中脱身。在这样的背景下，以反高句丽势力盟主自居的倭王武，叫嚣要征讨高句丽，又向南朝宋讨封百济军政权和与高句丽同级别的“开府仪同三司”官衔，这种做法显然有悖南朝宋外交政策的基本方针。况且，南朝宋本就不大重视倭王，将其晋升为“安东大将军”已然皇恩浩荡。

另一方面，倭王武的夙愿就是要求南朝宋赐予其百济军政权及“开府仪同三司”的官爵，如若这一愿望无法实现，那其与中国王朝建立外交关系的意义将荡然无存。倭王武在上述奏表的第四段中写道：“如能遂此夙愿，愿效仿先王之例，年年进贡，岁岁来朝，尽忠报效陛下。”这也就是说，若不能遂此夙愿，吾等便也不能再尽忠报效陛下，倭国更不会再向南朝宋朝贡了。可见，倭王武不惜以断绝彼此之间的外交关系相威胁，希望南朝宋能赐予其心仪之官爵，然而即便使用了如此手段，结果也未能如倭王武所愿。

如上所述，倭王权敢于与南朝宋断绝外交关系的背景有二：其一，倭王权无法获得其外交战略所需之官爵，对此颇感不满与焦虑；其二，到了倭王武时期，倭王的地位得到巩固，其政治权威已相对独立。

恰好也是自该时期起，倭王开始在国内使用“治天下大王”的称号。西岛定生认为，倭国脱离册封体制与倭王开始使用“治天下大王”称号密切相关。倭王权使用独立的统治者称号“治天下大王”说明其自身已具备权威，即便没有了中国王朝权威的认可，倭王权也能够稳定地统治日本列岛。

倭五王之所以如此执拗地想要南朝宋承认其在朝鲜半岛南部拥有军政权，是因为倭王想借中国王朝赐予的官爵对外宣示，倭王是其独立“小世界”的统治者。然而，中国皇帝以“天下”唯一的统治者自居，想让中国皇帝承认在“天下”之中还存有另一个独立的“小世界”，倭王就是这个“小世界”的统治者，简直无异于与虎谋皮。到了倭王武的时期，倭王终于意识到了其外交政策与中国皇帝天下观的矛盾性。

在此背景下，倭王下定决心要脱离中国王朝及其册封体制，走上一条以独立的“天下”之王自居的道路。究其原因，即如今的倭王权已然不再需要借助中国王朝的权威维持其在日本列岛的统治地位。倭国选择脱离册封体制，意味着倭王权终于进入了独立自主的历史阶段。

倭王接受册封的历史意义

如前所述，西岛定生认为：“册封”是一种古代东亚世界的外交形式，它备受各方重视，但在古代的日本列岛，作为统治者，其实只有邪马台国的女王卑弥呼和倭五王接受过中国皇帝的册封。公元 7 世纪至公元 9 世纪一直活跃在历史舞台的遣隋使、遣唐使，不过是倭王、天皇以朝贡形式向中国王朝派出的使节。其时，倭王、天皇并未接受册封。在该时期，不接受中国王朝的册封成为日本政权外交政策的基本方针。这一点我们在后文中将会提及。

如上所述，在列岛的统治者中，只有卑弥呼和倭五王接受过中国王朝的册封。倭国似乎只在王权特定的历史阶段，被纳入过中国王朝的册封体系。那时，倭王权还处在发展阶段，有必要借助中国王朝的权威来巩固自己的统治。尔后，倭王权自立，踏上了一条脱离册封体制的道路。

对日本列岛的统治者而言，中国王朝的册封制度并非必需品。在古代，连通日本列岛与中国大陆的交通线又被称作“大陆交通线”，长期以来，大陆交通线就曾有过几次中断：①倭五王向南朝宋派遣使节之前，以公元4世纪为中心，大陆交通线中断了约一个半世纪；②从倭五王时期遣使中断至派遣遣隋使，大陆交通线中断了一百二十余年，在此期间，日本列岛与中国大陆长期处于隔绝状态；③日本列岛首次编纂律令的天武朝、持统朝，大陆交通线中断了约三十年，日唐之间处于断交状态。

上述①是古坟时代之始、倭王权成立的时期；②是国造制、部民制、氏姓制度等倭王权重要的国家制度逐渐形成的时期；③是制定天皇称号、日本国号，律令国家的建设急速发展的时期。可以说，上述①②③全是王权发展的重要时期。奈良时代起，大陆交通线才逐渐变得重要。而在此之前，对于日本列岛的历史而言，最关键的交通路线还是半岛交通线。

不过，大陆交通线与半岛交通线存在的意义有所不同。最重要的不同之处在于，大陆交通线具备连通册封国和被册封国，运送权力象征物，以正统化被册封国权力的功能，如卑弥呼女王和倭五王受到册封，卑弥呼受赐作为权力象征物的百面铜镜。

如果大陆交通线与半岛交通线之间真的存在上述关系，那么笔者对西岛定生提出的册封体制论便产生了几许质疑。倭王似乎不只在特定的时期受到册封，朝鲜半岛诸国互相之间，以及倭国和朝鲜半岛诸国之间，也都曾出现过朝贡，只不过至此还未出现过一国之王册封他国之王的先例。这是因为册封是中国皇帝的权限。因此，除中国外，东亚其他各国相互的外交关系间，并未有过册封的形式。

基于上述分析，笔者认为所谓的册封体制论，完全是中国王朝单方面根据自己的逻辑创制的历史理论。若采用西岛定生提出的上述册封体制论，去论述那些不受册封体制的形式、逻辑约束的外交关系，如倭国（日本）与中国王朝、倭国（日本）和朝鲜半岛诸国，以及朝鲜半岛诸国相互的关系等，对此该做何评价？其实于倭国（日本）而言，“册封”只不过是多种外交关系形式中的一种罢了。

此外，在册封体制下，即便是高句丽，也同时向中国的南朝和北朝朝贡，开展二元外交。换言之，高句丽同时与中国的北朝、南朝维持着君臣关系。站在中国王朝的立场说，高句丽的这种做法原本应该是绝对不被允许的。但是，在公元5世纪末，尽管高句丽曾因此事被北魏皇帝问责，可高句丽依旧我行我素，没有中断这种二元外交。也就是说，高句丽虽然是被册封国，但是为了长期贯彻其维护自身利益的外交政策，高句丽忤逆了中国王朝的意志，中国王朝也只能睁一只眼闭一只眼，就此默许了。从中我们可以看出，有时被册封国会因自身的外交政策而违背中国王朝设定的那套册封逻辑。总而言之，通过册封建立外交关系，是以中国王朝为中心的外交关系里最主要的建交形式。

所谓的册封体制论就是一种历史理论，它设想根据中国王朝对各国国王的册封，在东亚世界中，形成一种以中国王朝为核心的国际秩序。然而，外交意味着在不同国家间会出现国家意志层面上的冲突。中国是占据绝对优势的大国，其奉行的册封体制和其他各国的外交方针也存在着一定的矛盾。而其他势均力敌的国家也会进一步开展形式多样的外交活动。有时，中国王朝虽然也会介入各国间的外交关系或冲突，但当这些国家之间开展外交活动时，他们往往并不会在意中国王朝的国家意志，而是仍以自己的国家意志为先。笔者认为，如果仅用“册封体制”这一概念来笼统概括古代东亚世界的国际秩序，那我们就陷入了只承认中国王朝单方面立场与逻辑的偏颇之中，这样将完全忽视倭国和朝鲜半岛各国的外交主体性，进而致使我们无法做出公正的评价。

第二章

『治天下大王』的登场

第一节 | 倭王权的据点

巨大古坟的世纪

半岛交通线和大陆交通线，在历史上如何影响了公元 5 世纪的倭王权，并促使列岛社会向前发展，关于上述问题，我们已在第一章中给出答案。在本章中，笔者将基于前章的内容，进一步阐述更多与倭王权相关的问题，并同读者一起回望“治天下大王”形成前的历史。

首先，我们来研究一下倭王权在该时期的据点。公元 5 世纪相当于日本的古坟时代中期，也是前方后圆坟巨大化的巅峰时期。在畿内地区，大阪平原上出现了誉田御庙山古坟（今应神天皇陵，坟丘长 420 米）、大山陵古坟（今仁德天皇陵，坟丘长 486 米）等规模超大的古坟；在地方，则有冈山县的造山古坟（坟丘长 360 米）、作山古坟（坟丘长 286 米），群马县的太田天神山古坟（坟丘长 210 米）等大型古坟。

正因如此，公元 5 世纪也被人们称为“巨大古坟的世纪”。实际上，这一时期的巨大古坟也不过只集中于倭王权所在的畿内地区，以及冈山县、群马县等小部分区域内。而在其他大多数的地区，近年的研究显示，较之古坟时代前期的古坟规模，古坟时代中期的古坟规模反而有所缩小。此时，在畿内地区，

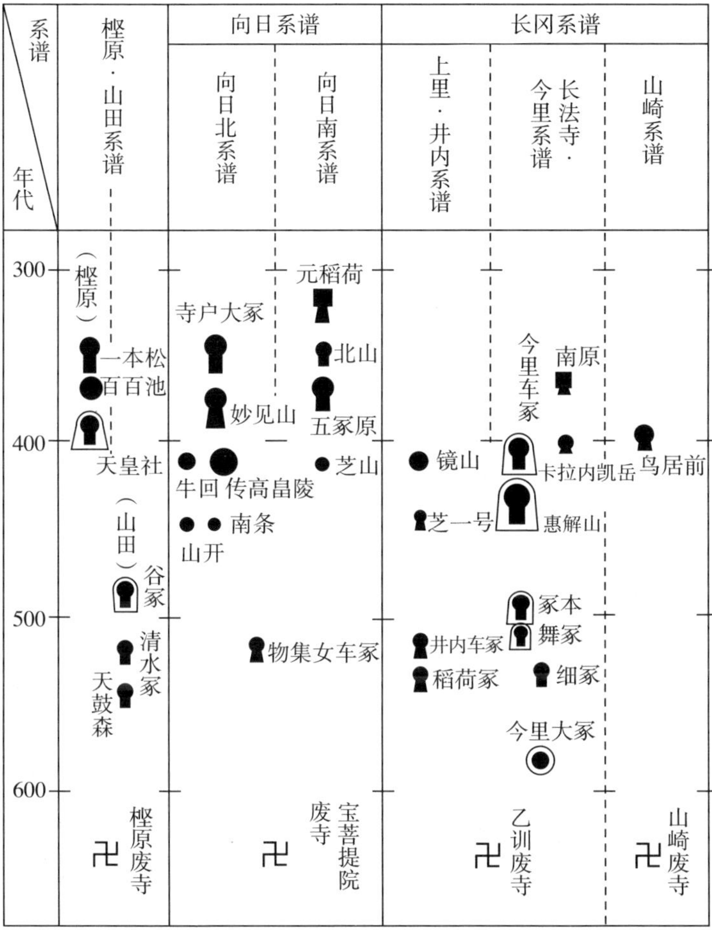

首领系谱的延续与中断　在京都府长冈、向日地区，从公元4世纪至公元6世纪，盟主坟墓的移动顺序为：向日→樫原→长冈→山田→向日→长冈（都出比吕志提供）

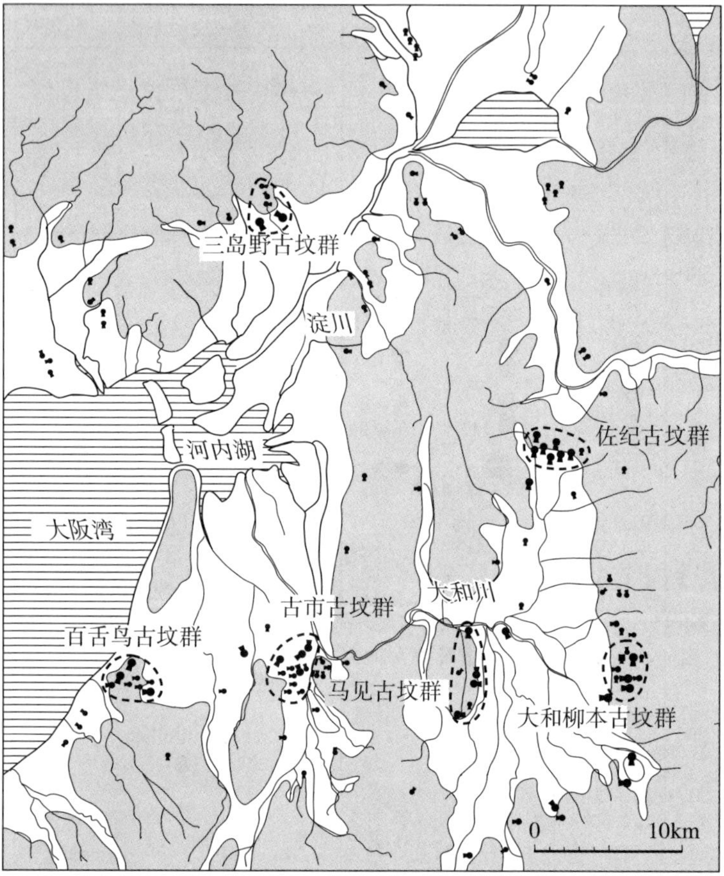

大和、河内古坟分布图（白石太一郎提供）

倭王权的王墓所在地从大和迁移至河内（“河内”即难波［大阪市］，包括后世的和泉［大阪府南部沿岸地区］在内的广大地区）。随着这样的迁移，日本列岛各地也发生了一系列的变化：

那些在古坟时代前期陆陆续续建起大型古坟的地区，在这一时期，却突然中止建造大型古坟了；而此前没有古坟分布的地区，在这一时期，却在新建古坟。这种“断层”现象的出现说明，进入古坟时代中期以后，日本列岛的社会如连锁般发生了一系列的巨变。至此，日本列岛的历史开始进入崭新的阶段。

变动的王墓所在地

就在日本列岛各地出现上述“断层”现象的约公元 4 世纪末，据推测是倭王坟墓的大型古坟的选址，从畿内地区的大和迁至畿内地区的河内。正巧也是该时期，在倭王权的主导下，河内开始了大规模的开发，渡来人逐渐来此定居。倭王权利用渡来人的先进技术，开垦河内的洼地，建设须惠器、铁器的生产据点……各项活动在倭王权的主导下有组织地展开。河内一跃成为倭王权的大本营，地位日趋重要。本系列前一册书《王权的诞生》已论述过倭王权王墓的迁移问题。所以在本书中，笔者将换一个视角，从倭王权的据点在该时期内的扩张情况出发，研究倭王权王墓的迁移问题。

据白石太一郎的研究，被推测是倭王坟墓的大型前方后圆坟，于以下几个时期出现在以下几个地点：①于公元 3 世纪后半到公元 4 世纪中叶（古坟时代前期前半），出现在奈良盆地东南部的大和地区（大和柳本古坟群）；②于公元 4 世纪中叶以后（古坟时代前期后半），出现在奈良盆地北端的佐纪（佐纪古坟群）及其周边区域；③于公元4世纪末至公元5世纪（古坟时代中期），倭王权的王墓所在地迁往河内，具体而言，它们是大阪平原南部的古市古坟群（大阪府羽曳野市、藤井寺市）和百舌鸟古坟群（堺市）。从这一时期古市古坟群的誉田御庙山古坟和百舌鸟古坟群的大山陵古坟可以看出，倭王权的王墓规模已达最大级。综上所述，笔者的观点同考古学者所持观点大致相同，即倭王权的王墓所在地发生了迁移。那么，我们该如何看待王墓迁移的历史意义呢？

过去曾在战后日本古代史学界风靡一时的王朝更替学说进入到我们的视线之中，王朝更替学说主张：倭王权的王墓向河内迁移，说明以河内为大本营的政治势力取代了以大和为大本营的政治势力，所以该时期的倭王权可以称为“河内王朝”，或者将其冠以开创者之名，称为“应神王朝”。王朝更替学说试图说明，古代日本也曾有过朝代更迭。但是近年来，越来越多的研究者对该学说持否定态度。

我们可以将研究者批判王朝更替学说的观点大体分为以下两类：其中一派以白石太一郎为代表。该派认为，从一开始倭王权的统治中心就在大和川流域的大和至河内南部地区，其政权本身就是大和－河内联合政权，王墓位置的迁移表明，盟主权力在那期间从大和转移到了河内。该派通过王墓的迁移来推测盟主权力的更迭。从这一点看，该派观点与王朝更替学说有

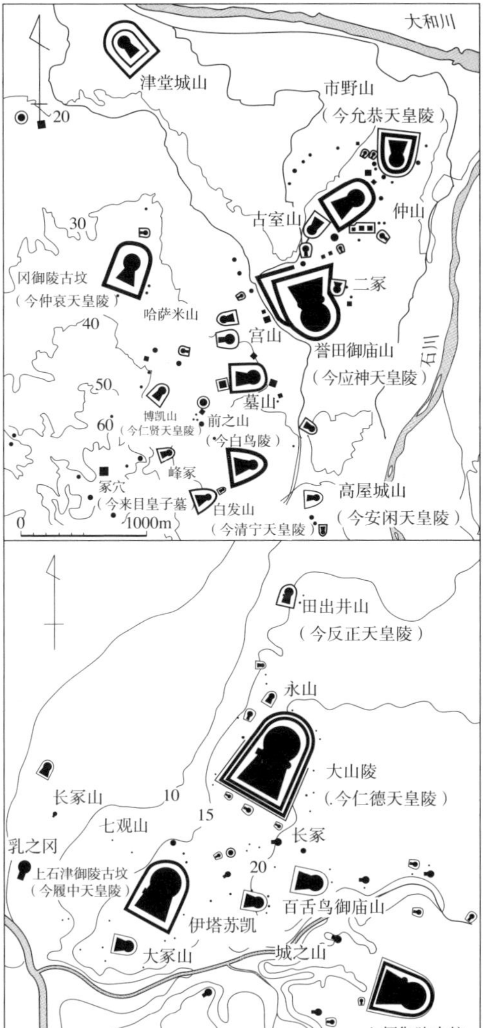

古市（上）、百舌鸟（下）的古坟群（白石太一郎提供）

相似之处，但不同的是，该派认为政权更迭发生在联合政权内部；另一派则否定用王墓迁移推测政治势力更迭的观点，他们认为原本建于河内的王墓，只不过是因为正常的选址变动，才有所迁移。倭王权的大本营一直都在大和。考古学者近藤义郎等人持这种观点，笔者也曾对该派观点表示赞同。

笔者认为，在研究上述问题时，我们需要弄清两点：其一是王墓是否一定要营建在倭王权的统治中心；其二为大和与河内是否可以被视为两个拥有各自势力且相互独立的地方政权？

就第一点而言，上述②的佐纪古坟群阶段，王墓选址已离开倭王权的大本营，迁移至能从北面俯瞰奈良盆地的“无主之地”——佐纪，这是出于政治考量的选址。此后，到了上述③的古市古坟群、百舌鸟古坟群阶段，河内虽也建有王墓，但我们无法断定河内的政治势力就是修建这些王墓的主体。

就第二点而言，笔者认为，大和与河内不能被视作两个独立的地域主体。之所以这样说，是因为无论迁移的古坟选址，抑或史料文献的相关记载，都无法表明，河内当地曾存在着一股强大的政治势力。

当地政治势力弱小的河内

古市古坟群和百舌鸟古坟群虽然有若干座古坟时代前期末的古坟，但中期的巨大王墓仍令人印象深刻。作为大型的前期古坟，古市古坟群有古坟时代前期末公元 4 世纪后半的津堂城山古坟（坟丘长 208 米）；百舌鸟古坟群有古坟时代前期末的乳之冈古坟（坟丘长 155 米）。这些古坟的规模较之同时期大和地区的古坟，简直出类拔萃。综上所述，有学者认为，自古坟时代初期起，河内当地就已有强大的政治势力存在。因此，倭王权从一开始就是大和 – 河内联合政权，且随着河内的政治势力逐渐发展壮大，到了公元 4 世纪末，河内一方终于完全取代了大和一方。不过，目前有关该观点的证据仍显不足。

另一方面，从相关的文献史料看，公元 5 世纪的倭王权主要由以下成员构成：倭王室、葛城、和珥氏等大和地区的政治势力，以及吉备、出云、纪、上毛野氏等有实力的地方豪族。其中，并无河内政治势力的身影。虽然到了公元 6 世纪，地方豪族的政治地位已经下降，大和的政治优势得以确立，但在有实力的氏族中，我们仍然看不到河内地方豪族的身影。就此，吉田晶曾指出，在古代，河内当地的政治势力是相对弱小的。

综上所述，从整个公元 4 世纪前期的古坟情况，以及整个公元 5 世纪、公元 6 世纪倭王权的氏族构成看，较之河内地区，大和地区始终占据优势。有鉴于此，河内的政治势力似乎并无能力建设古市古坟群、百舌鸟古坟群中的巨大古坟。所以只剩下了一种可能，即大和的政治势力出于某种原因在河内建造了王墓。

倭王权的直辖地

就前述的①而言，笔者之所以否定“大和与河内存在着两个不同的地域主体”，还有另一个原因，那就是如果倭王权想要拥有统治日本列岛的政治权力，那么将河内地区置于其势力范围之内将必不可少。大和之地本就处于内陆，如若不能将河内置于倭王权的管辖之下，那么大和通向西日本或朝鲜半岛所需的外港将无法由倭王权掌控。

如果倭王权仅将政治势力局限在统治中心大和，那其无论如何也不可能统治日本列岛，更不可能掌控半岛交通线。大和与河内在地形上通过大和川相连。从这一点看，大和与河内是浑然一体的。

另一方面，以大和川、淀川河口附近形成的河内湖（潟湖）（参见第 088 页地图）为中心，在古坟时代前期的河内地区，分布有广阔的低洼湿地。若要开发这一区域，就需要建设大规模的治水工程，但又由于河内当地势力的实力有限，河内的发展多受上述自然条件的限制。

河内之所以会成为日本列岛规模最大的渡来人聚居区，这与河内当地的势力比较薄弱有关。公元 4 世纪末以后，倭王权有计划地让渡来人迁居当地缺少有实力豪族的河内，并鼓励他们利用先进的治水技术，有组织地开发这一地区。此外，倭王权还在河内地区设立了生产基地，这使得渡来人可以在河内地区充分运用他们的先进技术，开展各项生产活动。

政治中心的转移

到了古坟时代中期，倭王权开始在河内地区建造王墓。如上所述，在这一时期，倭王权实施了诸多政策，如让渡来人在河内聚居、大规模开发河内，设置生产基地等。上述这些政策的实施，使得河内的重要性迅速凸显，与倭王权有关的各类设施更是相继迁往河内。一些地位显赫的豪族也逐渐将次要的据点迁至河内。正是在这一历史背景下，倭王权的王墓也迁入了河内。

1987 年，在大阪城以南不远处的难波宫遗址下层，考古人员发现了公元 5 世纪时期的大型仓库群。这一被命名为“法圆坂遗迹”的大型仓库群表明，倭王权在紧邻难波津的上町台地曾建造过规模宏大的储藏设施。在此附近，大约还有管理仓库群的设施存在。也就是说，在这一时期不只王墓被迁入了河内地区。

据《古事记》和《日本书纪》记载，该时期应神天皇建造了难波大隅宫，仁德天皇建造了难波高津宫，反正天皇在河内建造了丹比柴篱宫。这说明河内地区已建起了诸多王宫。参照法圆坂遗迹的发掘情况，上述《古事记》《日本书纪》的相关记载，应该是真实可信的。

话虽如此，公元 5 世纪持续在河内修筑王墓的倭王权却并未一直只在河内修建王宫。据《古事记》记载，应神天皇的皇宫是大和的轻岛明宫。《日本书纪》也有记录称，应神天皇驾崩在轻岛明宫。而后，履中天皇建造的磐余稚樱宫、安康天皇建造的石上穴穗宫、雄略天皇建造的泊濑朝仓宫等也全都位于大和。

吉村武彦指出，倭王权的政治中心说到底是王宫，而非王墓。尽管只有公元5世纪短短的一段时期，但不可否认的是，倭王权的政治中心曾经的确位于河内。不仅如此，除王宫外，倭王权的其他政治组织也曾部分被迁往河内。

另一方面，在这一时期，也有不少王宫修建在大和。这表明倭王权的政治组织，以及实力派氏族的大部分据点仍然保留在大和。大和一直都是倭王权的大本营。

氏族的据点也迁至河内

随着河内的重要性不断凸显，作为王权中枢的主要氏族在河内设置据点已成大势所趋。

公元6世纪以后，姓氏中带有“连”字的大伴连、物部连、中臣连、土师连等氏族，都在大和与河内两地设立了据点。例如：物部氏在大和的石上（奈良县天理市）和河内的阿都（涩河，大阪府八尾市）设置了据点；土师氏在大和的秋筱、菅原（奈良市），河内的古市（大阪府羽曳野市、藤井寺市）、毛受（堺市）等设置了据点。

我们将在后面的章节详细介绍各种类型的氏族，姓氏之后带有“连”字的氏族很早便已归顺大王家，他们被纳入大王的家产组织，成为大王的手足，在倭王权中担任要职。倭王权的据点迁至河内后，这些氏族为了履行职责，也开始在河内设置执行公务的据点。物部氏主要负责生产、管理武器，当河内的阿都附近成为倭王权的武器生产基地后，为了方便统一管理，物部氏也在此设置了新的据点；土师氏是负责制作埴轮[1]，营建、管理坟墓，以及操办丧葬事宜的氏族。在倭王权的王墓所在地迁往河内后，土师氏自然也要在王墓近旁设置据点。经考证，土师氏的据点广泛分布在拥有百舌鸟古坟群的大鸟郡至古市古坟群一带。这一分布情况说明，土师氏在河内设置据点，确实是为了履行其在王权内部所担之职责。

倭王权的飞跃性发展与王墓的迁移

如上所述，倭王权的王墓向河内迁移，并不意味着以河内为大本营的政治势力通过改朝换代，实现了“王朝更替”，也不意味着大和－河内联合政权的盟主权从大和势力转移到了河内势力手中。此外，王墓更不是因为单纯的坟墓选址才迁至河

1 埴轮，日本古坟顶部、坟丘四周排列着的素陶器的总称。

内。笔者认为，以大和为大本营的倭王权，是为了扩大其统治基础，才将王墓迁往河内的。

古市古坟群位于渡来人人口密度最高的河内南部地区，大和川与石川在这附近交汇。百舌鸟古坟群北临陶邑的丘陵地带，陶邑是倭王权的须惠器生产中心。倭王权在此建造的巨大古坟，可谓威严肃穆，即便身处其西面远方的大阪湾也能看得十分清楚。

公元4世纪末以后，倭王权之所以会将王墓修建在河内，是因为在该时期，各种各样的王权关联设施都被迁往河内，河内的地位愈发重要。倭王权通过在河内建造比以往更大的王墓，对内外宣告，自己已垄断了渡来人及其所掌握的先进技术，并完全控制了半岛交通线和大陆交通线。建在河内的巨大王墓，从视觉上直观地告诉人们，倭王权进入了崭新的历史阶段。

第二节 | 倭王权和地方社会

通过人员和物资巩固统治

公元5世纪的倭王权是以倭王室为中心，由葛城、和珥氏等大和豪族，以及筑紫、吉备、出云、纪、上毛野氏等实力派地方豪族缔结同盟而形成的联合政权。其中，倭王室虽一直身处优势地位，但葛城氏等大和豪族与吉备氏等地方豪族，同样手握重权，他们均在处理内政、外交的中枢职位任职。相较于公元 6 世纪以后的倭王权，这一时期仍有不少地方豪族在王权中枢身居要职。此外，大和地区与列岛其他地方的阶层差距也还没有拉开。

更重要的是，公元 5 世纪中央和地方的政治组织都还不够完善，倭王与构成王权的成员之间的联络仍较为直接。就像我们将会在后文中提及的那样，臣服于倭王权的地方豪族，会在族中有实力者的带领下，出入王宫办公，直接为倭王效力。作为回报，地方豪族就可以获得先进文化产物和技术。这些可以帮助地方豪族在地方社会稳固统治地位。以垄断渡来人及其所携带的先进文化产物为前提，整个公元 5 世纪倭王权都通过维系中央与地方之间直接、相互的人员和物资往来支撑着倭王与地方豪族间的关系。这种倭王室与地方豪族都期待对方给予回报的“礼尚往来”的关系，人类学称之为“互酬性”。可以说，直接的互酬性关系支撑着公元 5 世纪倭王权的政治统治体制。

到了公元 6 世纪以后，倭王权开始在地方设置国造等地方官，以统治机构为媒介统治地方。相较于此，王权中枢与地方势力在该时期形成的、通过人员和物资的授受来维系的关系，便显得十分不稳定，所谓的“金尽缘尽”就是这个道理。双方人员物资的授受一旦中断，关系自然极易解除。综上所述，在公元 5 世纪，倭王权与地方势力的政治关系还很不稳定。

公元 5 世纪是“内乱的时代”吗？

倭王武在其奏表中写道：“自昔祖祢，躬擐甲胄，跋涉山川，不遑宁处。”这是人们在说起公元 5 世纪倭王的军事风格时，常常引用的一段话。受此影响，人们总认为，倭王武的祖先身披铠甲，在征服列岛各地的战争中身先士卒，各地方的势力最终一一归顺臣服。都出比吕志注意到，王墓所在地从大和迁至河内的时期与日本列岛各地中断修建古坟的时期大体一致。所以，都出比吕志认为，日本列岛在这一时期产生了一场巨大的政治变动，列岛各地的首领阶层全被卷入其中，日本列岛社会陷入内乱状态。

笔者以为，从公元 4 世纪末到公元 5 世纪，日本列岛各地的政局确实发生了大规模的变动，各地首领的势力此消彼长。但是，笔者不赞成把这种政治变动视作内乱，并把整个公元 5 世纪看作历代倭王南征北战的时期。在前述中笔者已经指出，倭王武在奏表中使尽浑身解数宣传自己，其目的是为了获得与高句丽同级别的官爵。由此可见，我们切不可囫囵吞枣地只理解奏表的字面意思。另外，若是查阅《古事记》《日本书纪》，我们也可以发现，大王率军亲征，发生在公元 7 世纪后半。那时，齐明天皇为了救援百济，率兵出征。除此之外，《古事记》《日本书纪》中还有神武天皇东征、景行天皇平定熊袭等传说，以及神功皇后征讨新罗，日本武尊征讨熊袭、虾夷等传说。依据这些记载，有人提出了古代日本有“英雄时代”的主张。但是，上述这些记载也不过多为故事或传说，当今日本学界无疑对“英雄时代”的观点还是持否定态度的。

正如长山泰孝关注的，整个公元5世纪，葛城、和珥、平群、的、苏我、大伴、物部等中央各氏族，以及吉备、上毛野、筑紫、纪等地方豪族，都曾有人担任过军事指挥官，他们要么率军平定列岛各地，要么远征朝鲜半岛。换言之，公元5世纪的倭王不会率兵亲征。倭王会通过将军事指挥权暂时委让给重臣的方式，让重臣率军出征、为其效力。至于倭王武奏表中说的亲征，不过是其为获官爵编造的溢美之词罢了。

另一方面，考古调查的结果证实，进入古坟时代后，环濠聚落便逐渐消失了。这一情况对主张“内乱说”的学者相当不利。正如本系列前一册书（《王权的诞生》）曾详细论述过的，在战乱频仍的弥生时代，首领阶层和其他共同体成员共同居住在四周有壕沟的聚落中。据说壕沟有两个作用：一是标识内与外的界限；二是用来防御外敌。到了古坟时代初期，环濠聚落已不见踪影。究其原因，应该是首领阶层和共同体成员之间产生了阶级分化，首领已不再居住在一般聚落中，而是另建住宅（首领宅邸）居住；另一方面，进入古坟时代后，长期延续的战乱状态也走向了终结。受其影响，环濠聚落也就没有存在的必要性了。古坟时代应该也发生过几次大规模的内乱，普通村落应该也有采取措施，加强防御。但是，我们在史书上看不到相关的记载。有观点认为，畿内地区迁移的古坟群和列岛各地迁移的古坟群关联性很强。对此有学者指出，由于中断修建古坟的时间，根据各地区的具体情况稍有差别，所以我们很难判断二者之间是否真的存在着某种联系。

但是另一方面，正如前述所言，在公元5世纪初，日本列岛出现了用朝鲜半岛传入的新式铆钉技法制造的甲胄。恰好也是在这一时期，铁箭头开始出现重型化的趋势，其杀伤力大大提升。战争频次在该时期恐有所增加。此外，在中期古坟中，以甲胄、武器等为主体的陪葬品，逐渐取代了前期古坟中的镜、石制模型等祭祀用品。这表明古坟时代前期的首领是司祭，而到了古坟时代中期，首领的身份转变为军人。此外，《日本书纪》中也零零星星可见一些地方发生叛乱、倭王派兵镇压的记录。综上所述，整个公元5世纪，日本列岛各地的首领间常会爆发武力冲突，倭王权会从军事上介入此类纷争。

最后，让我们归纳整理一下上文所述内容。公元400年前后，日本列岛各地的政局发生了巨大的变动。在倭王权中央，河内地区的重要性大幅凸显，不仅是王墓，倭王权的政治中心、生产基地、各实力派氏族的部分据点，都曾有从大和转移至河内的情况。与此同时，在日本列岛各地，地方首领的势力更迭交替。在此过程中，似乎时常会爆发武力冲突。对此，倭王权会将军事指挥权委派给有实力的豪族，派遣他们前往各地方，从军事上介入此类纷争。如上所述，该时期在日本列岛，中央与地方的政局风云变幻。我们仍缺乏相关证据来断言，是中央与地方的相互影响，最终导致了内乱的爆发。地方社会的统治权之争，常常会闹到兵戎相见的地步。但这种冲突通常发生在各首领家族之间，整个聚落不会被卷入其中。而且这类武装冲突是呈零星之势出现的，它们并没有引起整个日本列岛大范围的动荡。

介入地方动乱

上文说到，这一时期在日本列岛，地方首领的势力交替更迭。接下来，笔者将进一步剖析产生这种现象的原因。

我们将以上毛野地区（群马县）为例进行说明。该地区的初期大型古坟有属于前方后方坟的前桥八幡山古坟（前桥市，坟丘长 130 米），及毗邻的前方后圆坟前桥天神山古坟（前桥市，坟丘长 129 米）。上述两座古坟都建于公元 4 世纪，在后者出土的文物中，有四面来自中国的舶载镜。据此我们推测，前桥天神山古坟的墓主人与倭王权之间的关系应该较为密切。到了公元 5 世纪初，该地据点迁至西南方十公里处高崎市东南

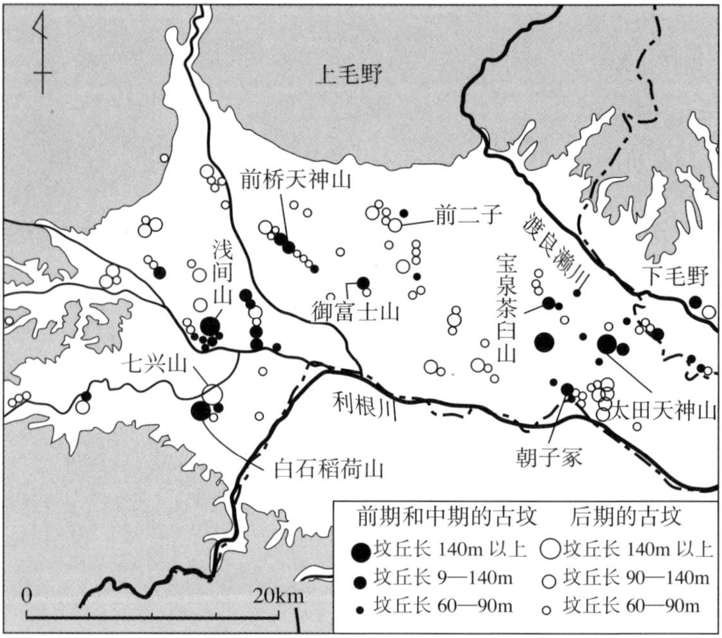

群马县的古坟分布与变迁图（白石太一郎的原图）

的仓贺野地区，并在此修建了浅间山古坟（坟丘长 172 米）。其后，到了公元 5 世纪中叶，在浅间山古坟以东约三十公里处的太田市，号称东日本地区规模最大的太田天神山古坟（坟丘长 210 米）出现了，其后圆部顶部修建的埋葬设施，主体部分是一口组合式的长柜形石棺。这种类型的石棺大多分布在畿内地区，通常来说，只有倭王室及实力派氏族中地位特殊之人，才有资格享用这种石棺。即便是在地方，也只有畿内周边地区，以及吉备、筑紫等与倭王权关系密切的特定区域内规模最大的古坟才会使用这种长柜形石棺。也就是说，太田天神山古坟的墓主人与倭王权之间的关系多半非比寻常。

公元 4 世纪中期至公元 5 世纪中期，前桥地区→仓贺野地区→太田地区，上毛野地区的地方首领势力依次更迭。由于仓贺野地区尚未被发掘，所以我们仍不清楚这一地区的具体情况。除仓贺野地区外，考古人员可以确定倭王权曾与其他地区保持着密切的联系。因此，笔者猜想，仓贺野地区的首领和倭王权多半也交情匪浅。历代地方上有实力的首领，都曾与倭王权结交。如此看来，倭王权不可能与地方首领的更迭毫不相关。

围绕统治权的归属问题，地方势力纷争不断。虽说环濠聚落在这一时期已经消失，但地方首领们仍然会在其首领宅邸的四周挖上壕沟，围上栅栏。鉴于首领们修建的防御设施，可想而知其纷争长期以来恐怕也从未有过间断。倭王权通过择时介入这些纷争，并在纷争中选择更忠诚于倭王权的一方，向其施以援手，来进一步促进地方首领势力的更新换代。倭王权会向新任首领提供先进文化产物，并在政治上与其缔结互惠关系。古坟时代列岛各地的大规模权力更迭，以地方势力的自主成长与互相角逐为前提。可以说，倭王权的介入，促进了地方势力的更新迭代。与此同时，这样的介入也能让倭王权同地方的新任首领快速缔结新的政治关系。

各地首领的系谱之所以会集中在古坟时代中期初中断，是因为倭王权掌控了半岛交通线，并且垄断了由此路径传入列岛的人员和物资，倭王权计划以这些人员物资为基础，在列岛内部创设出新的统治秩序，以强化其统治的根基。于是，倭王权积极介入各地首领间的权力纷争，进一步激化了地方社会的矛盾。通过上述一系列的操作，对倭王权来说，古坟时代中期初成为具有划时代意义的时期。在这一时期，倭王权的影响力渗透至日本列岛各地，列岛各地逐渐建立起新的社会秩序，列岛各地的首领也同倭王权构筑起新的政治关系。

埋在火山灰里的村落

接下来，让我们把视线转向古坟时代的社会与人们的日常生活。需要指出的是，由于《古事记》和《日本书纪》的记载几乎不涉及普通民众的日常生活，所以我们需要借助考古发掘的成果进行一番推测。

群马县的榛名山在公元6世纪曾有过两次大规模的喷发。因此，榛名山山麓随处可见被火山灰和浮石[1]淹没的村落遗址。一层层厚厚的火山喷发物包裹着受灾前人们一直生活着的住宅、耕种的旱田与水田、祭祀场所，甚至还有连通各家各户、从住

1 浮石，火山喷发后岩浆冷却形成的一种矿物，主要成分是二氧化硅，质地软，比重小，能浮于水面。

宅通往田野的道路……古坟时代日常生活的原貌就这样被完整地保留下来。我们甚至还可以在有的水田遗址中看到，受灾前不久农民干农活时留下的脚印和锄头的印记。上述这些考古发现在很大程度上改变了学者们对古坟时代聚落的固有印象。

接下来，我们将依据榛名山山麓的遗迹，尝试复原公元5世纪、公元6世纪古坟时代村落的原貌。学界过去一直认为，古坟时代的民众居住的是在地面上挖坑而建的竖穴式住宅。然而，令学者们颇感意外的是，在村落遗址上，考古人员发现了大量把地表当地板的平地建筑物。这种在地面极少留下痕迹的平地建筑物，采用一般的调查发掘法极难发现。所以，在此之前，考古人员几乎从未发现过平地建筑物。村落遗址的住宅区通常有一栋竖穴式住宅和几栋平地建筑物，住宅区外围还有一圈篱笆。煮饭用的灶台通常被设置在竖穴式住宅中，平地建筑物则多被用来饲养家畜或储藏物品。有的住宅区有地面较高的仓库、畜舍，而有的住宅区则没有此类设施。由此可见，即便是农民阶层，也已出现阶级分化的现象。

旱田和水田广泛分布在村落周围。火山灰下发掘出的水田有保存完好的田埂。旱田里的垄至今也清晰可见。水田的区划严整，每块水田大都有一两张榻榻米大小。由于该区域的耕作土壤含有大量的火山喷发物，其蓄水性极差。所以为了提高蓄水性，那时的人们采用了迷你水田的耕作方法。

到了公元5世纪后半，由第一批渡来人带入日本列岛的灶台，已传至日本东北地区。半岛交通线的影响深入日本列岛各地，人们的生活方式因此得到了改变。

巨大的首领宅邸

榛名山山麓不仅有古坟时代的村落遗址，还有该地区的首领居住的宅邸，以及首领死后埋葬的古坟。通常情况下，首领宅邸同古坟是成套出现的。

昭和五十六年（1981），随着群马县群马町（今高崎市）修建上越新干线，一项考古发掘调查也同时展开。考古人员在调查中发现了一栋巨大的宅邸遗址，四周环绕着又深又宽的方形壕沟。考古人员将其命名为“三寺Ⅰ号遗迹”。经分析，考古人员确定三寺Ⅰ号遗迹就是古坟时代该地区地方首领的宅邸，即所谓的“首领宅邸”。

三寺Ⅰ号遗迹的宅邸部分呈86米×86米的四方形规模，其四周环绕着宽30米至40米、深3.5米的壕沟，壕沟的斜面是用河滩石砌成的石墙。其重要之处设有凸出的设施。此外，壕沟附近还有一圈栅栏，可以说这幢宅邸的防御功能十分完备。宅邸内部被栅栏分成南北两个区域。其中，南区中心建有大型的掘立柱建筑[1]，掘立柱建筑四周分布着水井和铺着石板的

1 掘立柱建筑，在地面挖洞、插入柱子以代替基石的建筑，通常距离地面10厘米至1米。作为普通民宅一直沿用至18世纪。

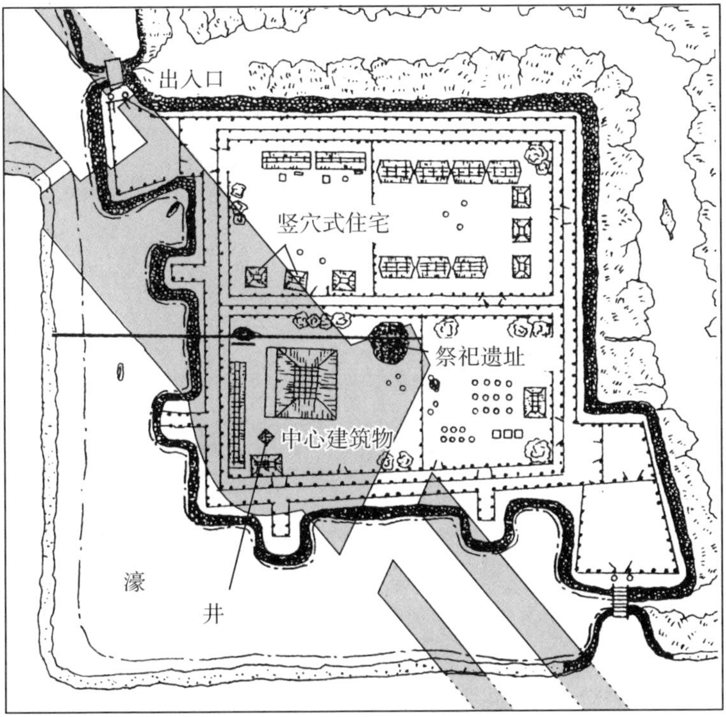

三寺Ⅰ号遗迹复原图 灰色部分为考古发掘的调查范围。在首领居住的南区，考古人员发现了铺着石板的祭祀遗址（出自上毛野的村落博物馆《复活的公元5世纪的世界》）

祭祀遗址。由此可知，南区应该是首领处理政务的地方。北区有多座竖穴式住宅，它们可能是首领仆从的住所或者小作坊。除此之外，笔者推测此处应该还建有仓库群。三寺Ⅰ号遗迹宅邸的存续时期为公元5世纪后半至公元6世纪初。

古坟时代的地方首领，不仅会和仆从一起生活在上述三寺

Ⅰ号遗迹般的首领宅邸中，而且他们还会在宅邸中处理政务、举行祭祀活动、生产金属制品、储藏百姓贡赋，等等。由此可见，首领宅邸算得上是一个开展各式各样政治、经济、宗教活动的地方性行政机构。

距三寺Ⅰ号遗迹西北约1公里处的保渡田古坟群，由三座前方后圆坟组成。公元5世纪后半至公元6世纪初，这三座前方后圆坟按照二子山古坟→八幡冢古坟→药师冢古坟的顺序依次建造。三座古坟的坟丘全都长约100米，有两道壕沟环绕，以众多的人物埴轮和动物埴轮竖立其中而闻名。

保渡田古坟群紧邻三寺Ⅰ号遗迹，其存续时期也与三寺Ⅰ号遗迹大致相同。由此推断，保渡田古坟群应该是三寺Ⅰ号遗迹宅邸主人死后葬入的古坟群。而其所属家族，在公元5世纪中叶取代了一直统治该区域的太田地区的首领势力，而后该家族盛极一时，却也于公元6世纪前半渐趋没落。

地方社会与渡来人

在这一地区，考古人员还发现了渡来人的坟墓与聚落。

在保渡田古坟群以西约1公里处，考古人员从泥石流的覆盖物下发现了下芝谷古坟（群马县箕乡町［今高崎市］），其形状兼具日本列岛与朝鲜半岛双方的特征，极为罕见。下芝谷古坟是边长20米的方坟，其斜面很陡，由两段构成。其中，在其下段上部的平面上，摆列着一圈埴轮，这是日本列岛古坟的特征。下芝谷古坟的上段呈现出一种由河滩石砌成的积石冢形态，积石冢并非日本列岛原有的墓葬形式，它主要分布在朝鲜半岛各地，所以下芝谷古坟的系谱大约承袭自朝鲜半岛。下芝谷古坟的建造年代大约在公元5世纪末前后。

据推测，下芝谷古坟的墓主人是在此定居的渡来人集团的首领。

古坟中的陪葬品除了金铜制饰履、金制饰品外，还有“f”形的镜板付辔、杏叶[1]等制作精美的马具和挂甲。特别值得一提的是，金铜制饰履虽多见于朝鲜半岛，但日本国内也出土过豪华金履十数例。

此外，考古人员还在下芝谷古坟西侧附近的聚落遗迹——下芝五反田遗迹（群马县箕乡町［今高崎市］）处，出土了朝鲜半岛系的软质陶器。这也说明，渡来人曾在该区域内居住。

《日本书纪》曾屡次提及，以上毛野地区为大本营的上毛野氏祖先曾被派往朝鲜半岛。《日本书纪·应神纪》有记载称，荒田别和巫别曾出使百济，将书（文）氏的始祖王仁带回日本。此外，据《日本书纪·仁德纪》记述，竹叶濑及其弟田道被派往新罗，田道与新罗军队发生冲突，俘虏了“四邑之人民”后凯旋。可以说，这些传说反映了一定的真实情况。公元

1 杏叶，马鞍上的装饰品。

下芝谷古坟　源自朝鲜半岛的积石冢周围，摆列着一圈圆筒埴轮（箕乡町教育委员会提供图片）

5世纪，上毛野氏在倭王权中占据重要地位，上毛野氏曾数次被任命为将军，出兵朝鲜半岛，并将部分朝鲜半岛之人带回日本列岛。在倭王权的许可下，一部分渡来人在上毛野氏的大本营上毛野地区定居。虽然这只是笔者的推测，但若非如此，下芝谷古坟为何存在于此的问题将难以解释。也就是说，作为上毛野氏效力于倭王权的回报，倭王权特许上毛野氏掌控拥有先进技术的渡来人。随后，上毛野氏利用渡来人的先进技术，积极开发当地资源，革新生产技术。

除此之外，葛城、吉备、纪等诸氏族也在公元5世纪的倭王权内占有重要地位，甚至曾被派往朝鲜半岛。虽无文献史料支撑上述观点，但根据考古发掘，上述氏族的大本营附近也都居住着渡来人。这些氏族的情况多半也与上毛野氏的情况相同，即作为为倭王权效力的回报，倭王权允许渡来人在这些氏族的地盘定居。如此一来，从朝鲜半岛传入的由倭王权垄断的先进技术，通过倭王权与地方豪族间互酬性的政治关系，逐渐普及至日本列岛各处。

第三节 | 第一代“治天下大王”——幼武大王

铁剑铭文的发现

公元 5 世纪末的倭王武（= 雄略天皇）时期，倭王权选择与中国王朝诀别。被认为是雄略天皇的幼武大王，在日本列岛内宣扬其独立自主的天下观，并自诩“治天下大王”，统治日本列岛。考古发现了可以印证上述这段历史的两柄刀剑上的铭文。接下来，我们将以刀剑铭文为线索，论述“治天下大王”出现的历史意义。

1978 年 9 月，在奈良县元兴寺文化遗产研究所进行养护的一柄古坟时代的铁剑上发现了铭文。这柄铁剑 1968 年出土自埼玉县行田市埼玉古坟群中的稻荷山古坟（坟丘长 120 米）。其后，因为这柄铁剑严重生锈，奈良县元兴寺文化遗产研究所接受委托对其进行养护。在处理过程中，研究所的工作人员发现，在这柄铁剑的铁锈下有东西闪闪发光。此后经 X 光透视，研究所的工作人员发现闪闪发光的是一段由 115 个字组成的嵌金铭文（参见下页左侧的图）。它们来自仅透过《古事记》《日本书纪》的记述仍存在诸多未知的时代。那时，大王的名讳甚至直接出现在上述书中。当时的媒体称之为“日本古代史上重大的发现”。

治天下大王的出现 稻荷山古坟出土的金错铭铁剑（埼玉县立埼玉史迹博物馆藏）

首先，我们来引用一下解读过的铭文（岸俊男提供）：

【正面】

辛亥年七月中记：乎获居臣，上祖名意富比垝。其儿名多加利足尼，其儿名弖已加利获居，其儿名多加披次获居，其儿名多沙鬼获居，其儿名半弖比。

【背面】

其儿名加差披余，其儿名乎获居臣。世世为杖刀人首，奉事来至今。获加多支卤大王寺在斯鬼宫时，吾左治天下，令作此百练利刀，记吾奉事根原也。

从内容看，铭文可分为前后两个部分。首先，铭文开头部分即表明，刻此铭文的日期为“辛亥年七月中”。紧接着铭文介绍了制造这柄剑的“乎获居臣”是自其始祖“意富比垝”以来，该家族的第八代子孙。该家族之人世世代代担任“杖刀人首(亲卫队队长)”之职，侍奉王室至今。这柄剑背面的铭文则提到，幼武大王(=雄略天皇)在斯鬼宫统治天下时，乎获居臣“左治”(辅佐大王统治)天下。大王命他铸造该铁剑，以记载其“奉事根原”(侍奉王室的渊源)。综上所述，铁剑上的铭文记述的是，乎获居臣的事迹，以及刻铁剑铭文的目的。

幼武大王就是雄略天皇

那么，铁剑铭文中提到的辛亥年是何时？幼武大王又是谁？就此问题，当今学界的定论是，辛亥年是公元471年，幼武大王就是雄略天皇。

近年来，越来越多的人相信稻荷山古坟建于公元5世纪后半。辛亥这一干支，六十年轮一回。如果以古坟的建造年代为基准，辛亥年最有可能是公元471年。

另一方面，如果“幼武大王”中的“大王”是倭王，即日本列岛的统治者，那么能在身份上与幼武大王对应的，便只有《日本书纪》中名为大伯濑幼武(《古事记》中称大长谷若建)的雄略天皇[1]了。正如前述所言，雄略天皇和倭王武应该是同一个人。又因为倭王武向南朝宋朝贡之事发生在公元478年，

1 幼武(ワカタケル)大王、大伯濑幼武(オオハツセノワカタケル)、大长谷若建(オオハツセノワカタケル)的日文汉字写法虽不同，但其读音却部分或完全相同。

所以雄略天皇统治天下的时间应该在公元 478 年前后。这与辛亥年是公元 471 年的看法并不矛盾。

另一方面，考古人员在熊本县菊水町（今和水町）江田船山古坟中发现的大刀铭文，为我们解读稻荷山古坟出土的那柄铁剑上的铭文，提供了具有重要参考价值的信息。过去，人们把这段大刀铭文的开头部分解读为“治天下復□□歯大王（在復宮治理天下的弥都歯大王），即认为“歯大王”是反正天皇（《日本书纪》中称多迟比瑞歯别天皇）。然而，铁剑铭文被发现后，研究人员又重新比对了二者，这才发现“復”和“獲”、“歯”和“卤”的写法都非常类似。于是船山大刀上的铭文就被修正为：“治天下獲□□□卤大王”，即同指幼武大王。

江田船山古坟中发现的大刀铭文，虽未标明其制造年份，但它有说明：一个效命于幼武大王的典曹人（与“杖刀人”指武官相对，“典曹人”指文官），名曰无利弖，造了此刀。

有学者主张，铁剑铭文上的“幼武大王”实则是东国的大王。但如果仔细研读大刀铭文就会发现，这种说法并不成立。这是因为，如果乎获居臣和无利弖效命的都是幼武大王，那么幼武大王只有可能是那位住在畿内地区的大王。

乎获居臣在铭文中蕴含的深意

就上述铭文，还有一个重要的问题有待解决，即制造这柄铁剑的乎获居臣到底是武藏当地的豪族，还是畿内地区的豪族？如果他是武藏当地的豪族，那么出土铁剑的稻荷山古坟是乎获居臣本人之墓，还是其近亲之墓？如果他是畿内地区的豪族，那么这柄铁剑很有可能就是作为杖刀人首的乎获居臣赏赐给东国出身的部下之物。根据上述两种说法的不同，我们对铁剑铭文的理解和评价也将变得相去甚远。

笔者自己更倾向于前一种说法，理由如下：

在古代，刀剑除作武器外，还是一种驱邪之物，人们相信刀剑能够遂人心愿，随身佩带刀剑更可以带来长寿与吉祥。人们之所以在刀剑上篆刻铭文，正是因为那时的人们有此信仰。笔者认为，这样的信仰正是解读稻荷山古坟铁剑铭文的关键所在。

我们可以在石上神宫收藏的七支刀上看到“辟（=避）百兵（各种灾厄）”等起到护身作用的吉祥词句。江田船山古坟的大刀铭上写着：“服此刀者长寿，子孙洋洋（注注）得□（其）恩也，不失其所统（持刀者长寿，恩泽荫及子孙）。”其表述同样饱含吉祥之意。“不失其所统”意为统治永续。换言之，无利弖希望能借用刀剑的魔力，保佑其家族在当地的统治千秋万代，稳如磐石。综上所述，那些刻在刀剑上的铭文，通常饱含制造者的美好愿望。

铁剑铭文中虽然看不到表示吉祥的词句，但它毫无疑问也融入了乎获居臣的美好愿望。

正如铁剑铭文末句的“记吾奉事根原也”所言，篆刻铭文是为了记录乎获居臣一族作为杖刀人首侍奉王室的渊源，明确其家族侍奉王室的历史。乎获居臣通过篆刻铭文记录其家族作为杖刀人首侍奉王室的渊源，以此表达他希望子孙能在将来继续承袭这一地位的愿望。经过上述分析我们发现，江田船山古坟的大刀铭文和稻荷山古坟的铁剑铭文，它们的铭文内容与篆刻目的几乎如出一辙。可以说，它们的作用正在于让子孙世袭官职。

既然稻荷山古坟的铁剑是基于上述目的被制造的，那么乎获居臣果然应该还是武藏当地的豪族。笔者以为，像这样为祈求一族政治地位永续而专门制造的铁剑，是不可能被轻易当作赠物，赠予他族之人的。且在制造这柄铁剑的乎获居臣死后，其后人就将这柄剑同其制造者一起埋入了由祖灵守护的古坟。基于上述理由，笔者认为乎获居臣是武藏当地的豪族，且其本人很有可能就是稻荷山古坟的墓主人。

之所以有人会认为乎获居臣是畿内地区的豪族，是因为在他们看来，一介地方豪族是不可能“左治天下”的。为了进一步自圆其说，支持这一观点的人还引用了古代的刀剑赠答习俗（主要指上级赐予下级）以说明铁剑是畿内地区的杖刀人首赠予下级之物。

不过，在此需要指出的是，乎获居臣希望通过铭文宣扬自己的丰功伟绩，所以他才使用了“左治天下”这样夸张的字眼。虽然在古代的确存在刀剑赠答的习俗，但也未必事事皆如此。七支刀是百济王世子为赠倭王而造的刀，其铭文中已明确提及，故我们能确定七支刀的确与刀剑赠答有关。千叶县市原市稻荷台一号坟出土的铁剑上也有“王赐”二字的铭文，所以它也很有可能是倭王下赐之物。

但是，以铭文来看，稻荷山古坟的铁剑和江田船山古坟的大刀，都并不是为赠答而制造的。因此，笔者认为，与上述赠答情况不同，铁剑和大刀应该用于制刀者自身佩戴。

铁剑铭文系谱的含义

稻荷山古坟的铁剑铭文，是为了记录乎获居臣家族侍奉王室的渊源，其功能与古代氏族的系谱有相似之处。沟口睦子曾指出，古代氏族的系谱，最大的看点不在财产、祭祀权等继承问题上，而在于那些家族侍奉倭王权的渊源及其世袭记录上。比如，在中臣氏的起源传说中，就有关于中臣氏始祖天儿屋命，自天孙降临之际起，就一直追随琼琼杵尊等的记述。这些记述旨在说明中臣氏侍奉王权渊源已久。中臣氏记述这些故事的目的，就是为了给其实际政治地位找支撑。

该铭文一共记载了八代的系谱：从第一代的意富比垝到第五代的多沙鬼获居，他们的名字里包括首领称号。在这些首领称号中，又有在系谱内按类型出现的比垝、足尼、获居等尊称。其第六代至第八代则依次为半弖比、加差披余、乎获居臣，这三代人的名字只有个人名，没有首领称号。也就是说，在第五代的多沙鬼获居之前是传说时代，到了第六代的半弖比之后，才进入了实录的时代。因此，切不可全信“世世为杖刀人首，奉事来至今”的记述，毕竟只有第六代之后的内容才具有一定的可信度。

铁剑铭文的系谱与其后氏族的系谱也有迥然不同之处，即铁剑铭文上没有记录氏名（姓）。一个叫无利弖的人制造了江田船山古坟的那把大刀，但其铭文上却只有名而没有姓。这表明在乎获居臣时期氏名尚未普及。此前，我们虽然已将公元5世纪的豪族，用氏名名称作“葛城”“和珥”“吉备”“上毛野”等，但从严格意义上说，我们应该采用“这些氏族的祖先”或是“原葛城氏”这样的说法才更妥当。铁剑铭文说明，早在氏名形成之前，氏族的系谱就已经出现了。

在王宫效命

稻荷山古坟的铁剑铭文还说明了另一个重要的事实，即那时的地方首领为大王效命的形式与公元6世纪以后的形式大有不同。

“杖刀人”顾名思义“以刀为杖”，也就是身上时刻佩刀之人，指武官。“首”就是首领的意思。虽说乎获居臣的那句“吾左治天下”稍有自负之感，但如若不是在大王身边效力之人，恐怕也说不出此等“豪言”。乎获居臣曾在斯鬼宫担任幼武大王的近侍，负责大王身边的警卫工作，用现在的话说，他就是大王亲卫队的队长。

乎获居臣将自己的族人与周边中小豪族的子弟编入杖刀人部队，部队直接听命于大王。那时，大概有数个士兵集团（部队）直接隶属于大王，拱卫王权。而杖刀人首则是其中一个集团的统帅（指挥官）。

根据铁剑铭文可知，公元5世纪后半，实力雄厚的地方豪族会到王宫直接侍奉大王。这种情况与公元6世纪以后的情况大为不同。公元6世纪以后，地方豪族子弟是以舍人（近侍）、膳夫（厨师）等伴[1]的身份出仕做官的。伴由中央豪族的伴造[2]统率，作为组织中的一员为大王效力。他们与大王的关系是间接的，其地位也相对较低。可以说，他们已经不能用“左治天下”这样的“豪言壮语”来自夸了。

上文说过，乎获居臣是杖刀人首，无利弖是典曹人，二者均被称为“某某人”。如果翻阅《日本书纪·雄略纪》就会发现，里面还有养鸟人、宍人、船人等被称作“某某人”的官职。因此，在该时期，倭王权的政治组织结构也可被称作“人制”。在人制制度下，如杖刀人首那般，分管每种职务的集团都设有统率者。担任统率者之人不仅有中央豪族，还有乎获居

1 伴，通过世袭的方式分管倭王权特定职务的官僚集团。
2 伴造，大化改新之前负责管理和统辖王室所有部的世袭首领。

臣那样的地方豪族。不过，需要指出的是，在人制制度下，仅有统率者直接经由倭王权任命，统率者的部下都由其自行组织、选拔。人制大体上依靠的是豪族的统治力和统率力。这说明倭王权那时的统治组织构架尚不完善。

此外，乎获居臣时期的地方豪族和公元6世纪以后的地方豪族，还有一点大相径庭。乎获居臣在铁剑铭文中不遗余力地宣扬了其世代担任杖刀人首，为大王效命之事，却没有提及其家族在武藏当地的地位如何。江田船山古坟的大刀铭文，虽也记述了无利弖作为典曹人，曾为倭王效力之事，但其铭文中同样没有出现任何关于他在地方社会中的地位的叙述。

《古事记》《日本书纪》记述过的实力派地方豪族大都拥有国造头衔。在大化改新以前，国造对地方豪族而言，是重要的政治地位及其统治地方的关键凭证。在律令制度下，地方豪族的祖先是否担任过国造之职，对其家族在当地的声望有很大的影响。

近年来，学界普遍认为，国造制形成于公元6世纪前半。笔者对此也持肯定态度。幼武大王时期的两段刀剑铭文之所以均未提及制造者家族在当地社会的政治地位，是因为不论乎获居臣还是无利弖，他们都没有获得过倭王在地方任命的国造等官职。换言之，在这一时期，王权任命地方官的制度还没有出现。幼武大王时期，倭王权对地方的统治和公元6世纪以后的情况仍存在较大的不同。

此外，乎获居臣特意在铁剑上篆刻其在王宫为倭王效力之事，并将铁剑带回故乡，在其死后把铁剑作为陪葬品埋入古坟，就是为了向当地社会宣扬其家族同倭王权之间的政治关系。对于这一时期的地方豪族而言，到畿内地区的王宫侍奉倭王，可以提高其家族在地方社会的权威。古坟时代前期到中期，在首领强化地方政治地位时，权力象征物起到了非常重要的作用，首领在倭王权中的政治地位逐渐转由权力象征物体现。

荣归故里的乎获居臣

我们虽然不清楚乎获居臣究竟为倭王效力了多少年，但可以肯定的是，他致仕后，荣归故里武藏，度过余生，最终被葬入了稻荷山古坟。在稻荷山古坟后圆部坟顶处，考古人员发现了一个黏土椁和一个砾椁。铁剑作为陪葬品被埋在砾椁中，而黏土椁则位居中央，其年代更久，可见砾椁是追葬之人的埋葬设施。换言之，稻荷山古坟是为葬在黏土椁里的人修建的，而可能是乎获居臣的人则是后来被追葬进砾椁的。两人同埋一坟茔则说明，砾椁的墓主人和黏土椁的墓主人的血缘关系应该很近。在家族内，葬在黏土椁里的人地位最高，其地位高于砾椁的主人。如果说葬在砾椁里的人是乎获居臣，那荣归故里后的他，看来也不过是一位二号人物。一个“左治天下”之人在地方社会仅是二号人物，谁都会感到奇怪吧。

就此间的始末缘由，笔者做了如下猜测（下文以砾椁的墓主人是乎获居臣为前提构建）。乎获居臣大概是黏土椁墓主人的孩子或兄弟，笔者更倾向是弟弟。青年时，乎获居臣身为杖刀人，在斯鬼宫中侍奉倭王，不久后荣升杖刀人首，为大王效命数十载。他刚侍奉倭王时，其父应是武藏当地的首领。不久之后，其兄继承其父之位。因乎获居臣官至杖刀人首，其家族的政治声望得到提升。乎获居臣将各种先进的文化产物和技术源源不断地带入故乡，但人过中年，当他回到故乡时，兄长作为当地首领，统治已稳如磐石了，于是乎获居臣甘居二线，辅佐兄长。兄长是地方社会的统治者，弟弟又维系了倭王权与家族的关系，兄弟二人就像一驾马车的两个轮子，他们各司其职，共同巩固了乎获居臣家族在当地的统治。如果我们试从这一角度思考二者之间的关系，读者应该就能明白为什么稻荷山古坟会有两个埋葬设施了吧。

治天下大王的出现

江田船山古坟的大刀铭文将雄略天皇称为“治天下幼武大王”。虽然稻荷山古坟的铁剑铭文只使用了“大王”二字，但其铭文中的“左治天下”等表述在实质上已经等同于“治天下”这样的词语。在此我们将日本列岛的统治者称为“治天下大王”。

不过，需要指出的是，把“治天下大王”视作正式的统治者称号，并非毫无问题。大多数的日本古代史专家将“大王”解释成“王中为大者”“王中第一人”，关晃和东洋史学家宫崎市定则认为，“大王”一词只不过是在“王”字前面加了一个表示尊敬的“大”字而已，它只是一种尊称，不太可能是统治者的称号。此外，宫崎市定和角林文雄还提出，“天皇”前的统治者称号是“天王”。不过，这一猜想有其弱点，即不能提供金石文等确凿的史料证据作支撑。

诚然，在日本，人们会将“大王”二字当作尊称使用，可这里出现的“治天下大王”却有“统治天下的大王”之意，所以我们不能单纯地认为“治天下大王”只不过是一种尊称。

笔者认为，“治天下”这一拥有特殊含义的表达，与“大王”一词的结合，值得我们注意。日本文学学者神野志隆光认为，“治天下”和“天下”在使用时有其特殊的政治性与意识形态性。例如，在《古事记》中，各天皇记的开头都会写道：“某某坐某某宫治天下。”其中的“天下”含有“天皇统治下的世界”的思想。只有大王与天皇才能将统治者称号与“治天下”结合起来使用。所以，在“治天下”语境中使用的“大王”，绝非只是一种尊称。以现阶段的研究来看，在“天皇”这一称号出现前，日本列岛统治者的正式称号只能是“治天下大王”。以上是笔者得出的结论。

由前述的刀剑铭文可知，在幼武大王时期，人们把置于大王统治之下的世界视为“天下”，将日本列岛的统治者称为“治天下大王”。这样一来，“天下”的统治者——“大王”就此诞生。笔者认为，只有积极正确地评价“治天下大王”出现一事，我们才能理解脱离册封体制后的倭国开展的新型外交的意义。

“天下”世界的形成

那么，在幼武大王时期，到底什么才是人们构想“天下”的历史背景呢？

所谓的“天下”，原本就有全世界之意。至于日本列岛使用的“天下”，其范围再小，也不可能只局限在倭人居住的小世界中，笔者认为倭王武的奏表，已将具有实际内涵的倭国式天下观淋漓尽致地展现了出来，具体可见“东征毛人五十五国，西服众夷六十六国，渡平海北九十五国”。奏表中提及的征服毛人、众夷及海北（朝鲜半岛），是将毛人、众夷及海北全部视作了外民族。其中，所谓的“毛人”借用了中国古代地理书《山海经》中“毛民国[1]”等概念。倭王权将住在倭国以东的人视作外民族，并称其为“毛人”，这便是古代虾夷观的雏形。此外，众夷是指九州南部的熊袭和隼人，倭王权使用

1 毛民国，据《山海经》等古籍记载，毛民国位于大海洲岛上，离临海郡东南两千里，其民称作毛民，身材矮小，不穿衣服，全身长满箭镞般的硬毛。

“夷”字，足以表明其外民族的身份。此外，倭王权也将朝鲜半岛之人视作外民族。总而言之，在倭国式的天下观中，倭王统治着朝鲜半岛之人，以及其他住在日本列岛内的外民族。

可以说，在此情况下形成的小世界之王的王权思想，就是“治天下大王”这一统治者称号的来源。或者说，这就是倭国风格的中华思想。

倭国式的天下观之所以能够形成，主要是因为公元 4 世纪至公元 5 世纪，倭国在与朝鲜半岛诸国的外交关系中，凭借军事实力，几度掌控了外交主导权。正如前述所言，每当新罗、百济在军事上身陷困境之时，他们便会把人质送往倭国，以获取倭国在军事上的援助。倭王权也常常通过新罗、百济送来的人质，干预他国的王位继承之事。如此一来，在同朝鲜半岛诸国的外交关系中，倭国长期占据优势地位，倭王便萌生了自己是小世界盟主的野心，并自然而然地认为朝鲜半岛诸国全都置于其统治之下。在笔者看来，这就是倭王之所以构思其天下观的缘由。

就日本国内而言，公元 5 世纪后半是前方后圆坟分布最广的时期。近年来，在日本东北地区，考古人员相继发现了多座古坟时代前期的古坟。以东北地区规模最大的雷神山古坟（位于宫城县名取市，坟丘长 168 米）为代表，很多过去一直被认为是古坟时代中期的大型古坟，后来都被确定属于古坟时代前期。而前方后圆坟的建筑样式，最早则在古坟时代前期，就已传至宫城县北部的古川市（今大崎市）附近。到了古坟时代中期，古坟出现小型化趋势，日本最北的前方后圆坟——角冢古坟（坟丘长 45 米）建造于比古川市更北的岩手县胆泽町（今奥州市），这时已是公元 5 世纪后半了。另一方面，日本最南面的前方后圆坟则位于鹿儿岛县东部的志布志湾沿岸地区。其中，位于东串良町的唐仁大冢古坟，是一座坟丘长约 150 米的大型古坟，据推测其建成时期应在公元 5 世纪中叶至公元 5 世纪后半之间。

而另一方面，在古坟时代中期的畿内、吉备、上毛野等倭王权中枢势力的大本营，古坟出现巨大化趋势，相反在其他地区，古坟规模则开始缩小。这些现象都表明，倭王权对日本列岛各地的政治、文化影响力逐渐增强，与此同时，倭王权与地方势力之间的差距正在拉大。

如上所述，整个公元 5 世纪倭王权的稳固及其在与半岛诸国的外交关系中占据的主导地位，使得倭王开始构思其独立的天下观，随之“治天下大王”的统治者称号诞生。正如笔者在第一章第四节提到的，这意味着倭王权逐渐脱离了以中国皇帝为核心的权威体系，并建立起相对独立的权威。这也使倭王权最终下定决心脱离册封体制，走上独立自主的道路。因此，能够赋予倭王独立权威的即位典礼得到了完善。

与百济关系更加密切

随着公元400年前后，第一批渡来人大举迁入日本列岛，雄略朝时期进入了一个新的历史阶段。从以“加罗”为中心的地区通过半岛交通移民日本列岛的渡来人，及其所携的先进技术、文化产物，成为该阶段日本列岛历史发展的主要推动力。通过垄断这些人员物资，倭王权巩固了其对日本列岛的统治，进而“治天下大王”诞生了。

与此同时，倭王权也开始在雄略朝时期开展新型的外交活动，这使得历史快速进阶至下一阶段。

首先，倭王权脱离了通过大陆交通线连接的册封体制，这是倭国建立新型外交关系的开始。公元478年，倭王武最后一次派遣使节前往南朝宋，此后直至公元600年第一批遣隋使出发，倭国与中国王朝之间的外交往来中断了超过一百二十年。在这一百二十多年间，大陆交通线一直处于荒废状态。

此外，半岛交通线方面也发生了重大的变化。在同倭国关系最为紧密的伽倻地区，金官国衰弱，其北面强盛的大加耶（伴跛国，庆尚北道高灵）取而代之。公元479年，大加耶国王荷知首次向南朝齐朝贡，获册封。据田中俊明介绍，公元5世纪70年代，以大加耶为盟主，伽倻北部至伽倻西部各国结成联盟。更早之前，该联盟成员就与金官国、安罗国、卓淳国等同倭国保持友好关系的伽倻南部各国划清了界限，他们独自形成了另一股政治势力。

伽倻诸国核心势力的更迭，也对倭国同伽倻之间的交流产生了重大的影响。据朴天秀的研究，须惠器（陶质陶器）、马具、甲胄等渡来系文化产物直到公元5世纪前半仍多来自以金海、釜山地区为中心的伽倻南部地区，而到了公元5世纪后半，这些渡来系文化产物则几乎全都来自以高灵为中心的大加耶地区。公元5世纪后半以后，倭国同金官国的交流占比大幅下降，而大加耶地区的文化产物开始传入日本列岛。

与上述动向互为表里的是，倭国在半岛交通线上同百济更为频繁地往来。公元475年，百济的都城汉城被高句丽大军攻陷，盖卤王[1]及其王妃、王子被杀。幸免于难的王族、遗臣弃城南逃，将锦江之畔的熊津（忠清南道公州）定为新都，并且在倭国的援助下复兴百济。此事发生后的第三年，倭王武遣使南朝宋控诉高句丽无道。

公元5世纪后半朝鲜半岛上发生的战乱，也在极大程度上影响了日本列岛的历史。雄略朝时期前后，朝鲜半岛的战乱余波未止。受此影响，被称作“今来汉人”的百济人大量移居日本列岛。他们就是第二批渡来人。这批渡来人为日本列岛带来了百济的先进技术。此时，倭王权也将这批渡来人纳入了王权

1 盖卤王，亦作近盖娄王，百济第21代国王。

的政治制度，并借此垄断了他们的技术。倭王权根据这批渡来人的技能，将他们编成陶部、鞍部、画部、锦部、译语等，并让第一批渡来人中有实力的一族东汉氏管理他们。在这样的契机之下，倭王权原先的政治制度——人制，在不久之后，被重新改组成新的部民制（参见第 187 页内容）。

综上所述，公元 5 世纪后半朝鲜半岛战乱的影响也波及日本列岛，列岛社会进入了新的历史阶段。此后，在日本列岛的历史上，半岛交通线的意义依然重大，而通过半岛交通线连接的倭国与百济的关系也日趋重要起来。

旧豪族的没落

雄略朝时期还发生了一件不容忽视的事，即公元 5 世纪，曾经显赫一时的葛城氏与吉备氏相继没落。

据传，公元 5 世纪曾爆发过多起围绕王位继承权归属问题展开的血腥争斗。雄略天皇的哥哥安康天皇即位后，此类争斗仍然不曾间断。安康天皇以为其弟大泊濑皇子（雄略天皇）的婚事泡汤，便杀死了其叔大草香皇子，并将大草香皇子之妻中蒂姬据为己有。中蒂姬之子眉轮王，得知父亲被杀一事，便趁安康天皇熟睡之际将其杀害。此后，雄略天皇继承皇位，欲捕眉轮王杀之。眉轮王逃入大臣葛城圆的宅邸。雄略天皇要求葛城圆交出眉轮王，遭拒。于是，雄略天皇派兵包围了葛城圆的宅邸。葛城圆进退两难，只得献上自己的女儿葛城韩媛及“葛城宅七区（《古事记》中为‘五处之屯宅’）”以求赎罪。雄略天皇不允。最终，葛城圆和眉轮王被烧死在宅邸中。葛城氏在公元5世纪和倭王室结为姻亲，成为大和当地的豪族、权倾朝野的外戚。尽管如此，葛城氏依旧被雄略天皇轻而易举地灭掉了。

不过，雄略天皇还有一位曾阻止他继承王位的劲敌，那就是有着葛城氏血脉的市边押磐皇子。据《日本书纪》记载，雄略天皇曾邀请市边押磐皇子外出狩猎，趁机将其杀害。雄略天皇在消灭葛城氏和有葛城氏血统的市边押磐皇子后，终于如愿当上了大王。由此可见，雄略天皇的继位沾满了血腥气息。

吉备氏虽是地方豪族，但整个公元5世纪，吉备氏也曾显赫一时。吉备氏修建的造山古坟（冈山市）、作山古坟（总社市）等大型古坟，放眼全国也是屈指可数的存在，这些古坟仿佛向我们诉说着吉备氏当年的强大。而吉备氏发动叛乱的传言集中出现在雄略朝时期。

吉备氏其实是以东部（冈山县山阳町［今赤磐市附近］）的上道氏和西部（冈山市西部和总社市）的下道氏为核心组成的氏族联合体。据《日本书纪·雄略纪》七年条记载，下道臣前津屋诅咒天皇一事败露，为物部氏手下的士兵所杀，接着雄略天皇将上道臣田狭任命为“任那国司”，派往远方，并借机强占其妻稚媛。为此，上道臣田狭愤恨不平，便与其子弟君一起以任那、百济为大本营，企图谋反，结果失败。雄略天皇死后，稚媛想让自己与雄略天皇所生之子星川皇子继承天皇之位，便怂恿儿子发动政变，事败。二人为大伴室屋和东汉掬的军队所杀。此时，吉备的上道氏率水军来攻，计划救出稚媛母子，获悉星川皇子等人被杀，遂退去。而上道氏也因此次行动遭到问责，被其属下的山部取而代之。经过上述一系列失败的叛乱，吉备氏的势力大为削弱。

葛城氏和吉备氏在雄略朝时期没落一事，在下述三个层面上，意义重大。

首先，公元5世纪的葛城氏与吉备氏是支撑倭王权的两大豪族，这两股势力的相继没落，在某种程度上使得王权更加稳固。如此一来，“治天下大王”幼武所获之权力便凌驾于迄今为止的任何一位倭王之上了。

其次，就像葛城圆为了赎罪，提出将“葛城宅七区”献给雄略天皇一般，以葛城氏和吉备氏为代表的公元5世纪的实力派豪族，在根据地保有被称为“宅”的广大的农业经营地，并以其为经济基础。葛城氏与吉备氏的没落，宣告了地方豪族时代的结束。取而代之的是在镇压叛乱中功勋卓著的大伴氏与物部氏，他们逐渐走上了倭王权内部权力中枢的舞台。此后，大伴氏、物部氏、苏我氏在倭王权新型的统治机构中崭露头角，这些氏族以宅和部为重要的经济基础，把控着王权的中枢。

第三，吉备氏没落之后，再无能与大和豪族分庭抗礼的地方豪族。公元6世纪前半，在筑紫的磐井之乱被镇压后，大和对地方的优势地位得以确立。

在幼武大王时期，倭国脱离册封体制，“治天下大王”称号出现，第二批渡来人移居日本列岛，旧豪族相继没落，在这一系列的风起云涌之后，列岛社会的历史又向前迈进了一大步。

第三章

独立自主的倭王权

第一节 | 继体朝、钦明朝时期的王权

史无前例的即位

据《古事记》《日本书纪》记载，雄略天皇之后的大王是清宁天皇→显宗天皇→仁贤天皇→武烈天皇，都因短命而昙花一现。而此后继体天皇打破常规的即位，则拉开了日本列岛公元6世纪的帷幕。公元6世纪的倭王权脱离了中国王朝的册封体制，走上了自主发展的道路。由于任那灭亡，倭国虽然在对外关系上遭遇挫折，但面向国内，倭王权还是通过建立氏姓制度、国造制和部民制，切实地巩固了统治的基础。我们将在本章详述倭国的这一发展历程。

关于继体天皇即位的经过，《日本书纪》中有相关记述。武烈天皇没有子嗣，他驾崩时都城中没有合适的继承人。因此，大连[1]大伴金村打算迎丹波国桑田郡（今京都府亀冈市附近）的仲哀天皇五世孙倭彦王即位。谁料倭彦王对此十分畏惧，逃之。翌年，大连大伴金村与大连物部麁鹿火等人又计划

1 大连，倭王权的治天下大王（天皇）按照氏的身份及与大王家关系的亲疏，分别赐予各氏的不同称呼，用来表示氏的尊卑和贵族等级的高低，例如臣、连、君、直、造，大连是连姓中地位最高的人，与大臣（臣姓中地位最高的人）作为中央贵族参与最高朝政，具有决策权。

拥立越三国（福井县三国町，今坂井市）的应神天皇五世孙男大迹王即位。男大迹王就是继体天皇。另一方面，《古事记》有记载称，大连大伴金村等人是从近江国迎接男大迹王即位的。对此，《古事记》和《日本书纪》的记述虽稍有分歧，但后经分析继体天皇后妃的构成情况，学界普遍认为男大迹王一族的根据地就在近江国。越是其母振媛的故乡，男大迹王在此成长。但不论是应神天皇五世孙的系谱，抑或畿外地区的出身情况，继体天皇所具备的继承人条件，都可谓是史无前例的。

根据冈田精司的研究，继体天皇是以琵琶湖东北部以息长（滋贺县近江町，今米原市）为据点的息长氏人。在研究继体天皇的生平、即位始末之时，其后妃的出身情况等信息具有一定的参考价值。据《日本书纪》记载，继体天皇有九位后妃。其中，手白香皇女（钦明天皇之母）是仁贤天皇之女。剩下的八位妃子，按出身地可分为，近江五人，尾张、大和、河内各一人。目子媛是继体天皇的第一位妃子，她与其余五位近江出身的妃子一样，在继体天皇即位前便已嫁给他。与此相对的，在《日本书纪》中被视作皇后的手白香皇女与大和、河内出身的荑媛、关媛三人，则是继体天皇入驻大和后所娶之人。

从古至今，有实力者不乏政治联姻。从继体天皇后妃与其母振媛的出身地看，息长氏的势力范围，应该以近江为大本营，向东勾连尾张势力，向北连通越方面的势力。

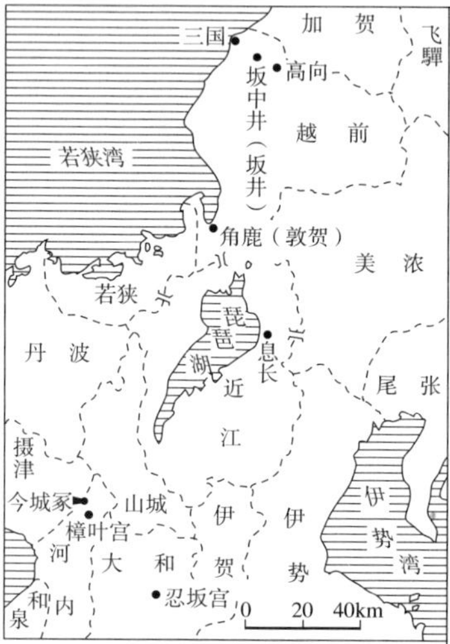

关于继体天皇出身地的地图 继体天皇出自以琵琶湖东岸为根据地的息长氏。息长氏同尾张、越前势力也有关联

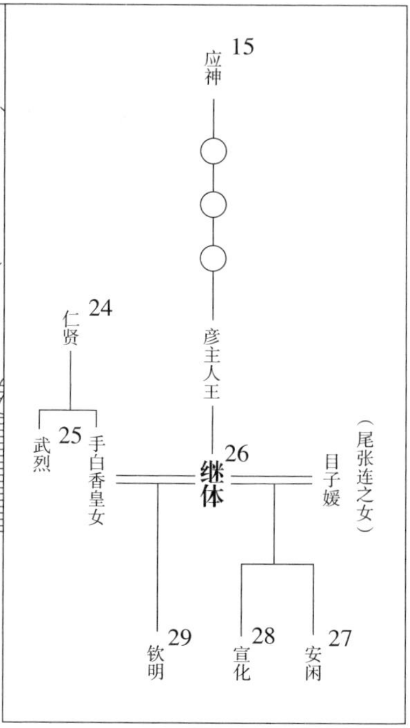

继体天皇相关谱系略图 应神天皇五世孙，这种关于系谱模棱两可的说法，却是“继体王朝”说最主要的依据

息长氏的重要作用

那么，大连大伴金村等人为何选中了男大迹王做大王继承人呢?

男大迹王出身的息长氏可不是普通的地方豪族。《古事记》《日本书纪》虽然都宣称男大迹王是应神天皇的五世孙，但这两本书却都没有说明，从应神天皇到男大迹王之间这五世的系谱究竟为何，因而这一说法的可信度令人怀疑。不过，在那之后的《释日本纪》(镰仓时代成书，是《日本书纪》的注释书)引用了比《日本书纪》更久远的文献《上宫记》,《上宫记》记载了凡牟都和希王(应神天皇的误记)与男大迹王之间的系谱。从这份系谱看，息长氏的确是大王家的后裔，其形成时期甚至可以上溯至《古事记》《日本书纪》成书之前。

要知道，息长氏与大王家的关系远不止于此。有一个叫忍坂大中姬的女性人物，她是雄略天皇的母亲、允恭天皇的大后。据《上宫记》记载，忍坂大中姬是男大迹王的曾祖父意富富等王[1]的妹妹。换言之，息长氏早在继体天皇即位前，就已与大王家结成了姻亲关系，即息长氏是安康天皇、雄略天皇的外戚。

嫁到大王家的忍坂大中姬在忍坂宫(也称押坂宫，位于奈良县樱井市)居住。此后，忍坂宫就作为息长氏后妃及王子的居所继续被后世沿用。为了保证忍坂宫的正常运作，忍坂宫在各地保有大量被称作刑部(亦称押坂部)的名代和子代。

所谓的“名代”“子代”是指，为维持大王家后妃、王子们的日常生活而在各地设置的组织，人们用这些组织所属的宫

1 意富富等王,《古事记》《上宫记》记载的古坟时代的王族，又作大大迹王、大郎子、意富富杼王。

号称呼它们，例如："忍坂宫—刑部""桧隈宫（宣化）—桧隈部""金刺宫（钦明）—金刺部""他田宫（敏达）—他田部"。正如后文将会提及的，地方豪族的子弟作为舍人（近侍）、靫负（武人）、膳夫（厨师）在宫中出任伴，而名代、子代这一组织由伴及提供生活费的部构成。名代、子代的起源可以追溯至公元5世纪的人制制度，到了公元6世纪，名代、子代开始附属于部，其称呼也被改为"宫号+部"的结构，如"刑部""桧隈部"等。此外，伴造被重新编入部民制。与此同时，伴造将管辖在宫中任职的伴。这样一来，人制制度便以名代、子代的形式重获新生。

薗田香融指出，刑部与忍坂宫是世代相传的。继体天皇和敏达天皇娶息长氏之女为妃。此后，在忍坂宫出生的敏达天皇之子押坂彦人大兄皇子继续在此居住，这样的情况一直维持到其孙中大兄皇子那一辈。息长氏通过忍坂宫和刑部始终与倭王权保持着密切的联系。不仅如此，大王家内部也逐渐形成了带有息长氏血脉的王统：敏达天皇→押坂彦人大兄皇子→舒明天皇→中大兄皇子。

直到最近几年，日本学界才逐渐意识到息长氏是一个非常重要的氏族。不过即便如此，我们也不能过分夸大其地位。之所以这样说，是因为息长氏在地方的统治基础并不稳固，就连刑部也基本上只服务于息长氏的王妃、王子、王女，归根结底其所属权却仍在大王家。此外，更值得注意的是，息长氏虽贵为外戚，却从未手握大权。作为皇亲国戚，拥有大王家支脉的息长氏，就如同幕后工作者一般，一直处在暗处支持着大王家。

继体天皇是王位篡夺者吗?

战后不久，有人提出了王朝更替说，王朝更替说对学界产生了极大的影响。基于应神五世孙模糊不清的系谱，王朝更替说认为，继体天皇实际上只是一介地方豪族，此人进攻大和篡夺了“应神王朝”的王位，开辟了“继体王朝”。

不过，这一学说恐怕难以成立。因为如果继体天皇是王位篡夺者，是新王朝的开山始祖，那其家族息长氏势必会取代原有的大王家。但是，从现在的情况看，息长氏至多不过是被疏远的皇亲国戚，他们只不过是从天武天皇十三年（684）的八色之姓[1]中拿到了息长真人的姓而已。

另外，从公元6世纪倭王权的氏族构成看，继体天皇之后倭王权的统治者也几乎没有人是地方豪族出身。之所以这样说，是因为公元6世纪前半的继体朝、钦明朝时期，拥有大连

1 八色之姓，指日本飞鸟时代制定的八个姓的制度，其序列由各氏祖先与天皇一族的亲疏关系决定，从高到低依次是真人、朝臣、宿祢、忌寸、道师、臣、连、稻置。

级别的大伴氏、物部氏，以及大臣[1]辈出的苏我氏是最有权势的氏族。大伴氏和物部氏自雄略朝时期以来就是实力派氏族，他们手握重权，把控着倭国的军事力量。葛城氏没落后，以大和为据点的苏我氏取而代之，于公元6世纪崭露头角。也就是说，在继体天皇即位前后，支撑王权的氏族几乎没有发生改变，即便是势头很猛的新势力也仍旧来自大和地区。这些实力派氏族在倭王权内部占尽优势，地位稳如磐石。

此外，考古学成果对上述情况也多有印证。滋贺县近江町（今米原市西部）一带星星点点地分布着被叫作“息长古坟群”的坟墓群。其中，最主要且有名的是冢之越古坟、山津照神社古坟等几座40米至50米级别的古坟，它们全都建于公元5世纪末至公元6世纪的古坟时代后期。相较于吉备氏修建的堪比大王墓规模的巨大古坟，以及葛城氏马见古坟群中的数座200米级别的前方后圆坟，息长氏古坟的规模之小显而易见。从考古学角度看，息长氏固然是公元5世纪至公元6世纪琵琶湖东岸的一个有势力的氏族，但非说其拥有进攻大和、打倒大王家的实力，未免太不切实际。

总而言之，无论是从文献史料看，还是从考古学成果看，息长氏都不是一个有实力到能够推翻大王家的地方豪族。这样

---

1 大臣，大和朝廷中管理国政的最高官吏之一。以臣为姓的贵族中最有势力的人，和大连一起参与国政管理。公元6世纪中叶以后被苏我氏垄断，大化改新后遭到废止。

看来，继体天皇与仁贤天皇之女手白香皇女的婚姻，倒更像是一种使继体天皇成为既有大王家上门女婿的手段。换言之，继体天皇之后的王室，实际上是通过母系继承了“应神王朝”的血统。而继体天皇自身则是被单独纳入既有王权的。

死亡之谜和两朝对立说

据《日本书纪》介绍，继体天皇于继体天皇二十五年（531）驾崩。死后葬于蓝野陵。据《延喜式》的记载，蓝野陵位于摄津国岛上郡。

而如今，日本宫内厅宣称，继体天皇陵就是位于大阪府茨木市的太田茶臼山古坟（坟丘长227米）。不过，应该没有考古学家认为这座古坟就是真正的继体天皇陵。因为茶臼山古坟一带在古代属于岛下郡，而且考古人员还曾在茶臼山古坟中发现了公元5世纪中期的埴轮，要知道公元5世纪中期与继体天皇驾崩的年份大相径庭。另一方面，在茶臼山古坟以东两公里的高槻市，考古人员发现了位于岛上郡内的今城冢古坟（坟丘长190米）。从古坟的形状和埴轮的情况看，考古人员断定这是公元6世纪前半的古坟。今城冢古坟虽未被指定为天皇陵，但是现代的考古学者们都相信它才是真正的继体天皇陵。

那么，为什么会产生这样的误判呢？这是因为目前的天皇陵是在幕府末期至明治初期指定的。那时，考古学研究尚不发达。

今城冢古坟 其后圆部较小，前方部较大，这样的坟墓形状显露出后期古坟的特征（高槻市教育委员会提供图片）

后来，这样的既有结论就一直延续到了今天。天皇陵的指定错漏繁多，这在考古学界已是常识。

继体天皇之死，可谓迷雾重重。《日本书纪》在继体天皇二十五年（531）条中记载了天皇驾崩一事，其注解中写道："或本云，天皇廿八年（534）岁次甲寅崩。而此云廿五年岁次辛亥崩者，取《百济本记》为文。"而后，《日本书纪》又引用了《百济本记》中的如下文段："又闻，日本天皇及太子、皇子俱崩薨。"《百济本记》即前文介绍过的百济三书之一。此外，从继体天皇驾崩到安闲天皇即位，天皇之位异常空缺了两年，其间发生之事在《日本书纪》中皆无记录可查。上述这些内容，不禁让人联想到，在继体天皇驾崩的辛亥年（公元 531 年）倭王权内部可能发生了政变。

而且，也有文献记载称，在继体天皇驾崩的辛亥年，钦明天皇即位。如第 146 页的图表所示，从继体天皇驾崩，经安闲、宣化两朝，至钦明天皇即位，各种文献关于天皇死亡年份、即位年份的记载可谓莫衷一是，极为混乱。

因此，喜田贞吉（1871—1939）曾在查阅和比对多种文献资料后，提出两朝并立说。他认为继体天皇死后，钦明天皇和安闲天皇、宣化天皇的王统并立而存。战后，林屋辰三郎进一步发展了这一学说，提出了“继体朝、钦明朝的内乱”一说。他认为继体天皇是由大伴金村拥立的，继体朝实际上就是继体－大伴政权。这一政权在处理朝鲜半岛的问题时出现了失误，并因此引发了筑紫君磐井的叛乱，继体－大伴政权也在此次叛乱中失去了威望。正值此时，支持钦明天皇的苏我稻目现身，他在辛亥年（公元531年）发动了政变，“日本天皇及太子、皇子俱崩薨”，林屋辰三郎称之为“辛亥之变”。政变发生后，苏我稻目拥立钦明天皇即位，钦明－苏我政权成立。大伴金村与之对抗，于两年后又建立了安闲·宣化－大伴政权。于是，两朝对立。这种状态一共持续了九年，直至内乱爆发。

林屋辰三郎提出的内乱说，称得上是一个构图宏伟的假说，只不过这一假说与“辛亥之变”皆未得到实证支撑。于是在本书中，笔者决定重新翻阅史料对此稍做分析。

内乱说主要的依据是《百济本记》，正如《百济本记》的记载中会出现“又闻……”等表述，这样的表述内容多是模糊的传闻，切不可全信。之所以这么说，是因为上述文段中的“太子”指的应该是继体天皇的长子安闲天皇，由于那时安闲天皇已驾崩，所以安闲朝不可能存在。因此，林屋辰三郎表示：“他或许幸免于难了。”此外，就该记载还有另一假说，该假说认为这是钦明天皇方面有意向百济透露的虚假情报。但

从继体天皇驾崩到钦明天皇即位

（根据井上光贞所作表格进行了部分修改）

公历（干支）	《日本书纪》	其他观点
公元 527 年（丁未）		继体天皇之死（《古事记》）
公元 528 年（戊申）		
公元 529 年（己酉）		
公元 530 年（庚戌）		
公元 531 年（辛亥）	继体天皇之死	继体天皇之死（《百济本记》） 钦明天皇即位（《法王帝说》）
公元 532 年（壬子）		
公元 533 年（癸丑）		
公元 534 年（甲寅）	安闲天皇元年	继体天皇之死（《日本书纪》引述的某书）
公元 535 年（乙卯）		安闲天皇之死（《古事记》）
公元 536 年（丙辰）	宣化天皇元年	
公元 537 年（丁巳）		
公元 538 年（戊午）		钦明天皇七年（《元兴寺缘起》等）
公元 539 年（己未）		
公元 540 年（庚申）	钦明天皇元年	

是，这一解释是以政变真实存在为前提的。该前提如果得不到证实，我们就不能轻信其结论。换言之，《百济本记》的记述不能成为政变发生的确凿依据。

另外，内乱说非常看重安闲天皇即位前皇位空缺那两年的记载，可我们很难判断那些记载究竟是真是假。之所以这样说，是因为《日本书纪》引用的是“或本（某本书）”的说法，照此说法，继体天皇驾崩至安闲天皇即位在时间上是无缝连接的。总而言之，此间是否真的存在皇位空缺的两年，还得看《百济本记》和“或本”的纪年，哪一个更可信。三品彰英设想，有两种《百济王历》（百济王在位时间的年表），它们在纪年上存在三年的误差，这样继体天皇驾崩时间各有不同的问题就得到了解决。如此一来，皇位空缺的两年便不再是因为"内乱"或"两朝并立"，问题的源头可直接归于"历法"。不过，目前暂时还没有明确的证据可以证明《百济本记》的纪年法更为妥当。

综上所述，无论是《百济本记》的记载，还是皇位空缺的两年，它们的可信度与对相关问题的阐释，仍然令人存疑。两朝并立说也罢，内乱说也罢，不过都是根据现有资料，从证据中推导而出的假说罢了。

苏我氏的登场与钦明天皇

现阶段，笔者虽并不支持内乱说，但笔者认为继体朝和钦明朝发生的政治斗争，应该是倭王权内部的王位继承之争或是派系斗争。

继体天皇死后，相继即位的安闲天皇、宣化天皇、钦明天皇都是继体天皇的王子。其中，安闲、宣化两位天皇的母亲是尾张连之女目子媛，《日本书纪》将其称为"元妃"。据《日本书纪》记载，安闲天皇二年（535），安闲天皇驾崩，享年七十岁；宣化天皇四年（539），宣化天皇驾崩，享年七十三岁。所以，继体天皇于公元507年即位时，安闲天皇和宣化天皇都已年满四十岁。另一方面，钦明天皇的母亲是仁贤天皇之女手白香皇女，较之地方豪族之女目子媛，其身份等级可谓有云泥之别。钦明天皇出生在继体天皇即位的两三年后，钦明天皇与其两位兄长的年龄足足相差了四十多岁。

如此看来，钦明天皇无论是在年龄上，还是在母亲的身份上，都和两位兄长差距较大。他会与两位兄长相互对立或产生矛盾，并非不可想象之事。正如前述所言，林屋辰三郎之所以会设想大伴氏是安闲天皇、宣化天皇的拥立者，而苏我氏是钦明天皇的拥立者，正是因为苏我氏和大伴氏在政治上是处于对立状态的。大伴金村失势事件可以印证这一推测。

据《日本书纪》记载，钦明天皇元年（540），钦明天皇巡幸难波祝津宫，并在那里就征伐新罗一事，向大臣们征询意见。大连物部尾舆等人就大伴金村于继体天皇六年（512）割让任那四县给百济（参见后文）一事，请求钦明天皇追究大伴金村的责任。受此影响，大伴金村归隐住吉宅。这就是大伴金村失势事件。

然而，笔者却发现，《日本书纪》的记载存在不合理之处。首先，钦明朝初年突然追究近三十年前继体朝的政治责任，十分不合乎常理。其次，因此就说大伴金村引咎辞职，闭门不出，从此失势，也略微有些勉强，毕竟正如八木充所言，大伴金村的失势与“割让任那四县”并没有太直接的关联。

那么，在钦明朝初年，导致大伴金村失势、大伴氏从大连之位滑落的真正原因究竟是什么呢?

据《日本书纪》记载，大伴金村是拥立继体天皇即位的核心人物，即便在安闲朝、宣化朝时期，他也曾主持朝政，设立屯仓（参见第 181 页以后），派遣其子磐与狭手彦前往朝鲜半岛救援任那。由此可见，即便在安闲朝、宣化朝，大伴金村的政治地位也是很高的。可以说，他确实是拥立安闲天皇、宣化天皇最为合适的人选。

另一方面，在由大伴金村主政的安闲朝、宣化朝时期，钦明天皇的立场变得相当微妙。在这种情况下，钦明天皇注意到了可以作为盟友的苏我稻目，二人便开始联手。此后，苏我稻目就任大臣，并将两个女儿嫁给了钦明天皇。

自宣化天皇即位时，苏我稻目被任命为大臣起，苏我稻目便走上了历史舞台。在此之前，苏我氏只不过是神话传说之人。特别是在公元 6 世纪初继体朝至宣化天皇即位期间，几乎没有任何关于苏我氏的记载流传于世。然而，在宣化天皇即位时，苏我稻目突然就成为大臣，甚至其政治地位还一直维系到了钦明朝时期。此外，苏我稻目还将其两个女儿坚盐媛和小姊君嫁给了钦明天皇。不久，坚盐媛便生下了用明天皇和推古天皇，小姊君生下了崇峻天皇（参见第 226 页系谱图）。苏我稻目阶段的苏我氏，仍是一个新兴豪族。所以，其政治联姻的对象是钦明天皇一派。另一方面，钦明天皇娶了苏我稻目的两个女儿，这也说明钦明天皇是相信和期待苏我稻目的。

综上所述，苏我稻目通过钦明天皇的支持成功坐上了大臣之位。钦明天皇即位后，苏我稻目成为外戚。过去隐藏在水面下的钦明－稻目政治同盟关系，也伴随着钦明天皇的即位而浮出水面。苏我稻目在钦明朝的活跃正是该关系的外显形式。而钦明－稻目体制的形成方才是政敌大伴金村失势的原因。

大王的即位仪式与群臣

继体天皇并非新王朝的开山始祖，正相反，他通过一种类似入赘的方式融入了既有的倭王权。也就是说，在继体朝时期，倭王权的历史并未就此中断，继体朝承袭了过往历史的成果，并将其继续向前发展。继体朝、钦明朝固然有由权力斗争引发的动荡政局，但就整体而言，继体朝、钦明朝也继承了雄略朝的政治成果，即脱离册封体制、创立“治天下大王”的独立统治者称号等，进一步巩固了雄略朝的统治基础。

我们已在前述中介绍过，名代、子代继承了雄略朝时期的人制基础。另一方面，正是在继体、钦明两朝，人们才开始筹备大王的即位仪式，倭王权在中央制定氏姓制度，在地方制定国造制和屯仓制。除此之外，作为综合性统治体制的部民制（名代、子代的制度也是其中一部分）也形成了。

那么接下来，笔者先来介绍一下雄略朝到继体朝、钦明朝时期制定的大王即位仪式。之后，在此基础上，笔者将继续阐述“治天下大王”的统治者性质。

近年来的研究发现，“治天下大王”的即位仪式和奈良时代以后的天皇即位仪式有所不同。

冈田精司的研究明确指出，“治天下大王”的即位仪式大致有如下流程：

①群臣向新大王献上作为权力象征物的宝器（即三神器，通常来说到奈良时代为止，仍只有镜和剑两种）；

②在举行即位仪式的场所设坛，新大王登坛即位；

③定宫设坛之所；

④任命大臣、大连、臣、连、伴造等。

例如，雄略天皇即位时，虽然没有相关记载显示曾有群臣献上过宝器（①），但是，雄略天皇确实曾在泊濑的朝仓设坛即位（②），并定宫泊濑朝仓（③），封平群真鸟为大臣，大伴室屋、物部目为大连（④）。在其后的清宁天皇即位时，大伴室屋率群臣奉上玺（象征王位的宝器）（①），清宁天皇将坛设于磐余的瓮栗，并在此登坛即位（②），清宁天皇还在当地修建了宫殿（③），命大伴室屋连任大连，平群真鸟连任大臣，此外清宁天皇也对臣、连、伴造等官职的连任做了安排（④）。

实际上，①至④的即位仪式全都不同于奈良时代以后的天皇即位仪式（参见终章）。吉村武彦指出，即位仪式①的含义是新大王由群臣推选。换言之，“治天下大王”如若没有获得群臣的推戴，其即位的正统性将会遭到质疑。据说在拥立继体天皇时，大伴金村就曾向各位大臣征询拥立男大迹王一事的意见，因为群臣皆表赞成，所以大伴金村才启程前往越，迎立男大迹王。由此可见，①不仅仅是礼仪上的流程，它还表明若想即位成为“治天下大王”，获得群臣的拥戴必不可少。

即位必须得到群臣的拥戴，意味着大王不能仅凭自己的意志决定继任者。在“治天下大王”的时代，还没有让位的先例，大王通常都是终身制的。在后文中我们也会提到，大化改新政变发生后不久，皇极天皇就退位了，其弟孝德天皇即位，这是日本史上的首次让位。而到了奈良时代以后，让位已是再寻常不过之事。让位是一种皇位继承法，它使得天皇可以按照自己的意愿挑选继任者。这一现象的出现与倭王权的主体性得以确立密切相关。总而言之，在“治天下大王”的时代，王权的主体性尚未完全确立，所以在该时期围绕王位继承问题，总是容易引发纷争。

另一方面，④是即位后的新大王反过来认可群臣地位的仪式。在大王更迭之际，群臣即便留任，也需要再次获得新大王的认可。

也就是说，在“治天下大王”的即位仪式上，大王和群臣必须互相认可彼此的身份与地位。这表明随着大王的逝去，该阶段的君臣关系就会画上句号，而群臣必须与新即位的大王重新构筑新的君臣关系。该时期的君臣关系将会依靠大王与群臣间直接的人身依附关系继续维系。而到了官僚机构相对较为完善的奈良时代，当天皇之位发生更替时，人们已不再需要举办类似的即位仪式了。

天神的“委任（ヨサシ）”

上述的流程②是大王即位仪式中的核心部分。虽然我们至今尚不清楚当时所设之坛的形状如何，但是可以确定的是，那应该是一个祭神的设施。新大王通过登坛祭神正式获得大王的资格。那么为什么这样做才可以正式当上大王呢？

正如本书的序章部分已经说过的，大王必须得到天神委以的地上的统治权，这在日本被称作“委任（ヨサシ）”。据《古事记》记载，正是因为天照大神、高木神[1]的“此丰苇原水穗国者，汝将知国”的“委任”，迩迩艺命[2]才会最终降临人间。另外，在《日本书纪》的记述中，因为大化改新的政变得以即位的孝德天皇下诏说：“随天神之所奉寄，方今始将修万国。”这里的“奉寄”说的就是“委任”。

只有接到“委任”的人才有资格治理天下，这就相当于中国天下思想中的“天命”。不过需要指出的是，“委任”与“天命”仍有较大的不同。“天命”以德治主义的思想为前提，提倡天下乃有德者居之。而与此相对的，“委任”则只会被下达给天神的子孙，即大王家、天皇家之人。换言之，“天命”的

1 高木神，即《日本书纪》中的高皇产灵尊，《古事记》记作高御产巢日神、高木神，他是日本神话里的别天津神、独神。

2 迩迩艺命，即《日本书纪》中的琼琼杵尊，根据《日本书纪》的说法，琼琼杵尊是天忍穗耳尊（天照大神之子）和栲幡千千姬命（高皇产灵尊之女）的儿子。

基准是德，而“委任”的基准是血缘。可以说，这一点正是区分中日两国是否有革命思想的关键点。

无论如何，大王若想即位，天神的“委任”必不可少。因此，“治天下大王”在即位仪式上登坛，就是为了祭天神以获得“委任”。这也就表明“治天下大王”一旦发生更替，就必须由天神重新“委任”其统治权。换言之，天神与大王的关系，也是会随着大王的更替而有所更新的。

虽然“委任”的观念依然保留到了奈良时代以后，但那时它已经是附属性的东西了，名为“天日嗣”的新观念早已将其取而代之，这种新观念认为天皇之位是从上天那里连绵不绝地继承下来的。此后，强调“万世一系”、皇权永续的皇统观开始占据统治地位。

最后，上述③因历代迁宫而广为人知。在律令制以前，每当大王发生更替，人们便会修建新的宫殿。不过，迄今为止，人们对宫殿选址其实是即位仪式的重要一环这点，仍不够关注。

从②③可以看出，在“治天下大王”的时代，王宫通常建在大王设坛举行即位仪式的地方。换言之，即把接受天神“委任”的神圣场所建造成王宫。王宫是大王治理天下的大本营，所以只有将从神那里接受统治权的“委任”的地方用作王宫，恐怕才最为妥当。

综上所述，治天下大王的即位仪式带有某种强烈的仪式感，从整体来看，它重新构筑了天神与大王、大王与群臣的关系。“治天下大王”地位的正当性已不再像倭五王时代那样，需要获得中国皇帝的认可。这一点说明，倭王权已得到了进一步的发展。由于治天下大王即位需要获得群臣的拥戴，并被天神委以统治权，所以较之已不再必需这些条件的古代天皇制阶段，可以说在“治天下大王”时期，倭王权的主体性仍未完全确立起来。

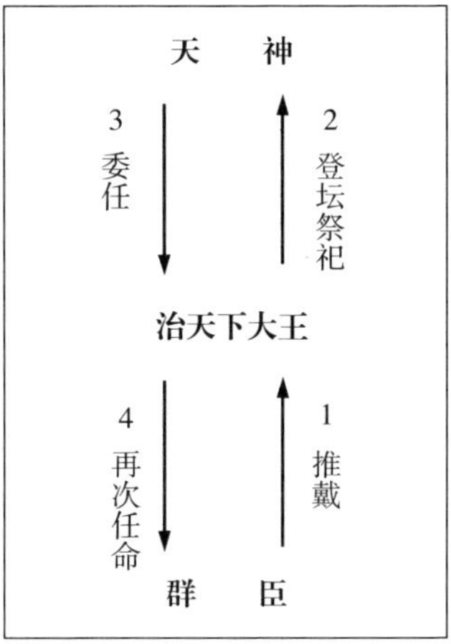

即位仪式中的天神、“治天下大王”和群臣

第二节 | 朝鲜半岛政策受挫

新罗的独立和领土扩张

在战乱不休的半岛诸国看来，海峡对岸的倭国在军事上所占据的优势地位，恰是其“治天下大王”称号确立的重要原因。不过，进入公元6世纪之后，朝鲜半岛局势发生了翻天覆地的变化。由于新罗的崛起和百济的南进政策，倭国在朝鲜半岛的据点——伽倻诸国，接连遭到新罗、百济的吞并，最终全部走向了灭亡。在此过程中，倭国在金官国被新罗吞并后，迅速制订了所谓的“复兴任那”计划（恢复金官国的独立性）。可以说，倭国“复兴任那”的执念，直至伽倻诸国完全灭亡后，也不曾有过半点衰减。在本节中笔者将带领读者回溯上述历程，并尝试探究金官国对倭国式天下观的存立起到的作用。

提起公元6世纪的半岛局势，最先值得关注的是，新罗如日出之势般崛起的情况。公元6世纪，法兴王（公元514年—公元540年在位）时期的新罗，在整顿了国家组织机构后，重返国际舞台。公元520年，以官位制度为核心，新罗颁布律令。翌年，新罗向中国的南朝梁朝贡。这是时隔140年之后，新罗与中国的首次交流。而后，法兴王的继任者真兴王（公元540年—公元576年在位）统治下的新罗，领土得到快速扩张。公元552年，高句丽与百济爆发战争，新罗趁机从高句丽手中夺回汉城（汉山城，今首尔），并将其领土继续扩张至朝鲜半岛西海岸。如此一来，新兴国家新罗成功跻身于能与高句丽、百济并肩的强国之列。并且，此时的新罗以超越高句丽和百济为目标，仍在进一步蓄力发展。

在国力膨胀的过程中，新罗也将其势力延伸至伽倻诸国。这一事态给同伽倻诸国关系密切的倭国带来了巨大的影响。

三足鼎立，战乱不休

公元 475 年百济迁都熊津，逐渐走上复兴之路。特别是公元 6 世纪前半，武宁王（公元 501 年—公元 523 年在位）与圣王（又称圣明王，公元 523 年—公元 554 年在位）在位期间，都城熊津一派繁华景象。

在这一时期，百济多次与新罗共同对抗北方强国高句丽，百济同倭国的合作也变得前所未有地紧密起来。据《日本书纪》记载，雄略天皇二十三年（479），百济文斤王逝去，雄略天皇将身处倭国的昆支王（盖卤王之弟）次子末多王唤至跟前，授予其武器，并派遣士兵五百人护送其回到百济。末多王即后来的东城王。《日本书纪》所言虽不可全信，但有一点却是毋庸置疑的，百济同倭国之间的确曾有过相当密切的来往。

东城王之后，武宁王即位。1971 年，在忠清南道公州（古代的熊津地区）的宋山里古坟群中，考古人员偶然发现了保存完好、尚未被盗掘的武宁王陵，并从中发掘出豪华的陪葬品和墓志（买地券）。墓志上面刻有“宁东大将军百济斯麻王，年六十二岁，癸卯年（公元 523 年）……崩”等字样。可以说，由于武宁王曾经积极吸纳过中国南朝最先进的文化，所以这一时期的百济深受中国南朝文化的影响。我们在后文中也会提到，百济为了获得倭国的军事援助，便利用这些先进的南朝文化同倭国交换援军。因此，我们可以说，这些先进的南朝文化在政治层面上也起到了相当重要的作用。

此外，在武宁王执政的时期，百济开始谋划进军朝鲜半岛西端的荣山江流域（全罗南道一带）及其以东的伽倻地区。与伽倻地区相同，荣山江流域尚未出现真正意义上的国家。该地区小国林立，属于政治上的真空地带。百济的武宁王和倭国联手，将触角伸向这一地区，企图把该地区纳入百济的统治范畴。这给伽倻诸国带来了极大的威胁，局势朝着战争的方向发展。

武宁王之后，圣王即位。圣王作为传播佛教之人，在日本可谓家喻户晓。圣王执政时期的百济到达了动荡的顶峰，就连圣王本人也死于非命。公元 538 年，圣王迁都至锦江稍南的泗沘（忠清南道扶余［馀］），待统治巩固后，其重心开始向军事性活动转移。面对一直欺压百济的高句丽，圣王选择主动出击。公元 551 年，时隔 76 年，百济军队从高句丽手中夺回旧都汉城。只可惜好景不长，翌年，新罗又再次从百济手中夺得汉城一带。如上所述，在这一时期，朝鲜半岛三足鼎立，战乱不休。公元 554 年，面对旗帜鲜明挑衅百济的新罗，圣王御驾亲征，进攻新罗的管山城（忠清北道沃川），谁料圣王反中伏兵，最终战死沙场。扬名于传播佛教的圣王，就这样在血腥的战争中结束了生命。

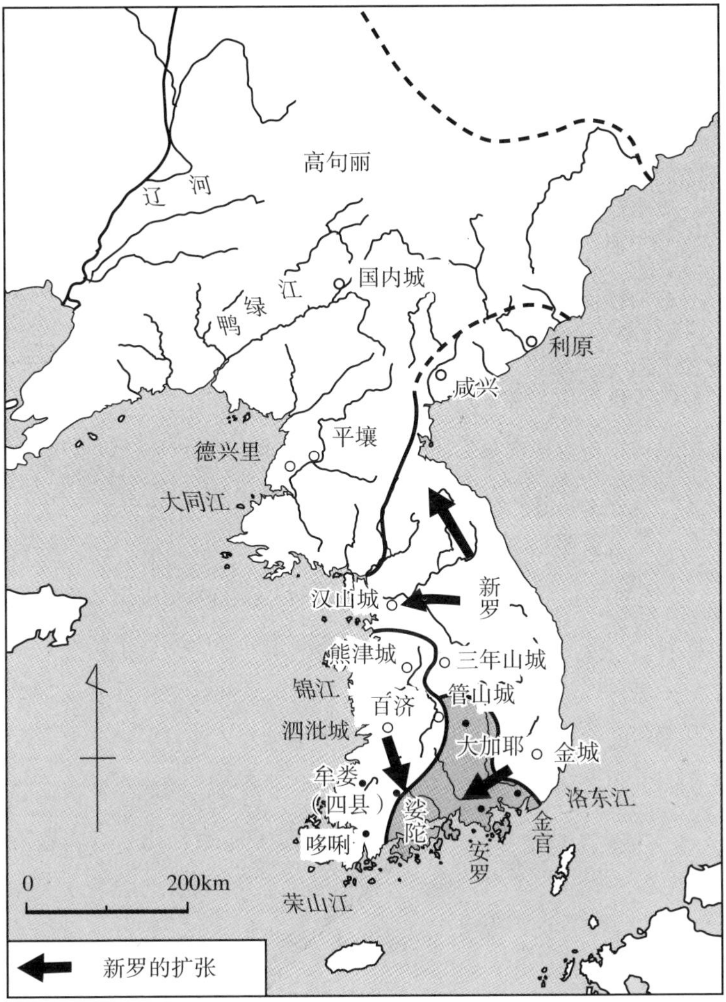

公元6世纪的朝鲜半岛（武田幸男《世界的历史6》，中央公论社，部分修改）

割让任那四县事件

在公元6世纪初的朝鲜半岛，新罗如日出之势，百济向南寻求活路，新罗、百济从东西两个方向威胁着伽倻诸国。

据《日本书纪》记载，继体天皇六年（512），百济派遣使节前往倭国，要求倭国割让任那的上哆唎、下哆唎、娑陀、牟娄四县。倭国派遣穗积臣押山前往朝鲜半岛做“哆唎国守”。穗积臣押山主张，割让四县一事对倭国有利，大伴金村亦表示赞成，所以该主张最终得以通过。此事之后，有关穗积臣押山和大伴金村收受百济贿赂的流言，一时甚嚣尘上。

这就是所谓的割让任那四县事件。不过，值得注意的是《日本书纪》基于任那史观成书，所以我们要根据史实严密地对其内容进行甄别。所谓的“国守”，即律令制度下国司长官的名称，《日本书纪》使用这样的表述方式，仿佛四县就是倭王权的直辖区域。然而，这显然与事实并不相符。

所谓的“四县”，相当于从朝鲜半岛西南端的全罗南道荣山江流域到蟾津江中游的求礼附近地区。百济出台南进政策后，率先入侵了这一地区。正如前述所言，荣山江流域小国林立。为了稳固与百济的同盟关系，倭王权向这里派驻了穗积臣押山这样的使节，并在该地区设立了全新的据点。不过，需要注意的是，即便如此，这些小国在政治上仍然保有独立性，它们并未置身于倭王权的直接统治之下。《日本书纪》虽使用了

“割让”一词。但实际上，这只不过是百济就其占有“四县”一事，在向盟国倭国寻求认可和支持。作为回报，百济须向倭国提供中国南朝的先进文化，故此倭国才会与百济互惠协作。

在研究倭国与朝鲜半岛该时期的关系时，上文中已经出现的穗积臣押山具有极大的研究价值。继体天皇六年（512），倭王权派遣穗积臣押山前往朝鲜半岛。穗积臣押山作为宰（倭王权的使臣），在哆唎地区生活了十七年以上的时间。

正如割让四县的情况那般，穗积臣押山不断满足百济的愿望，并将百济的使节带回倭国。这一时期，穗积臣押山在倭国和百济之间充当桥梁，活动频繁。除此以外，我们虽尚不清楚穗积臣押山在荣山江流域的活动，但不言而喻的是，当时的倭国和荣山江流域的诸国存在着某种利害关系，对联合倭国南进的百济而言，荣山江流域也具有非凡的意义。

近年来，通过考古学研究发现，公元 5 世纪后半到公元 6 世纪，倭国与四县所在的全罗南道地区关系密切。因为考古人员在这一地区发现了日本列岛特有的前方后圆坟。朝鲜半岛已发现的前方后圆坟总计超过十座，且这十座全部位于全罗南道的荣山江流域附近。从其形成时期上看，这些前方后圆坟主要建于公元 5 世纪后半到公元 6 世纪前半，它们周围挖有壕沟，四周还摆列着圆筒形的陶器（埴轮）。可以说，这种风格极具日本列岛古坟固有的特色。大部分考古学者肯定，它们的确就是日本列岛独创的前方后圆坟。

因为前方后圆坟是首领墓，所以从公元475年迁都熊津前后至公元6世纪，倭国不断派遣穗积臣押山这种首领级别的使节前往荣山江流域，负责担任百济与倭国的联络官，在当地直接受理请求，参与军事活动。在此过程中，有的使节在当地定居，并在当地逝去，随后他们被葬入具有日本列岛风格的首领墓中。但他们并非荣山江流域的统治者，因为较之该地区固有坟墓的数量，前方后圆坟的数量简直微不足道。

在半岛交通线上，自公元5世纪后半百济迁都熊津以来，倭国和百济的关系逐渐取代了此前倭国同金官国的关系。受此影响，倭王权同位于倭国—百济交通线沿线的荣山江流域，也变得熟络起来。曾任“哆唎国守”的穗积臣押山，以及荣山江流域现存的前方后圆坟，都是上述观点的有力证明。在这一时期，受倭王权派遣，大量的倭人前往朝鲜半岛西南部的荣山江流域。

百济和大加耶的斗争

据《日本书纪》记载，割让四县的第二年，即继体天皇七年（513），百济为答谢倭国，向倭国派出了使节，其中包括五经博士段杨尔。那时，百济的武宁王就伴跛国（大加耶）夺取己汶一事，请求继体天皇协助“复归”百济领地。己汶是一个位于蟾津江中上游流域的小国，它与四县的东北部地区接壤。百济在成功吞并四县之后，又将触手伸向了其东邻的己汶。由于百济同大加耶盟主伴跛国的战争一触即发，所以百济才特此前来向倭国求援。

同年，伴跛国也曾向倭国遣使，献宝以求援。但倭国还是选择了同百济合作。继体天皇九年（515），倭国派遣物部连率领军队前往朝鲜半岛，倭国军队在带沙江（蟾津江河口）与伴跛国军队发生激战，后败退。翌年，百济派出使节随同物部连归倭。为表示感谢“割让”己汶一事，百济召回段杨尔，又向倭国派遣了新的五经博士汉高安茂。据此我们推测，己汶恐怕早就落入了百济之手。此后，百济一鼓作气，乘胜沿蟾津江南下，在公元 522 年前，占领了位于蟾津江河口的多沙（带沙）津。带沙是大加耶（伴跛国）的外港，带沙被百济吞并意味着大加耶遭受重创。其后，大加耶在外交上不断向新罗靠拢。倭国当时虽已败于大加耶，军事行动以失败告终，但百济却仍然送去了新的博士。因此，两国的同盟关系得以继续维持。

金官国灭亡及派遣近江毛野

据《三国史记》记载，公元 532 年，金官国主（王）金仇亥向新罗投降，金官国灭亡。该事对倭国而言，是一个惊天动地的大事件。金官国在公元 5 世纪中叶以后明显衰落。即便如此，在灭亡前，金官国也仍旧是个拥有国主的独立小国。虽然对于倭国而言，相较以往，金官国的重要程度已有所下降，但在倭王权眼中，若要继续维持倭国的附庸国——任那这一概念，金官国必不可少。所以，金官国在政治上仍然保有重要的地位。毕竟在那一时期，较之现实中的利害关系，维系好“治天下大王”的统治根基——“天下”世界的格局，似乎更为重要。因此，倭王权立刻向安罗（庆尚南道咸安）派兵，策划了所谓的复兴任那行动。这也就是研究者们经常讨论的任那日本府问题之开端。

《日本书纪》关于该时期的记载也显得十分混乱。据《日本书纪》记载，继体天皇二十一年（527），为了复兴被新罗灭掉的金官国和啄己吞（具体位置不详，大概位于金海以西地区），倭王权派近江毛野率领六万士兵出发前往朝鲜半岛。谁料筑紫国造磐井勾结新罗在北九州地区发动了叛乱，阻挡了毛野军的去路，毛野军无法渡海前行。于是，公元529年3月，倭王权再遣毛野至安罗，意图劝说新罗恢复金官国独立。然而，谈判失败。4月，新罗将包括金官国在内的四地尽收囊中。

《日本书纪》称，倭王权为再建金官国，派遣近江毛野率兵出征，发生在公元527年。可是另一方面，其记载又显示新罗侵略金官国一事发生于公元529年。这样的记录显然是自相矛盾的。据《古事记》记载，磐井之乱与倭王权派遣近江毛野出兵并无关联。所以，公元527年的相关记载恐怕是《日本书纪》的编者杜撰的吧。

据《日本书纪》记载，倭王权派遣近江毛野前往朝鲜半岛的目的是复兴任那（恢复金官国等小国的独立），仅就这一点而言，记述内容前后保持一致，且倭王权派遣近江毛野前往的目的地是安罗。只要承认该点，倭王权派遣近江毛野一事就必然发生在新罗入侵金官国之后。公元529年，新罗以武力压制了金官国。金官国的邻国安罗自觉深受威胁，便向倭国求援。在这种情况下，倭王权才急遣近江毛野出兵。此外，《三国史记》也提到过，公元532年金官国国主投降，金官国完全被新罗吞并。

无法让金官国恢复独立的近江毛野，逐渐失去了信心，他开始在安罗胡作非为。公元530年，继体天皇命近江毛野回朝，在行至对马时，他病逝了。

日本府和复兴任那

继体朝、钦明朝时期的任那问题，完全是新罗武力侵略金官国（=狭义上的任那）引发的。而这一点是我们理解《日本书纪·钦明纪》中出现的“任那日本府”的关键所在。恢复金官国独立的计划，因继体天皇的过世而中断，但倭王权却并未就此放手。钦明天皇即位后，倭国同百济、伽倻诸国联手打造的复兴任那计划又一次卷土重来。而设在安罗的任那日本府，就是倭王权复兴任那计划的据点所在。

正是在这样的背景中，著名的任那日本府诞生了，不过任那日本府一词仅在《日本书纪·钦明纪》中出现过。那时就连日本这个国号都还未曾出现，因此日本府这个名称大概是由《日本书纪》的编者后来命名的。毕竟按照当时的情况看，称作“倭府”才更为合理。过去曾有人认为任那日本府就是倭王权设在任那的统治机构，这种观点最近已没了踪影。那么，如何正确地理解任那日本府这一机构呢？目前学界依然众说纷纭。

正如《日本书纪》中“在安罗诸倭臣”的表述方法那般，笔者认为任那日本府就是一个以倭王权派驻到安罗的使臣集团为核心的组织（后文也会说到，在这一组织机构中，使臣集团之下还包括居住在安罗的倭系人）。从历史角度来看，任那日本府应该是当年倭王权派遣近江毛野前往安罗举措的延续。自然这个机构也应该拥有一定的兵力。从《日本书纪》的内容可知，该机构的功能具有一定的局限性。虽然也有学者认为，日本府是讨论伽倻诸国诸问题的合议机构，它是由倭王权设立的全面负责伽倻诸国军事、外交问题的长期性机构。但是，笔者认为，从该机构设立的历史背景及其实际运营情况看，上述观点难免有牵强附会之处。总而言之，设立“日本府”的目的是恢复任那（此处指截至钦明朝初年，被新罗吞并的金官国、啄己吞、卓淳三个小国）的独立，而日本府所拥有的军事权、外交权基本上也都是在为这个目的服务。一旦任那的独立得以恢复，倭王权便可再次对金官国施以一定的影响。此外，倭王权也能够一如既往地继续向国内宣扬海北之屯仓的存在。可以说，对“治天下大王”而言，金官国必不可少。

日本府的所在地安罗，是伽倻南部的一个小国。自古以来，安罗和倭国就一直维持着友好的关系。公元6世纪初，安罗成为伽倻南部诸国中实力最为强劲的国家。然而，就在近江毛野病逝的第二年，即继体天皇二十五年（531），百济军队进驻安罗，安罗随即归入百济统治下。另一方面，新罗也趁百济进驻安罗之时，迅速进攻了安罗以东的卓淳（庆尚南道昌原），并成功将卓淳收入囊中。就这样，百济和新罗在安罗以东对峙。这就是倭王权设立任那日本府的历史背景。此后，由于百济迁都泗沘时将其全部兵力投入到了北方的高句丽战线，所以百济只得同新罗暂时言和，南部的伽倻战线一时进入胶着状态。在该时期，当事国更倾向于通过外交战略，将事态引向更有利于自己的一方。

经过梳理相关事态的发展趋势，我们可以发现，在倭国、百济、日本府、伽倻诸国之间，倭王权提出的复兴任那的政治口号已成为各方共同的外交课题，国际关系也围绕着这一问题展开。只不过，对于该问题，各国所站立场不同，大家都只是打着复兴任那的旗号为本国牟利罢了。

倭王权是复兴任那的倡导者，所以最关注的自然是恢复金官国的独立。为此，倭王权希望与以百济、安罗为代表的伽倻诸国合作，另一方面，倭王权对把触手伸向安罗的百济仍然怀有戒心。

同倭国维持着同盟关系的百济，表面上表示支持复兴任那的政策，摆出一副愿意合作的姿态，但其本意不过是想强化其在安罗的军事控制权，以加快其吞并安罗的步伐。百济总打着复兴任那的旗号，时常召集日本府的官吏和伽倻诸国的首领层聚会。对百济而言，复兴任那就是一张方便的王牌，它可以帮助百济对日本府和伽倻诸国施加影响力。而令百济神经最为紧张的，则是日本府和安罗亲新罗派的动向。百济曾三番五次向日本府中的亲新罗派发出警告，并要求倭王权将他们召回本国。

作为小国的安罗生活在大国的夹缝中，它只能像走钢丝般开展外交。首先，为了能从进逼西邻的新罗带来的威胁中脱身，安罗希望向自己长年的“知己”倭国求援，但目睹了那时近江毛野的专横后，安罗还是打算依靠百济的军事力量。但是，百济却趁此机会，企图强化对安罗的统治。看穿了百济意图的安罗，只得和日本府联手抵抗百济。安罗国内的亲新罗派势力也因此开始抬头。

安罗高喊复兴任那的口号并非只为得到倭国的援助，如果金官国等小国恢复了独立，新罗方面的威胁也能够被大大地削弱，百济的狼子野心也可以得到牵制。综上所述，安罗才摆出一副支持复兴任那政策的姿态，独自摸索夹缝中求生

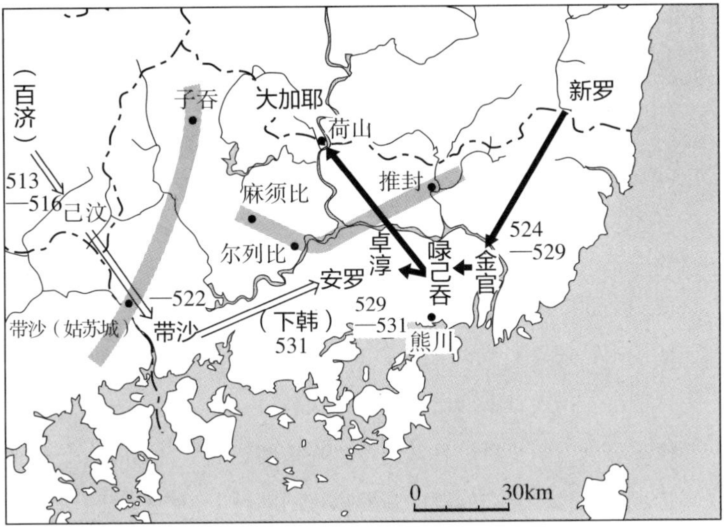

百济、新罗侵略伽倻　灰色部分为大加耶联盟的防线（田中俊明提供）

的道路。

在这种情况下，日本府的动向最难琢磨。这是因为有关日本府的记载基本上都来自《百济本记》，而《百济本记》的内容大都以百济为中心，涉及倭王权与日本府关系的内容很少。

日本府的组织机构由卿（大臣）、臣、执事三个等级构成。其下还包括河内直、阿贤移那斯、佐鲁麻都等居住于安罗之人。这些人都是倭系人。正因如此，他们才会被日本府任用。他们极不信任百济，但同新罗的关系倒是日趋熟络。

日本府的基本立场是，按照倭王权的指示，开展一切以复兴任那为目标的军事、外交活动。但其实，日本府的实际行动却比较复杂。首先，日本府若想充分发挥其作用，就必须顾及其所在地安罗的立场，以便获得安罗的协助。这一方针的体现就是日本府录用了安罗当地的倭系人。不过，在上述这些倭国移民行动时，较之倭王权的方针政策，他们更倾向于优先考虑他们生活的第二故乡——安罗以及他们自身的利益。因此，这些倭国移民在行动时极易独断专行，百济对此颇为神经紧张。百济甚至指控日本府已被这些倭国移民掌控。另一方面，倭王权竭尽全力阻止百济吞并安罗。在该问题上，日本府与安罗保持步调一致，它在安罗向新罗靠拢的问题上，抱持着相对容忍的态度。

就这样，在南部战线一直处于胶着状态的公元6世纪40年代前半，以倭王权和百济为中心，各国聚在复兴任那的旗帜下，频繁开展了各种各样的外交活动。在此期间，百济于公元541年、公元544年，两次打着复兴任那的旗号召集日本府与伽倻诸国开会，末松保和将这样的会议称为“复兴任那会议”。虽然有学说认为，复兴任那会议能够证明任那日本府是倭国设在伽倻诸国的长期性合议机构，但正如田中俊明批判的那样，这一观点是不成立的。复兴任那会议是在金官国灭亡的特定历史背景下，由百济主持召开的外交会议。由此可知，“日本府”本身并不具备伽倻诸国合议机构的功能。

即便是虎视眈眈想吞并安罗的百济，也会在同倭王权、伽倻诸国的外交关系中，打着复兴任那的旗号，召集各国举行国际会议、修建城池、驱逐日本府中的亲新罗派。这表明由倭国主导的松散的国际社会正逐渐形成。“治天下大王”这一统治者称号在该时期并非徒有虚名。

综上所述，为了实现复兴任那（= 恢复金官国等的独立）的外交目标，倭王权于钦明朝初年在安罗设置了拥有军事权、外交权的驻外机构——任那日本府。笔者认为，我们既不能夸大，亦不可贬低任那日本府的存在。

朝鲜半岛南部的倭系人“韩子”

公元 6 世纪是古代倭系人以各种形式活跃于朝鲜半岛的最后一个世纪。公元 4 世纪前半，自大和与加罗互通往来以来，倭王权就在朝鲜半岛南部设立了用于交流的窗口，并将一定数量的倭人派驻到那里。而这些倭人之所以能有机会渡海前往朝鲜半岛，正得益于倭王权掌控了半岛交通线，以及向朝鲜半岛的同盟国提供军事援助这一政治契机。这些倭人在完成了他们最初的使命后，有不少人定居加罗之地，并在这片土地上开启了他们的“第二人生”。

据《日本书纪 · 显宗纪》记载，有一个名为纪生磐宿祢的人物，已在任那站稳了脚跟，他想做“三韩”之王，便修建了豪华的宫殿，还自称“神圣”，甚至同百济军队交过手。事实上，他就是一位抵达朝鲜半岛追梦的倭国移民。

定居在加罗的倭人娶了“韩妇”，生下“韩子”，在朝鲜半岛上过上了新的生活。

在这一时期，有不少韩子生活在伽倻地区至荣山江流域的区域内。继体天皇二十四年（530），有大量任那人与日本人的结晶韩子诞生在安罗。围绕这些韩子的归属问题，虽然也有诉讼出现，但因为近江毛野喜欢使用誓汤（也称盟神探汤，即让当事人将手等身体的某一部分放入滚烫的开水中，根据烫伤的有无来判断正邪的裁决法）断案，很多人因此被烫死，所以人们大都敢怒不敢言。另一方面，日本府中也有很多倭系的安罗人。

钦明天皇二年（541），在百济派往安罗的使者中，有一个名叫“纪臣奈率弥麻沙”的人，他也是个韩子。“奈率”是百济十六等冠位中的第六等，很明显该人是一位百济的官吏。实际上，该时期百济派往倭国、安罗等国的使节，有不少都是曾在百济为官的倭系人，也就是所谓的“倭系百济官僚”。其中，不乏像物部莫奇武连这样的人，当上了名为“东方领”的百济地方高官。这些倭系百济官僚在百济出生，在百济成长，他们大都是二代移民，已在当地具备一定的权势。全罗南道留下的那些前方后圆坟恐怕也与这些人有关。

可以说，韩子是随着半岛交通线的开辟而诞生的。从河内、吉备、纪、物部、许势等韩子常见的姓氏可以看出，其父系祖先应是被倭王权派遣至朝鲜半岛的使节，或是自行移民至朝鲜半岛的九州地区的豪族，不过就整体而言，韩子的父系祖先应该大都是倭王权官方派往朝鲜半岛之人。而日本中世时期频繁跨越国境活动的倭寇，由日本人、朝鲜人、中国人等多个民族构成，这些倭寇与我们所说的韩子，有着迥然不同的性质。

此后，伽倻诸国的灭亡给居住在朝鲜半岛南部的倭系人带来了重大的影响。由于半岛上的倭王权据点已不复存在，倭人也就不再拥有移居朝鲜半岛的机会了。另一方面，韩子们也逐渐被朝鲜半岛之人同化。此后，日本列岛的人也渐渐遗忘了他们。到了《日本书纪》成书的公元 8 世纪，韩子这一词语自身也已成为一种死语。

任那的灭亡

到了钦明天皇八年（547）前后，此前一直处于暂时安定状态的南部战线风云突变，形势告急。百济频频派来使节，请求倭王权出兵援助。两年前的公元 545 年，高句丽发生了一场大规模的政变。王族之间争权夺利，在此节骨眼上，安原王过世，年仅八岁的阳原王即位。这场政变导致超过两千人死亡，高句丽王权出现巨大裂痕。将这一切看在眼里的百济圣王，趁此机会出兵讨伐高句丽，并于公元551年，夺回汉城。只可惜第二年，汉城又被新罗夺去。

此后，战争陷入白热化。公元552年至公元554年，百济连年向倭国遣使求援，通报百济危在旦夕的状况。公元554年，终于连圣王自己也战死沙场。

在这一时期，百济为答谢倭国的军事援助，不仅向倭国交替送去了人质和博士，更为倭国带去了先进的文化产物。公元547年，请求倭国给予军事援助的百济，把人质东城子言送往倭国，以换回汶休麻那。钦明天皇十四年（553），作为派遣援兵的条件，倭王权要求百济更换新的医博士、易博士、历博士。不仅如此，倭王权还向百济索要了大量的占卜书、历书，以及各类药物。翌年，百济再次请求倭国支派援军，且又一次把人质和各类博士送往倭国。

百济三番五次地请求倭王权派遣援军，说明形势的确万分紧急。而对倭国来说，承诺支派援军，也的确是一个从百济处获取先进文化的绝好机会。尽管处于非常时期，但倭国用援军跟百济交换先进文化，仍然始终遵循“礼尚往来”的原则。也正是在这样的原则下，百济将佛教作为一种先进文化传至倭国。更值得一提的是，百济自身也是从中国的南朝处习得这些最新的文化的。可以说在那时，倭国虽置身于中国王朝建立的册封体制外，但与此同时，它也透过百济习得了中国南朝的文化。

公元 554 年，百济圣王过世立刻对南部战线造成重大影响。虽然关于安罗最后那段时期的史料鲜有传世，但人们普遍认为在那之后不久，新罗就吞并了安罗。那时的人们尚未感到日本府已走到了末路。

新罗乘胜追击，公元 562 年向伽倻地区剩下的强国大加耶发起总攻。大加耶草草抵抗后便投降新罗，剩下的伽倻诸国也尽数被新罗吞并。就此事，《日本书纪》虽有记载说“新罗打灭任那官家”，但实际上真正灭亡的不过是同倭国关系疏远的内陆的大加耶。《日本书纪》将大加耶称为“官家”，实在与事实不符。长久以来倭国在朝鲜半岛南部设立的据点，早就随着安罗的灭亡而不复存在了。

综上所述，伽倻诸国的历史就这样落下了帷幕。这一情况意味着倭国在朝鲜半岛已无直接的立足之地。正因如此，半岛交通线迎来巨大的转机，虽说倭国并未失去实际上的“领土”，但是伽倻诸国的灭亡对倭王权来说却是个严重的打击。

任那之调的政治性作秀

在伽倻诸国完全灭亡后，倭王权仍对复兴任那念念不忘。钦明天皇三十二年（571），心有不甘的钦明天皇，留下复兴任那的遗言后撒手人寰。之后即位的敏达天皇继承了钦明天皇的遗志，于敏达天皇四年（575），派遣使节前往新罗等国，施加军事压力。为应对这种状况，新罗向倭国献上多多罗等四邑之调。而所谓的“多多罗等四邑”是指公元 532 年被新罗灭掉的金官国中的四个聚落。新罗向倭国献上多多罗以下四邑之调一事也就是所谓的任那之调的起源。

此后，从推古朝到舒明朝，任那使随新罗使节频频来朝。此时，任那使便会向倭国献上任那之调。按理说，任那早已灭亡，任那使出使倭国实在怪异。但事实上，竟一直是新罗的中央官吏在充任任那使。新罗一直在同高句丽、百济对抗，为避免再与倭国为敌，新罗只得向倭王权执拗的要求屈服，除派遣新罗使节外，还派遣了任那使，以代替任那向倭国上交任那之调。

大化元年（645），百济使节代替此前的新罗使节，兼任任那使，向倭国上交任那之调。往前推三年的公元 642 年，百济和高句丽联手，猛攻新罗，并夺取了原伽倻诸国的大半地区，百济将包括原金官国在内的洛东江西岸一带纳入版图。所以在此种情况下，百济才会代替任那交纳任那之调。不过，自此之后，任那之调便被废除了。

综上所述，任那灭亡后，复兴任那一直都是倭王权重要的外交课题，但不知从何时起，这一课题便被置换成为交纳任那之调。而且，正如铃木英夫指出的那样，在交纳任那之调时，任那使必不可少。调具有证明臣服之意。因此，通过任那使来朝，并举行献上任那之调的仪式，即可证明倭国的附属国任那的存在。而且，所谓的任那之调其实就是来自原金官国的调。这再一次表明，若无金官国，倭王权为实现政治目的捏造的附属国任那将难以为继。

任那之调不过是已经意识到复兴任那无法实现的倭王权，用苦肉计编排的一场面向国内臣民演出的政治作秀。这场作秀借由外交仪式，表演任那尚且存在的把戏。可以说，任那之调完全是倭王权的一种权宜之计，即便到那时为止，任那仍旧对倭王权极其重要。治天下大王这个统治者称号的成立，必须要有海北之屯仓——任那这一条件作支撑。

第三节　国造和氏

筑紫君磐井之乱和国造、屯仓的设立

继体朝、钦明朝时期是倭王权的中央、地方统治机构得到飞跃性发展的时期。一般认为，地方的国造（倭王权的地方官）、屯仓（倭王权在各地设立的政治据点）、部（倭王权承认各氏领有的民众）等和中央的氏（构成倭王权的实力派豪族）都形成于公元6世纪前半。它们全是倭王权统治机构的主干。

那么，这些统治机构为什么会齐齐形成于公元6世纪前半呢？接下来，我们将就这一问题展开讨论。

公元6世纪前半在九州地区发生的筑紫君磐井之乱，是上述的国造制和屯仓制形成的直接原因。倭王权以镇压地方豪族发动的大规模叛乱为契机，开始强化对地方的统治。

以筑紫（后来的筑前、筑后，位于福冈县）为大本营的筑紫君磐井于继体天皇二十一年（527）攻占了火国（后来的肥前、肥后，今佐贺县、长崎县、熊本县）和丰国（后来的丰前、丰后，今福冈县东部和大分县），发动叛乱。翌年，大连物部麁鹿火作为大将军被派至前线，并在筑紫的御井郡（福冈县久留米市附近）同筑紫君磐井交战。筑紫君磐井遭到斩杀，叛乱得以镇压。同年年末，磐井的儿子筑紫君葛子，因害怕被父亲的罪行牵连遭到诛杀，便将糟屋的土地（福冈市附近）作为屯仓上交中央，以求赎罪。

《释日本纪》引用的《筑后国风土记》曾有过关于磐井之墓的记载，据称磐井之墓位于上妻县（筑后国上妻郡，今福冈县八女市）郡家以南二里（约一公里）处，石人和石盾将其坟墓交替围成一个四方形，在坟墓的东北角上，另有一个区域，这里被称作衙头（处理政务的地方），里面放着解部（审问犯人的衙役）的石像与偷猪人的石像。

笔者认为，位于福冈县八女市的岩户山古坟，应该就是前述提及的磐井之墓。岩户山古坟是坟丘长144米的前方后圆坟，其东北角上有一个被认为是单独区域的方形区划，考古人员从那里出土了大量的石人、石盾等石制品。可以说，岩户山古坟的实际情况与《筑后国风土记》的相关记载存在诸多相符之处。

《日本书纪》记载称，磐井的势力覆盖火国和丰国。另一方面，尽管《古事记》的编辑方针一贯是仁贤天皇以后的部分只记载相关系谱，但《古事记》却还是在继体天皇一节，大写特写了磐井之乱的相关内容。由此可知，磐井之乱的规模应该非常之大。

《日本书纪》把磐井记为“筑紫国造”，《古事记》中只写有“竺紫君石井”，而《筑后国风土记》的佚文中也没有关于磐井是国造的记录。因此，《日本书纪》的记载略微令人生疑。实际上，那时磐井还不是国造，叛乱被镇压后，磐井的子孙才初次就任国造。

从地方统治的层面看，磐井之乱的相关记载中，还有一点值得注意，那就是叛乱发生后，葛子献上糟屋屯仓一事。在《日本书纪》中，有关设置屯仓的记载最早可见《日本书纪·垂仁纪》《日本书纪·景行纪》。馆野和己认为，上述葛子献上糟屋屯仓一事，应该是最早可信的有关设置屯仓的记述。而且，最早担任筑紫国造之人，正是献上屯仓的葛子，这说明国造的任命和屯仓的设置有一定的密切关系。笔者赞同馆野和己的看法。

除此之外，还有其他案例可以印证国造的任命与屯仓的设置密切相关。《日本书纪·安闲纪》中记载的武藏国造家族内部纷争就是一个典型。武藏国造笠原直使主和同族的笠原小杵常年争夺国造一职，但却一直没有结果。于是，在安闲天皇元年（534），笠原小杵向邻国的实力派人物上毛野君小熊请援，企图谋杀笠原直使主。笠原直使主预感不妙，逃至都城告状。经朝廷裁决，笠原直使主成为国造，笠原小杵被杀。喜出望外的笠原直使主，向朝廷献上横渟、橘花、多冰（也可能是多末）、仓樔（也可能是仓树）四处屯仓。《日本书纪》的记载称，围绕武藏国造之位，笠原直使主和笠原小杵常年纷争不断，经朝廷裁决，笠原直使主最终当上了国造。但实际上，这只不过是家族内部的一场内讧，投靠倭王权的笠原直使主，打败了与上毛野氏联手的笠原小杵。故而战乱结束后，笠原直使主被任命为国造，向朝廷献上屯仓。从这件事我们也可以看出，初任国造和设置屯仓有内在关联。

公元5世纪后半的雄略朝时期，列岛各地尚不存在地方官一说。到了公元6世纪前半，以镇压磐井之乱为契机，倭王权加强了对地方的统治。倭王权将地方上的实力派首领任命为国造，并在各处的战略要地上设置屯仓。

国造统治地方

国造的“造”原意为“御奴”，即“大王的仆从”之意。国造是倭王权设置的地方官。

整个公元5世纪，作为供给先进文化产物的回报，臣服于倭王权的地方豪族要到王宫内担任杖刀人、典曹人等职，为倭王权效犬马之劳。倭王和地方豪族之间的政治关系，也多半是以王宫为场所，依赖直接的人身依附关系维系。在该时期，地方豪族在臣服于倭王权的同时，也能从倭王权处获得统治地方的权力。

国造制确立后，地方豪族会被倭王权任命为在地方实施统治的官吏——国造。如此一来，国造统治的范围就变成了倭王权认可框架内的“国”。可以说，国造强化了倭王权对地方的统治。

另一方面，国造须让其氏族子弟作为“伴”出仕，继续在王宫中效命。而国造对倭王权的这种服务，对倭王权与地方豪族的政治关系十分重要。随着国造制的确立，地方豪族为倭王权效力的形式也发生了变化，从直接在王宫中效力，转变为以当地的官吏为媒介，为倭王权提供服务。

国造是倭王权设置的地方官，所以其工作任务也以满足倭王权的各种需求为核心。为了能够征税、筹措物资，让老百姓服劳役、兵役，国造必须拥有充分的权力，以使得地方社会服从命令。所以，倭王权必须任命在地方社会拥有最高权威的首领担任国造一职。当然，国造拥有统治地方所需的行政权、审判权、军事权、祭祀权。但是，与其说这些是国造拥有的权限，倒不如说在就任国造之前，当地首领就已经拥有了这些权限。所以，即便是那些没能当上国造的中小首领，他们也都或多或少拥有一些相同类型的权限。而国造的权限说到底也就是那些直接关系到向倭王权纳贡、效命的权限。也就是说，国造制是以地方首领原本就具有的统治权为依据形成的倭王权的地方统治体系。

目前尚无关于国造设置时期及国造性质的确凿史料留存。所以，我们接下来将分类探究其实际形态。

第一种类型的国造是像吉备臣、出云臣、上毛野君、筑紫君那样，带有“臣”“君”姓氏的国造，他们实力最强。较之其他国造的统治区域，他们的统治区域“国”更为宽广，规模也和律令制度下的令制国几乎同等大小，有的甚至还凌驾其上。这些国造都是地方豪族，他们原本就是倭王权联合体中的成员，在王权中保有重要的地位。他们的统治区域在相当程度上继承了原有统治区的范围。

有很多国造拥有“直”姓，其中不乏像凡河内直、纪直这样的用地名加“直”姓的国造。这就是第二种类型的国造。

这一类国造的统治区域多分布在以畿内地区为中心的西国[1]。从这些国造较为广泛的分布情况看，这些国造是在国造制确立之时，倭王权通过重组当地首领以往的统治区域，同时任命的国造。

第三种类型的国造在时期上确立得更晚一些，这些国造对倭王权更加臣服，他们多分布在东国[2]。这个类型大多如日下部直（伊豆国造）那样，用部名加“直”姓，或是像桧前舍人直（上海上国造）那样，用某舍人加“直”姓。他们都是在设置名代、子代等部的过程中被任命的，其统治的地区较为狭窄，其住民的主体是使用氏名的部集团（日下部直→日下部；桧前舍人直→桧前舍人部）。

不论哪种类型的国造，其统治区域内都一定设有倭王权的屯仓和部。作为倭王权的地方官，国造的重要任务之一，就是建设属于倭王权的设施，统治当地居民。另外，国造领地内设置的部的管理者（伴造）大多是国造的同族人。此外，国造还须遵循倭王权的指示，不定时地献上特产，派遣下属军队（国造军），分担营建宫殿或王墓的任务。偶尔，国造还需要赶赴王宫，参加各类仪式，直接听从大王差遣。

1 西国，指日本关西以西的地区。
2 东国，在古代是大和朝廷对东海道铃鹿关、东山道不破关以东除北陆道以外的地方的称呼。

屯仓是倭王权在政治上的据点

在大多数情况下，屯仓通常被解释为朝廷的直辖领地：屯仓大都以存放稻谷的仓库为核心，再配以相应的田地和耕作民，由地方豪族或朝廷派遣的官吏管理，屯仓是维系倭王权统治的经济基础。可以说，上述解释只重视了“屯仓”二字的字面意思。实际上，只有《日本书纪》使用了“屯仓”一词来表述这一概念，《古事记》《风土记》用的却是“屯家”“三宅”“屯宅”“御宅”等五花八门的表述。而且，就连《日本书纪》偶尔也会使用“官家”一词。注意到上述问题的馆野和己认为，仅仅把屯仓视作一个以仓库为核心的经营体是不全面的。究其本质，为了达成各种各样的目的，屯仓既是倭王权在国造等的领地内设立的政治性、军事性据点，又是中央委派之人执政、管理国造等的据点。当然，若说屯仓是以经营农业为主体的朝廷直辖领地也没有错，但它只是屯仓丰富含义的一个侧面罢了。

笔者赞同馆野和己的见解。这是因为“ミヤケ（屯仓的日语）”中的“ミ”是一个接头词，用以表示对天皇（大王）、朝廷、神之所属物的敬意。“ヤケ”是“ヤカ（有房屋的地方）”的变形，所以“ミヤケ”的词义是“有王权相关建筑物（设施）的地方”。因此，如果屯仓是朝廷使者逗留并执行政务的地方，那将其读作“ミヤケ”并不奇怪。如此说来，《日本书纪》中

“官家”一词的用法似乎更加贴近原意。要让身为地方官的国造遵照倭王权的方针政策统治地方，就必须要有一个机构可以向国造传达大王的政令，并落实具体的实施情况。另外，在国造领地内设置部，并维持其统治，道理也相同。这就是屯仓制。倭王权在国造的领地内设置屯仓，平时委托国造及其一族管理，一旦倭王权需要向国造、伴造等地方官员传达指令、监督其工作，就会向屯仓派驻宰（倭王权的使者），以督促地方官完成任务。换言之，屯仓是倭王权打入地方的一枚棋子，以屯仓为据点，倭王权既可以实行国造、伴造等地方官制度，又可以筹措、征调倭王权所必需的物资，征发劳役和兵役。

虽然从本质上说，屯仓就是倭王权在国造领地内设置的政治性据点，但实际上，各地设置的屯仓，其形态可谓多种多样。宣化天皇元年（536）在筑紫设置的那津官家（福冈市那珂川河口附近），据说是一个为应对朝鲜半岛局势恶化等非常态事件而专门设立的负责征收稻谷的屯仓。那津官家作为大宰府的前身，是倭王权具有代表性的一个政治性、军事性据点。钦明天皇十六年（555），倭王权派遣苏我稻目等人到吉备五郡，设立拥有专属田地的白猪屯仓。白猪屯仓在历史上非常有名，它采取了非常先进的经营方式。倭王权委托渡来人白猪史胆津管理白猪屯仓，其耕作民——田部[1]均拥有名籍（名簿）。

1 田部，大化改新前在屯仓劳动的耕种部民。

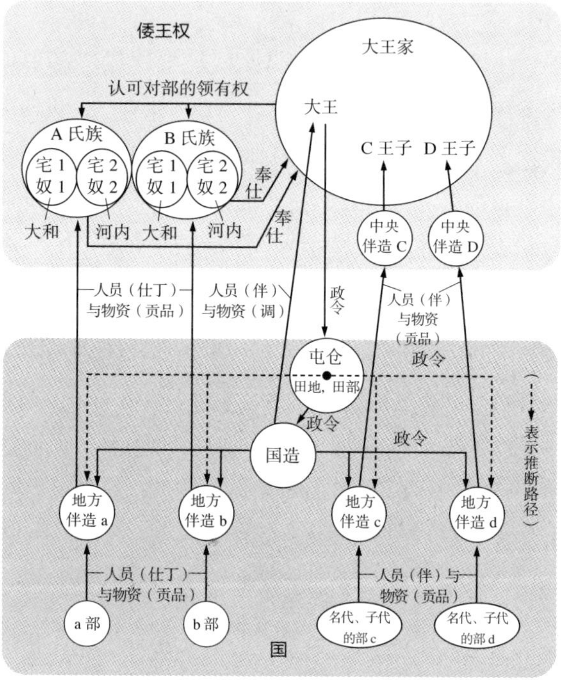

国造、屯仓、部、氏族的关系图　臣服于倭王权的地方豪族一旦被任命为国造，就会在其统治区域“国”内设置名代、子代以及其他的部。作为地方的管理者，国造的同族之人会被任命为地方伴造。倭王权会派遣使者前往国造领地内的屯仓传达政令，国造按照政令对领地实施统治。国造向大王进贡人员物资，名代、子代向王族进贡人员物资，其他的部向中央的氏族进贡人员物资，这样的结构为大王家及各氏族提供了经济、军事基础。名代、子代选送的伴，将由中央伴造统领，在王宫中当差。各氏族为倭王权效力，作为回报，倭王权认可各氏族在各地拥有部，在大和及河内地区的大本营拥有宅，及世代从属的奴。部、伴、仕丁[1]被作为管理者的伴造及作为所有者的氏族视作“部曲”。

---

1 仕丁，大化改新以前，大和朝廷征用地方的劳动者，每 30 户征 2 人到官府服杂役 3 年，服役之人称为仕丁。

除此之外，倭王权还设有负责制盐、采矿、捕捞的屯仓。

拥有专属田地的屯仓，逐渐成为维持倭王权统治的主要经济基盘，从历史角度看，屯仓还有另一层重要意义，即作为政治性据点发挥作用。在公元 6 世纪，作为倭王权统治地方的政治体系，屯仓制让国造制、部民制充分发挥作用，也使得地方豪族可以通过多种形式为倭王权效力。这是此前从未有过的。大化改新以后，倭王权统治地方的国郡制，从某一方面来说，其王权使者和政治性据点的特色应该发展自屯仓制。

部和部曲

公元 6 世纪，倭王权强化了对地方的统治。在此过程中，倭王权又在国造的领域内新设了“部（部民）”。所谓的“部”隶属于大王、王妃、王族、氏族，“部”就是指向大王、王妃、王族、氏族，纳贡、提供劳动服务的民众。由于目前没有太多关于“部”的史料留存，笔者打算分类别探讨其不同性质。

从名称上看，我们可以把“部”分为以下三类：①锦织部、锻冶部、陶作部、鞍作部、马饲部等，以职务内容为名称的“部”；②刑部（押坂部）、小长谷部、白发部等，名称中带有大王、王妃、王族宫号的“部（名代、子代）”；③大伴部、物部、苏我部、和珥部等，名称中带有氏族名的“部”。

在过去一段时间内，主流观点把①称作“品部”，认为他们隶属于朝廷的各职业部门，并认为②是皇族的私有民，而将③称作“部曲”，认为他们是豪族的私有民。但是近年来，更为主流的观点则认为，“部”存在的前提是，民众必须首先隶属于倭王权，所以学界逐渐不再将②③视为皇族或豪族的私有民。正如狩野久指出的，大伴部、苏我部隶属于大伴氏、苏我氏的前提是，他们首先得是隶属于倭王权的“王民”。各氏族都要为倭王权效命，作为回报，倭王权将承认各氏族分有部民。另外，在日语中“品部”的训读有各种各样的“部”之意。正如镰田元一指出的那样，仅把“品部”视为隶属于职业部门的民众，是一种错误的认识，“品部”是“部”的总称。

通常来说，“部”这一名称源自雄略朝时期，由今来汉人编成的陶部、鞍部、画部、锦部等“伴”（在日语中，“部”“伴”的训读读音相同），后来，如上述①所提及的，倭王权的中央职业部门基本上继承了上述组织构架。①的称呼被传至地方后，②③受此影响便也被称作“部”了。需要注意的是，直属于倭王权的生产组织①，和设置在国造领地内的②③，其性质是迥然不同的。换言之，①②③三者中，只有②③隶属于倭王权的地方统治组织。所以，我们将在下文中详细介绍②③两种类型的部。

一般认为，部民制形成于公元6世纪前半。昭和五十九年

（1984），考古人员在岛根县松江市的冈田山古坟，出土了一把刻有“各田卩（=额田部）臣”银镶嵌铭文的大刀。因为冈田山古坟是约公元6世纪后半的古坟，所以这把大刀也被认为是同一时期的文物。这把大刀上的铭文表明，当时出云地区的确存在着名为额田部的“部（各代、子代）”及其管理者额田部臣。但是，部民制的形成要早于这一时期。之所以这样说，是因为早在钦明朝时期，以“部”名命名的王子就已经出现了，如石上部皇子、埿部穴穗部皇子、泊濑部皇子。这些王子的名讳取自其乳母出身氏族之名。所以由此推断，钦明朝时期就已出现了“部”。大约在公元6世纪前半，日本列岛各地出现了各种各样的“部”。

对于倭王权而言，部是具有公共性质的“王民”，对于领有“部”的王族和各氏族而言，“部”是隶属于己的私有民。正如镰田元一所言，“部”同时也是隶属于各氏族的“部曲”。“部曲”和日语中的“垣根”意思相通，意为“区划”，在此是指根据各氏族划分出的民众。学界过去认为，“部曲”和“部”完全不同，“部曲”是更为纯粹的豪族私有民。但是，镰田元一指出，其实他们是同一群人，如果从隶属于氏族的角度看，这群人被称作“部曲”，如果从隶属并效命于倭王权的角度看，这群人被称作“部”或“品部”。“部”和“部曲”是基于同一实体，表述不同侧重点的概念。可以说，经过镰田元一的努力，日本古代史有关“部”的研究，已经取得了巨大的突破。

“部”的纵向组织

“部”的组织相当复杂，目前仍有诸多地方有待明晰，我们若要理解其组织架构也并非易事。所以，笔者将以名代、子代中的刑部（忍坂部）为例，尝试向读者勾勒有关“部”组织构架的概貌。倭王权在全国各地的国造领地内均设有刑部，但通常我们所说的刑部其实是各地刑部组成的共同体，国造一族等当地的地方豪族被任命为地方伴造，他们负责管理当地的刑部。通过人员之间的隶属、统治关系，伴造和刑部结合在了一起。

担任国造、地方伴造之人的家族子弟，以舍人（近侍）、靫负（武人）、膳夫（厨师）等“伴”的身份到大和的忍坂宫，各司其职，为倭王权效力。这些子弟在王宫中当差的生活费由其出身地的刑部集团承担，但从刑部到中央工作的“伴”，接受的却是中央伴造的管理。如果是刑部的舍人，那就由刑部造氏直接管辖。如果是刑部的靫负、膳夫，那这些靫负和膳夫便会和其他靫负、膳夫一道，接受作为中央伴造的大伴氏及膳氏的管辖。

名代、子代的阶层结构是大王、王妃、王族→中央伴造→地方伴造→伴→名代、子代的部。名代、子代的部既是倭王权的部，也是隶属于地方伴造的部曲。另外，从王妃、王族、中央伴造的角度来看，名代、子代的伴、部在概念上都是部曲。

这表明部的统属关系依靠人的隶属关系维系。

部民制的确立与国造制的形成相辅相成，倭王权虽进一步巩固了其对地方的统治，但新的问题又出现了。从实质上说，部民制其实应该被称为“伴造－伴·部制”。之所以这样说，是因为其制度有下述这样的结构存在：就人身依附关系而言，在王宫当差的“伴”从属于中央伴造；而另一方面，为这些“伴”提供生活费的“部”（这些“伴”出身地的“部”）又隶属于地方伴造。这是一个纵向的、以人身依附关系为纽带形成的组织架构。因此，伴造把其下属的伴、部视为部曲，伴、部把伴造敬为主君的关系由此成立。在此，伴、部既是“王民”，又是隶属于伴造的“部曲”，故而“部和部曲的一体性”就这样形成了。也就是说，当时的君臣关系尚未形成一元化的大王与臣下的关系。从中我们也可以看出该阶段倭王权统治秩序的局限。

公元6世纪前半，国造制、屯仓制、部民制之所以能在差不多同一时期内形成，是因为这三个制度彼此相互关联，它们共同构筑了倭王权统治列岛的新秩序。而新的统治体制，对倭王权而言，具有强化地方统治的积极意义，但与此同时，也给倭王权留下了君臣关系多元化的隐患。大化改新后构筑的新统治体制正是一种对上述体制的改革，新统治体制克服了上述体制无法避免的矛盾。

氏与姓

公元6世纪前半，倭王权改革了地方的统治体制，这一做法也极大地改变了直接为倭王权效力的实力派豪族的存在方式。而这一切都要从“氏”的成立说起。

所谓的“氏”是指，苏我氏、物部氏、大伴氏等，主要以大和及其周边地区为据点的中央氏族集团。它们既是一种基于父系系谱形成的同族集团或亲族组织，又是一种分担王权职务的政治组织，他们会通过和倭王权缔结一定的政治关系，成为辅助大王处理朝政、掌控军事、承办祭祀或具有某项特殊技能的官僚。

“氏”在其属地拥有作为农业经营基地的“宅”及其隶属民“奴(家子)”。但是，“氏”并不只是当地的豪族或首长。虽说“宅”和“奴”是“氏”重要的经济基盘，但“氏”有一点很特别，那就是由于其为倭王权效力，所以“氏”可以拥有“部”即“部曲”的所有权。又因为“部”存在于国造领地内，所以“氏”的经济来源有赖于国造制、屯仓制等倭王权设置的统治制度。也因此，“氏”被纳入到了倭王权的统治制度中。所以，在上述依存关系变得紧密的同时，通过将大部分的“部曲”纳入自己的经济基盘，“氏”得以脱离此前地方豪族的身份。综上所述，公元6世纪前半，倭王权改革统治制度一事，大大地改变了构成王权的主要豪族的内部结构，“氏”由此诞生了。

“氏”诞生的同时，展示倭王权职务分工组织发展过程的“姓”也产生了。所谓的“姓”即跟在“氏”之后的“臣”“连”“君”“造”“直”“首”“史”等称号，例如“苏我臣”“物部连”“上毛野君”等。通常来说，“姓”能够显示“氏”在倭王权内部的政治地位。据说“姓”起源于公元6世纪初开始使用的类似“船史王辰尔”中“船史”一类的职业名称。最初只有在倭王权中为官之人才能拥有这样的称号。后来，随着官职依照父系传承，特定的“氏”继承特定职业名称的倾向就出现了。再后来，就如同父系氏族集团的称号一般，这类称号与氏名融为了一体。最终，在律令制形成的时期，依据自中国引进的“姓”的概念，“姓”和氏名一样，经由父系代代传承。

在公元6世纪的倭王权中，“臣”姓和“连”姓的“氏”身居要职，但二者的性质却对照鲜明。“臣”姓的主体是“苏我（橿原市曾我町）”“和珥（天理市和尔町）”“平群（生驹郡平群町）”“巨势（御所市古濑）”“波多（原高市郡波多乡，今高市郡高取町）”“阿倍（樱井市阿部）”等通常使用根据地大和的地名作氏名的氏族。而在大和以外的地区，也有“吉备臣氏”“出云臣氏”这样抢眼的存在。公元5世纪曾盛极一时的葛城氏（北葛城郡［今葛城市］，御所市一带），也属于该类型的豪族。可以说，该类型的豪族原先大都是倭王权同盟的成员。

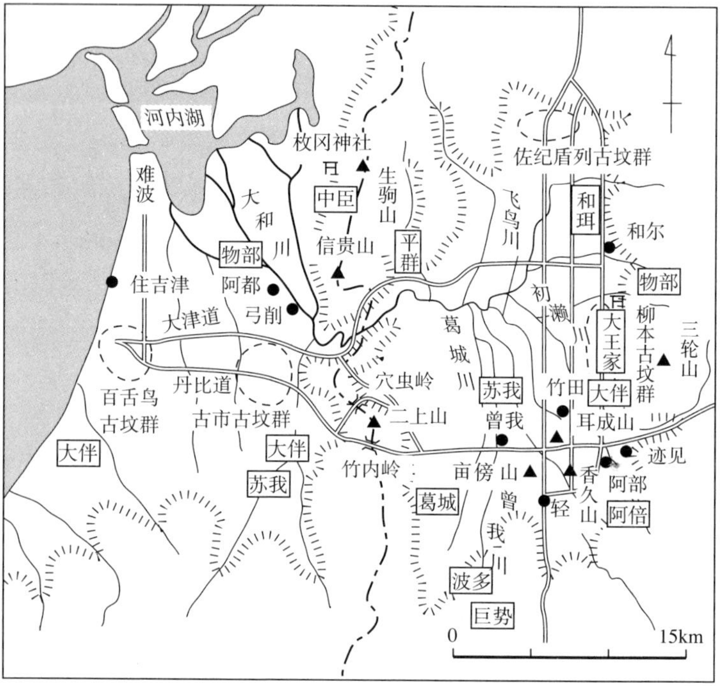

氏的根据地（熊谷根据《新版　古代的日本　近畿 I 》制成）

另一方面，拥有“连”姓的“氏”，主要有“大伴氏”“物部氏”“中臣氏”“土师氏”等。这些“氏”的称呼大体上都源自其在倭王权中担任的职务。首先，“大伴氏”有“伴中之大者”之意，其职责是统辖一般的伴造、伴。紧接着，“物部（モノノベ）氏”来源于日语中的“武人（モノノフ）”或“武器（モノノグ）”，但不论是其中的哪一个，该称呼都有“负责掌管倭王权的军事”之意。接下来，“中臣氏”

的“中臣”可转换为“中ッ臣”，其意为“在神与人之间牵线搭桥的臣”，也即执掌祭祀的臣，说到底这还是一个与职业相关的称呼。最后“土师氏”的“土师”原意是指“用埴土[1]制作埴轮的技术人员”。后来“土师氏”进一步演变成了负责举行葬礼和管理陵墓的“氏”。这些连姓氏族很早就归顺了大王家，并已被纳入到大王的家产组织结构中。他们是大王的左膀右臂，负责执掌各项事务。随着雄略朝以后倭王权统治的不断巩固，这些连姓氏族的地位逐步攀高，直到后世，他们对大王家也仍然保有较高的忠诚度。正因如此，较之常同大王家联姻，外戚弄权的葛城氏、苏我氏等臣姓氏族，这些连姓氏族有着极为不同的个性。

在大多数情况下，连姓氏族的根据地主要集中在大和与河内两个地区。例如，物部氏在大和的根据地——石上（天理市），是倭王权的武器库所在地，物部氏在河内的根据地——阿都（八尾市迹部）周边地区，是倭王权的一大武器生产基地。为了统辖武器生产与武器管理的相关事宜，倭王权有计划地把物部氏分散安排在了上述区域。大伴氏、中臣氏、土师氏也分别在大和与河内的数处拥有了据点。这些据点全都被有计划地设置在倭王权的战略要地上，以方便这些氏族各司其职，执行政务。

---

1 埴土，钙红土，细腻的黄红色黏土，古代用于烧制瓦和陶器。

公元 6 世纪的倭王权——各氏族的纵向统治

公元 6 世纪的倭王权中枢，在大王之下，还设置有作为执政官的大臣和大连。遇到重要事项时，大夫也会参与其中，进行合议。据《日本书纪》记载，自雄略朝以后，每当新任天皇即位，便会留下大臣与大连任命的记录。不过，在那一时期既没有氏名也没有姓，因而大臣－大连制实际上应该形成于苏我稻目被任命为大臣的宣化朝时期。大夫是一种官职，担当大夫之人须在大王的“御前”当值，负责传达大王的命令，或是将臣下的奏请禀报大王。加藤谦吉认为，出任大夫的氏族主要有阿倍臣、纪臣、巨势臣、膳臣、葛城臣、平群臣、坂本臣、春日臣等八个臣姓氏族，以及大伴连、物部连、中臣连等三个连姓氏族，再加上三轮君，共计十二个氏族。其中，除三个连姓氏族外，只有坂本氏以和泉为大本营，剩下的七个臣姓氏族和三轮氏全是以大和为根据地的氏族。

综上所述，公元 6 世纪的倭王权中枢主要由以大和地区为根据地的臣姓氏族，以及在大和、河内均设有根据地且对大王家较为忠诚的连姓氏族构成。倭王权自成立以来，大和的豪族势力一直是其骨干力量。有观点将这样的王权结构冠以“贵族制”的概念，但笔者认为，倭王权的王权结构比“贵族制”更为原始，它是具有排他性的地域权力集团。之所以这样说，是因为日本列岛过去群雄割据，后来结成了以大和为中心的吉备、筑紫、毛野等地方势力为核心的同盟，倭王权由此建立。以获得优势地位的大王家为中心，大和势力逐渐排除或笼络（纪伊国的地方豪族纪氏很早以前就移居到了大和的平群）了其他地方的豪族势力。最终，现有的统治者集团逐渐形成。在笔者看来，这样的统治者集团基本上与朝鲜半岛三国的统治者集团同属一种类型。

在那时的朝鲜半岛诸国中，高句丽和百济采用的五部制及新罗采用的六部制，全都将都城及其以外的地区做了明确的区分，居住在都城的统治者集团会在其本国国内实施排他性统治。倭王权以大和的地方势力为主体，这有点类似上述朝鲜半岛的情况。另一方面，我们几乎没法在同一时期的中国看到特定的地方势力垄断统治阶层的现象。魏晋南北朝时期的中国采用九品中正制选拔官吏。这样的录用制度，选拔的是全国各地的贵族子弟。而隋唐以后为录用官吏设置的考试制度——科举制，也没有在地域上设卡限制。对该时期的中国统治阶层而言，由排他性地域集团构成的国家早已是明日黄花。倭王权和半岛诸国的统治阶层均由各国都城及其周边的地域集团构成，这表明在国家形态及其本质上，倭国和半岛诸国明显同中国处于不同的发展阶段。

公元6世纪，倭王权极具特色的统治制度有以下两类：其一是构成分别掌管中央各项职能机构的“氏”，其二是作为倭王权地方统治构架的屯仓制、国造制、部民制。简单明了地说，后者是支撑前者的基础。公元5世纪的倭王权通过垄断先进文化产物巩固了地方统治，与此相比，公元6世纪的倭王权则是在通过政治制度统治日本列岛。不过需要指出的是，在这一阶段倭王权的统治秩序主要还是依靠人与人之间的依附关系，其制度性建设仍然不够成熟。

这一时期，实力雄厚的大夫级氏族在大和、河内等地已拥有多个附带“宅”和“奴”的根据地，这些氏族在根据地里履行倭王权赋予的职责，同时也经营自己的地盘，积蓄经济实力。既是政治组织又是亲族组织的氏族，有一个最大的特征，那就是执行公务与经营私产紧密相关、难分彼此。作为为倭王权效力的回报，倭王权允许氏族在各地拥有“部”，并将其作为隶属于自己的“部曲”，让他们向自己的“宅”进贡人员（仕丁＝仆从）和物资（贡品）。而且，正如佐藤长门所言，有实力的氏族在执行公务时，可以管辖数个中小豪族，并能让这些中小豪族提供人员和物资。如此一来，身居倭王权中枢的实力派氏族，便能在其根据地上汇聚起一大批人员和物资，而这其中大部分的人员和物资，其实都并非私营活动所得，而是来自服务王权的回报或因职务之便获得的额外收入。可以说，氏族的经济基础与王权的统治制度有着水乳交融的关系。

公元6世纪的倭王权，虽然已经开始利用政治制度统治地方，但其统治制度的内部构造大都依靠人身依附关系维系，多元化的君臣关系普遍存在，大王之下尚未形成一种一元化的君臣关系结构，这样的政治构造将在不久之后产生各种各样的弊端，而这些弊端也成为日后大化改新势在必行的重要原因。

第四节｜前方后圆坟时代的终结

横穴式石室的普及与集群墓葬的剧增

公元6世纪，屯仓制、国造制、部民制在各地确立，各地首领的统治权力被分割、重组。前方后圆坟坟制的没落、消失，以及集群墓葬爆发式增长的趋势，在考古学上印证了这样的变动。

集群墓葬是指宽阔墓区内密集修建的古坟群。这种墓制之所以能够大行其道，是因为横穴式石室的引入。虽说日本列岛很早之前就出现了横穴式石室，但直到公元6世纪初，畿内地区形成的畿内型横穴式石室，才被迅速普及至日本列岛各地。畿内型横穴式石室由安放遗体的空间“玄室”，和作为通道的“羡道”两部分构成。虽然羡道的入口处，已被人们用板石和块石封闭，但若有需要，它仍然能被重新打开，方便人们追葬。正因如此，追葬在当时已变得较为普遍。如此一来，古坟由首领墓逐渐演变为家族墓，其坟墓性质大大改变，修建古坟的阶层有所增加，而这些都促进了集群墓葬的爆发式增长。

公元6世纪的集群墓葬，通常由规模大小相差不大的圆坟构成，一个墓域内，通常建有一百多座乃至几百座的古坟。公元6世纪中期到公元6世纪后半，从畿内地区到列岛各地，上述类型的集群墓葬同横穴式石室一起，被大量兴建。

公元6世纪中叶以后，集群墓葬风行日本列岛，该现象表明，列岛社会在这一时期发生了大规模的变动。那些实力雄厚的农民阶层此前一直处于地方首领的统治之下，而到了这一时期，他们开始独立，并逐渐成为修建家族墓葬的主力军。

有实力的农民阶层脱离首领的统治自立，与地方首领权力不断被削弱，实际上是一种互为表里的关系。而若要用考古学的研究证实这种关系，我们可以发现，同样是在该时期，作为首领墓的前方后圆坟已没落、消失。近年的考古学研究发现，古坟时代初开始持续建造的前方后圆坟，于公元6世纪末至公元7世纪初，从列岛各地退出了历史舞台。究其原因，笔者认为，公元5世纪以来，列岛社会的结构发生了较大的变化，倭王权在地方任命国造、伴造，设置部民，这些举措使得地方首领的权力遭到削弱。地方首领已无力再像从前那样，动员大量的农民新建规模巨大的首领墓。换言之，国造制的确立加速了前方后圆坟时代的终结。

无名氏的巨大古坟

在畿内地区的最后一批前方后圆坟中，有一座据推测是真正的钦明天皇陵的见濑丸山古坟。

钦明天皇三十二年（571），钦明天皇驾崩，葬于桧前坂合陵。目前，官方指定的钦明天皇陵是梅山古坟（坟丘长140米，位于奈良县明日香村平田）。但是，从坟墓规模等指标看，梅山古坟真的就是钦明天皇陵吗？这一点仍然令人生疑。

位于橿原市五条野町的见濑丸山古坟，坟丘长达318米，是奈良县最大的前方后圆坟。虽与仁德天皇陵、应神天皇陵相比，见濑丸山古坟的知名度要低很多，但这也是有其原因的。见濑丸山古坟直到几十年前还被认为，它如同其名“丸山”，是一座圆坟。昭和三十年（1955）前后，经航拍发现，见濑丸山古坟原来是一座规模较大的前方后圆坟。在考古学家、古代史学家眼中，见濑丸山古坟几乎就是钦明天皇陵的不二之选。

目前，见濑丸山古坟只有后圆部的坟顶区域被划归成了陵墓参考地，归宫内厅管辖。奈良县内虽有很多天皇陵，但其中规模最大的见濑丸山古坟却只被列为陵墓参考地。换言之，见濑丸山古坟仍是一座无名氏的古坟，此乃一桩奇事，但也有其原因。

直到明治时代初期，人们才在见濑丸山古坟石室后圆部

见濑丸山古坟（橿原市教育委员会提供图片）

的西南方向上开了一个口，使得进入石室成为可能。所以，江户时代的山陵绘图中，已出现不少见濑丸山古坟石室的简略图。通过这些图，我们可以知道见濑丸山古坟的玄室内有两副屋形石棺。也就是说，见濑丸山古坟里葬着两个人，它是一个合葬墓。

在幕府统治末期确定天皇陵时，见濑丸山古坟被指定为天武天皇、持统天皇的皇陵。当时之所以这么判定，最具导向性的原因是见濑丸山古坟是一座合葬墓。然而，随着明治十三年（1880）一本古代档案《阿不几乃山陵记》的发现，事情出现了重大转折。《阿不几乃山陵记》是一本记录文历二年（1235），天武天皇、持统天皇皇陵被盗情况的书。据这本书称，山陵位于野口，其形状呈八角形。此外，该书还详述了陵墓内石椁及天武天皇遗骨的情况。据此，位于奈良县明日香村野口的野口王墓古坟被重新判定为天武天皇、持统天皇的皇陵。翌年即公元1881年，官方变更了过去对天武天皇、持统天皇皇陵位置的判定结果。那时，官方对天皇陵具体位置的认定尚且可以变更。此后，见濑丸山古坟便被认定为天皇陵的参考地，降格成了无名氏的古坟。

最后的前方后圆坟

一般认为，见濑丸山古坟建于公元 6 世纪后半，其石室的规模超过奈良县明日香村有名的石舞台古坟，号称日本列岛规模最大。而且，尽管见濑丸山古坟引入了横穴式石室的建筑样式，且属于坟丘快速小型化的后期古坟，但见濑丸山古坟仍然是一座位居奈良县古坟规模第一位，全日本古坟规模第六位的大型前方后圆坟。所以，自昭和四十年（1965）森浩一提出见濑丸山古坟是钦明天皇陵的观点后，该观点变得愈发主流起来。

平成三年（1991），新闻媒体突然公布了见濑丸山古坟石室内部情况的照片，一时间见濑丸山古坟备受世人关注。原来是住在见濑丸山古坟附近的公司职员带着孩子打开了古坟的入口，并把古坟的石室当作公共娱乐设施，进入参观拍摄了照片。此后，这位公司职员更是直接将自己拍摄的照片拿到了电视台。

日本宫内厅管辖的天皇陵级别的古坟石室内部照就这样被公之于众，这简直前所未有。以此为契机，各家媒体争相报道关于天皇陵的指定、调查、公开等事宜，引发了热议。

对于这一事态，宫内厅也没有无动于衷，此事发生后的第二年，宫内厅开始着手对石室进行实测调查，并向公众公开了调查结果（如第 205 页的图所示）。据调查结果显示，见濑丸山古坟的石室全长 28.4 米，其中玄室长 8.3 米，正如江户时期的山陵绘图所描述的那样，玄室中安放有两副屋形石棺。靠内壁一侧的石棺与内壁平行，而靠外一侧的石棺则被摆放在几乎与内壁垂直的方向。令人感到不可思议的是，靠内壁一侧的石棺较新，而靠外一侧的石棺较旧。据土生田纯之的研究可知，较新的石棺产于公元 7 世纪第一个 25 年，较旧的石棺产于公元 6 世纪第三个 25 年，而从结构和构筑方法来看，石室本身应该建于公元 6 世纪后半至公元 6 世纪末。也就是说，见濑丸山古坟建于公元 6 世纪后半，那时安放在较旧石棺中的人率先被埋葬。之后，在公元 7 世纪初，人们又在见濑丸山古坟中追葬了安放在较新的石棺中的人，只是不知出于什么原因，人们将较新的石棺放置在了靠内壁一侧。

如此说来，从追葬的经过看，见濑丸山古坟是钦明天皇陵的可能性似乎又增添了几分。之所以这样说，是因为《日本书纪》曾记载推古天皇二十年（612），钦明天皇的妃子、推古天皇的母亲坚盐媛改葬钦明天皇陵一事。这一记录和考古学上的观点相互吻合。

由上述可知，畿内地区先于日本其他地区于公元 6 世纪后半，停止修建前方后圆坟。因此，正如土生田纯之所言，见濑丸山古坟属于畿内地区的“最后的前方后圆坟”之一。

被认为葬于见濑丸山古坟的钦明天皇和苏我氏关系密切。据《日本书纪》记载，钦明天皇共在位 32 年。其在位期间，

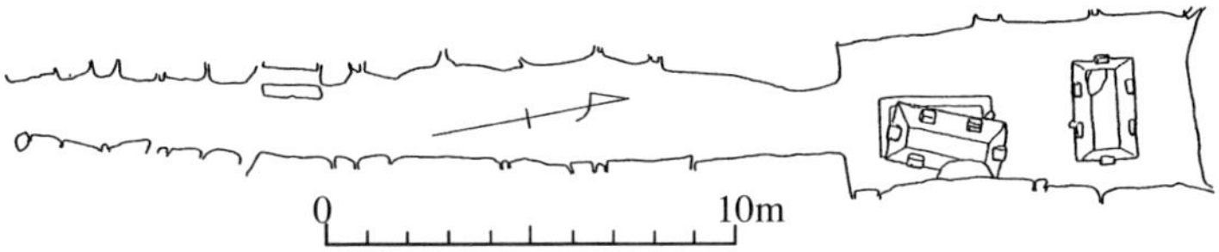

见濑丸山古坟石室的实测图 内侧的石棺较新（出自《书陵部纪要》第 45 号）

国造制、屯仓制、部民制、氏姓制度相继得到实施，倭王权确立了新的统治体制。钦明天皇死后，公元 6 世纪后半到公元 7 世纪初，钦明天皇的王子、王女们，按照“敏达天皇→用明天皇→崇峻天皇→推古天皇”的顺序相继即位。对公元 6 世纪的倭王权而言，钦明天皇十分伟大。可以说，以敏达天皇为首的大王家，和以苏我马子为首的外戚苏我氏，倾其权力及财力为钦明天皇修建了陵墓。

第四章

倭王权出现转机

第一节 | 佛教东传日本与苏我氏

军事援助的回报

当前方后圆坟时代逐渐进入尾声之时，一个宣告新时代即将来临的事物传入日本列岛。印度的释迦牟尼（佛陀）于公元前 5 世纪创立了佛教。在这一时期，佛教从中国经由朝鲜半岛传入偏居东亚一隅的岛国——倭国。

佛教于公元前后传入中国。公元 2 世纪，中国开始翻译用梵文书写的佛经。到了公元 4 世纪，鸠摩罗什（350—约 409）翻译了主要的大乘佛经，这奠定了此后大乘佛教在中国占主流的格局。公元 4 世纪后半，中国佛教率先传入高句丽，这也是中国佛教第一次传入朝鲜半岛。虽然也有观点认为，几乎就在同时，中国佛教也传入了百济。但是，百济正式接纳佛教，却已是公元 6 世纪中国南朝梁时期的事了。而中国佛教传入新罗的时间则更晚，其时已是公元 6 世纪前半的法兴王时期了。

钦明朝时期，佛教经由百济传入倭国。但就其传入的具体时间而言，目前学界有公元 538 年说和公元 552 年说两种观点。前一观点见于《元兴寺缘起》《上宫圣德法王帝说》等书，主张钦明天皇七年戊午，佛像、佛经从百济圣明王（圣王）处传入倭国（据《日本书纪》记载，钦明天皇在位期间［540—

571]没有戊午年，而其当政前不久的公元538年是戊午年，佛教可能是在这一年传入的)。另一方面，《日本书纪》主张的却是后一观点。据《日本书纪》记载，佛像、佛经由圣明王处传入倭国是在公元552年。现在，我们很难断定上述哪一种说法更为正确。《元兴寺缘起》收录的《塔露盘铭》有佛教传入日本的最早记录：钦明天皇在位期间，苏我稻目担任大臣之时，佛教从百济圣明王处传入倭国。但若要准确地说，相关信息也就仅限于此了。

正如前文所述，在那时，百济时常会向倭国请求军事援助，作为援助的回报，南朝系的佛教就随着五经博士、易博士、历博士、医博士等诸博士传入了倭国。

世界性宗教的冲击

佛教的传入令倭王权和列岛社会受到了很大的冲击。围绕是否能够容纳佛教的问题，倭国朝廷爆发了激烈的争论。而后，这一问题成功上升为一个政治问题。

据《日本书纪》记载，钦明天皇曾面对佛像和经卷询问群臣，是否应该接纳佛教。苏我稻目答曰："西蕃诸国（西邻的朝鲜半岛各国）一皆礼之，丰秋日本岂独背也。"对此，物部尾舆和中臣镰子不以为然，他们反驳说："我国家之王天下者……方今改拜蕃神（外国之神），恐致国神（倭国自古以来的神）之怒。”这就是所谓的“崇佛论争”之肇始。最终，钦明天皇只允许崇佛论者苏我稻目以个人身份信仰佛教。

在上述记载中，物部尾舆和中臣镰子将“佛”称为“蕃神”这一点耐人寻味。我们在《元兴寺缘起》中也能看到诸如“他国之神”“佛神”等的表述。换言之，当时的倭人把佛教的创始人释迦牟尼视为外国的神。对倭人而言，他们信仰的对象只能是神。

佛教原本是以个人解脱为主题的一种超脱世俗的宗教。传入日本列岛的佛教以一种“外国之神”的形象为人们所接纳，人们希望从佛教中获得治病延命那样的现世利益，并希望通过佛教来供养死者。现代日本人的宗教观基本与此相同。后来，人们逐渐理解了佛教的教义，佛教确立了其独立宗教的立场。通过进一步取舍世俗性很强的中国佛教，更加本土化的日本佛教渐渐形成。另外，佛教在传播过程中也逐渐融合了日本列岛固有的神祇信仰，且与其并存下来。

再者，日本古代佛教的另一个特征是，需要通过统治者的主导，民众才会提升对佛教的接纳度。虽说最先信奉佛教的是苏我氏，但在佛教传入的初期，日本列岛之所以会建起寺院，主要还是因为大王家及各氏族都有人率先接纳佛教。上述这样的寺院又被称作“氏寺”。所以，初期的佛教才会被称为氏族佛教。不过，在大化改新之后，随着中央集权体制的推进，这样的“氏寺”逐渐演变成“官寺”，寺院和僧侣也开始为国家服务，甚至被编入国家机关以接受统治。就这样，所谓的“国家佛教”形成了。

佛教传入日本列岛的意义，绝不仅局限于宗教和政治领域。佛教教义具有普遍性，拥有变革日本列岛封闭、传统的社会构造及意识形态的力量。在那一时期，若想传播佛教必须具备深度的知识储备和高水平的技术，只有具备上述条件，理解汉字书写的佛教教义、修建屋顶铺瓦且柱下埋有础石的寺院、制作金铜佛像等一系列的活动才可能实现，而在那之前的列岛社会暂且还不具备上述的一切条件。可以说，佛教不仅是一种世界性的宗教，它更是一个高度的文化复合体。正式接纳佛教，将会推动列岛社会迎来巨大的变革。

崇佛与排佛之争

据《日本书纪》记载，围绕是否接纳佛教的问题，列岛社会曾经掀起过一场崇佛论争。《元兴寺缘起》一书对此有过类似的记载，该书将“排佛派”模棱两可地表述为“余臣”。据此记载，有观点质疑物部氏、中臣氏的排佛派身份，有观点则直接否定崇佛论争的存在本身。而这些观点，笔者全都不予认同。

之所以无法认同，是因为《日本书纪》和《元兴寺缘起》两书都不约而同地记录了崇佛论争一事，从史料上看，崇佛论争的存在是无可否认的。正如后文将会提到的，《日本书纪》对崇佛论争的相关记述和厩户皇子修建四天王寺一事有密切关联。因此，正如水野柳太郎所言，《日本书纪》中记述的排佛派之名全部引自《四天王寺缘起》。另外，《日本书纪》敏达天皇十四年（585）六月条中引用的“或本”的内容显示，因为物部守屋、大三轮逆、中臣磐余三人打算火烧佛塔，毁弃佛像，他们与苏我马子之间爆发了一场激烈的冲突。因此，在很多文献中，物部氏和中臣氏都被列为排佛派。如此看来，在编纂《日本书纪》时，排佛派的核心是物部氏与中臣氏这一点，早已人尽皆知。物部氏和中臣氏是守旧派的中坚力量，他们与改革派的苏我氏在政治上呈对立之势。因此，当钦明天皇询问群臣是否应该接纳佛教时，守旧派的物部氏、中臣氏和改革派的苏我氏，在这一问题上爆发了冲突。

苏我稻目将钦明天皇赏赐的佛像安置在小垦田的家宅中，潜心钻研佛道。他甚至不惜把向原的宅子也改成了寺院。可是在那之后，碰巧瘟疫流行，多人丧生。物部尾舆等人抓住良机，将此事视为国神发怒。在得到天皇的许可后，物部尾舆等人派人把佛像扔进了难波的堀江，之后更是一把火烧毁了寺院。这就是日本历史上最早的灭佛运动。据《元兴寺缘起》记载，这一事件发生在苏我稻目死后的钦明天皇三十年（569）。

在这之后，佛教信仰活动暂时沉寂下来。敏达天皇十三年（584），借鹿深臣（甲贺臣）从百济带回弥勒石像的契机，苏我马子力图重振佛教。苏我马子拜高句丽僧惠便为师，令司马达等的女儿等三人出家，并在宅邸以东建造佛堂，然后又把从百济请来的弥勒石像安置于此。据传，苏我马子甚至为此举办了法会，在佛会上佛舍利现身，出现了不可思议的现象。《日本书纪》大写特写了这件事，称日本佛法肇始于此。翌年，即公元 585 年，苏我马子又在大野丘（今奈良县明日香村）以北修建佛塔，再次举办大规模的法会，并将佛舍利纳入塔顶。之后，苏我马子开始在各地修建佛塔、佛堂，屡屡举办大型法事。较之苏我稻目仅停留于个人层面的崇佛，该阶段的崇佛活动似乎更具规模。

看似已经得到顺利发展的佛教，不久后又迎来了它的受难期。这一年的法会后不久，苏我马子染病。占卜说这是佛在作祟。苏我马子虽礼拜弥勒石像，祈求延年益寿，但不巧正在那时，国中各地再次流行疫病，多人丧命。物部守屋和中臣胜海向敏达天皇申诉，说瘟疫肆虐全赖苏我马子信奉佛教。敏达天皇同意了，于是再次下令禁佛。物部守屋亲自前往寺院，推倒佛塔，烧毁佛像、佛堂，并再次将佛像扔进了难波的堀江。除此之外，僧尼也遭到了压制。

这就是日本史上的第二次灭佛运动。不过值得注意的是，《元兴寺缘起》明确表示下令灭佛之人就是敏达天皇。而《日本书纪》对此却表述得相当委婉。从《日本书纪》作为正史的官方立场看，这一情况当然情有可原。不过正因如此，我们也可以确定《元兴寺缘起》确实记录了事情的真相。后文中我们还会提到，钦明天皇共计有四位子女登上大王之位（敏达天皇→用明天皇→崇峻天皇→推古天皇）。在这其中，只有敏达天皇没有苏我氏血统。如此说来，敏达天皇的出身和立场，恐怕与其主张灭佛的态度，多有关联。

改革派苏我氏的立场

崇佛论争从一开始就因为政治立场的对立而显得分外激烈。苏我氏很早就站到了崇佛派的立场上，物部氏和中臣氏则是与之对立的排佛派代表，敏达天皇最终实施了灭佛的政策。而这一切的一切都与每个人的政治立场紧密关联。因而在下文中，笔者将具体介绍一下苏我氏的政治立场。

同草创期的佛教关系密切的氏族，除了苏我氏之外，还有司马（鞍作）氏。司马氏始于公元6世纪中叶从朝鲜半岛移居日本列岛的司马达等。尔后，他们以“鞍作”为名，把制作马鞍当成主业。司马氏与佛教的关系一直较为密切。司马氏中曾出过一位名叫“鞍作鸟（止利佛师）”的著名佛像铸造师。司马氏还把飞鸟的坂田寺（今明日香村阪田）建成了自家的氏寺。除此之外，司马氏同苏我氏的关系也十分紧密。

在日本佛教的草创期，跟苏我马子一道信仰佛教的人，大都是从朝鲜半岛移居日本列岛之人，这些渡来人作为外来移民，原本就更容易接纳被视为外来宗教的佛教。

苏我氏与渡来人本就交往密切。钦明天皇十四年（553），苏我稻目曾派祖籍百济的渡来人王辰尔负责计算乘船税。公元555年至公元556年，苏我稻目在吉备国设立白猪屯仓，在大和国高市郡设立韩人大身狭屯仓、高丽人小身狭屯仓，这些屯仓均由渡来人负责经营。其中，特别值得一提的是倭汉氏，倭汉氏与苏我氏长期保持着密切的联系，倭汉氏甚至已经是苏我氏的私人武装力量。另外，苏我氏的“宅”不仅分布在大和的飞鸟附近，河内的石川流域（今大阪府富田林市附近）也有分布。石川流域是渡来人的聚居区，从中我们也可以看出苏我氏与渡来人的关系非同一般。

大约早在苏我稻目以前的阶段，苏我氏的麾下就已有大量的渡来人，苏我氏充分利用他们的才能掌管朝廷的财政部门，并采用先进的屯仓管理模式。频繁与渡来人交往，使得苏我氏思想开明，锐意改革。这样的特质令苏我氏在倭王权内部一直维持着很高的政治地位。苏我稻目之所以一早就表明了自己崇佛的态度，也是因为其本人本就虔诚信佛吧。另一方面，为了笼络渡来人的人心，接纳佛教也算是一种上策。换言之，苏我稻目所表现出来的崇佛态度，也是出于政治获利的考量。

苏我氏和物部氏的武力冲突

敏达天皇十四年（585）八月，敏达天皇驾崩。那时实行土葬，在正式下葬前，身份尊贵之人的遗体会被暂时安放于殡宫，这就是被称作“殡”的送葬礼仪。在殡宫中，苏我马子和物部守屋的政治对峙显露无遗，二人相互讥讽，深化了彼此间的矛盾。

之后，钦明天皇的第四子大兄皇子即位，这就是用明天皇。用明天皇的母亲是苏我稻目的女儿坚盐媛。如此看来，在用明天皇即位之事上，苏我马子一定暗中下了不少功夫。物部守屋此次自然也深感危机。在这种情况下，他计划拥立钦明天皇妃小姊君的第三个儿子穴穗部皇子。

用明天皇二年（587），用明天皇在新尝祭举行当日病倒，据传他染上了痘疮（天花）。用明天皇召集重臣，向他们表明自己要皈依佛门的想法，并让众臣商议此事是否可行。这还是倭国大王头一回亲自表态崇佛，用明天皇的这一态度，恐怕也与其是第一位有苏我氏血统的大王有关。

在众臣讨论的会议上，崇佛派和排佛派的对立再次激化。物部守屋和中臣胜海反对用明天皇皈依佛门，但苏我马子却对此表示支持。双方在会议上僵持不下，押坂部史毛屎进入会场，悄悄告诉物部守屋他可能会有生命危险。于是，物部守屋集结手下人马，匆忙逃往阿都（今大阪府八尾市迹部）的宅中。

不久之后，用明天皇驾崩。苏我马子第一时间集合兵马杀掉了勾结物部守屋的穴穗部皇子。紧接着，苏我马子决意讨伐物部守屋，苏我马子与泊濑部皇子（崇峻天皇）、竹田皇子等诸皇子一道，率领纪男麻吕、巨势比良夫等人，举兵进攻物部守屋。

物部守屋纠集族人及其地盘上的奴（宅的隶属民），与苏我马子的军队交战。据记载，物部守屋亲自爬上树枝，俯瞰战场，拉弓射箭，拼死奋战。然而，物部守屋被迹见赤梼一箭射杀。之后，物部守屋一方溃不成军，最终败北。

据《日本书纪》记载，厩户皇子（圣德太子）也加入了苏我马子一方的阵营。当苏我马子的讨伐军遭遇物部守屋军反击，陷入苦战之时，厩户皇子雕刻了四天王的木像，并立誓发愿：如若战事取得胜利，必为四天王修建寺塔。而后，苏我马子也许下要修建寺塔的心愿。最终，讨伐物部守屋的军队大获全胜。因此，叛乱结束后，厩户皇子在摄津国建造了四天王寺，并把物部守屋的宅及其一半的奴捐给寺院。与此同时，苏我马子也在飞鸟建起了飞鸟寺。

据《日本书纪》记载，四天王寺和飞鸟寺修建于同一时期。但这一记录却与事实不符。之所以这么说，是因为从四天王寺的房檐圆瓦看，四天王寺创建于公元7世纪初，其修建时期较之若草伽蓝遗迹（处于创立期的法隆寺）稍晚。《日本书纪》的记载参考了《四天王寺缘起》，其编纂者为了提高四天王寺的地位，便将其创建时期与厩户皇子结合，故意向前推了多年。如此看来，厩户皇子许愿一事也未必真实。厩户皇子出生于敏达天皇三年（574），事情发生之时，他还是个十四岁的少年，而且其参与讨伐这件事本身就十分可疑。

就这样，倭国大王皈依佛门，排佛派被肃清，普通百姓也终于能够信奉佛教了。至此，以苏我马子和厩户皇子为中心，佛教在日本列岛兴盛起来。

日本列岛最早的伽蓝——飞鸟寺

崇佛论争终于告一段落，佛教在日本列岛迎来了发展的鼎盛时期。苏我马子创建了日本最早的寺院——飞鸟寺（又称法兴寺）。

崇峻天皇元年（588），百济派遣使者来到倭国，带来了佛舍利、僧侣、寺工，以及炉盘博士、瓦博士、画工等技术人员。百济之所以这样做，是因为倭国为了建造寺院，向百济提出了提供技术指导的请求。于是，百济响应了倭国的请求。毕竟以当时的技术水平，倭国无法独立承建寺院。

在百济全方位的帮助下，倭国修建寺院的计划终于得以实施。在此背景下，飞鸟真神原被确定为建造寺院的用地，飞鸟寺的建设项目开始动工。崇峻天皇三年（590），倭国开始采伐用于修建寺院的木材。公元592年，寺院的回廊和正殿动工。

到了推古天皇元年（593），倭国将百济带来的佛舍利放入佛塔的心础（支撑佛塔中心支柱的础石），人们开始修建佛塔中心支柱。推古天皇四年（596），佛塔竣工。推古天皇十四年（606），由鞍作鸟（止利佛师）建造的一丈六尺（约4.8米，不过飞鸟寺的佛像是坐像，所以实际上，其高度应只有一丈六尺的一半，即八尺高）高的镀金铜释迦如来像完工，这尊完工的佛像被放入飞鸟寺的正殿，它也就是今天飞鸟寺（安居院）中的本尊释迦像（飞鸟大佛）。大约正是在这个时候，寺院终于全线竣工了。

飞鸟寺的本尊飞鸟大佛 鞍作鸟铸造（安居院藏）

昭和三十一年（1956）至昭和三十二年（1957），考古人员通过发掘调查飞鸟寺遗址，又有了很多新的发现。首先，飞鸟寺的寺院布局是以佛塔为中心的，其东西及后方各配置了一间正殿，这是一种史无前例的一塔三正殿式的建筑构造。而现在的释迦牟尼像则原样保留了当初中正殿本尊的位置。这样独特的构造，即便在百济也看不到。高句丽时期建造的清岩里废寺（位于今平壤）以八角塔为中心，同样在其三个方向上配置有建筑物。由此我们推测，飞鸟寺的建筑结构受到过高句丽方面的影响。后面我们也将说到，在那一时

飞鸟寺的房檐圆瓦（飞鸟资料馆藏）

期高句丽欲拉拢倭国。推古天皇三年（595），高句丽僧惠慈渡海来到倭国。翌年，他与百济僧惠聪一起入驻飞鸟寺，成为该寺的“三宝之栋梁”。有鉴于此，从文献史料的角度看，飞鸟寺的建筑结构确实有可能受到高句丽的影响。

前文中我们提到，百济的瓦博士曾到过倭国。飞鸟寺出土的瓦片恰巧印证了这一说法。江户时代以前，在平瓦上倒扣半圆筒形的圆瓦，照此方式铺就的就是所谓的“本瓦葺”屋顶。房檐头上的瓦，前端都刻有花纹。它们被称为房檐平瓦和房檐圆瓦。瓦的花纹样式是我们判断瓦的流派、年代最直接且最有说服力的证据。建造飞鸟寺时，倭国尚不能制造房檐平瓦，所以飞鸟寺只使用了房檐圆瓦。房檐圆瓦上的花纹通常采用莲花纹。日本最古老的寺院飞鸟寺的房檐圆瓦莲花纹，中央的莲子较小，莲花瓣的尖端有刀刻过的痕迹，十分类似百济故都扶余出土的瓦上的纹样。这表明建造飞鸟寺时，倭国聘请了百济的瓦匠做技术指导。

造瓦技术随建造寺院的技术一起被普及至列岛各地。最开始，瓦葺屋顶仅被用于寺院建筑。到了奈良时代，宫殿和官衙的房顶也都铺上了瓦片。不久之后，瓦葺屋顶的技术已被广泛应用至各类木构建筑。可以说，在那一时期，很多新技术皆随佛教传入，在日本文化中扎根。瓦葺屋顶就是一个典型的案例。

经过调查发掘，考古人员在地下约 3 米处，发现了佛塔的地下式心础。心础上有为了安放佛舍利而打好的舍利孔。此外，在发掘佛塔的过程中，考古人员还在心础上方发现了一个木箱。这个木箱子里有一个镀金铜的小容器，小容器里装着推古天皇元年（593）被纳入佛塔心础的舍利。除此以外，考古人员还从心础上方出土了 1750 多件文物，其中包括翡翠和玛瑙制的勾玉、管玉、水晶制的切子玉、玻璃制的蜻蜓球和小球、金环、金条、银条、散碎的金银、镀金铜制的各色金具、马铃、挂甲（骑马用的铠）、蛇行状铁器（马屁股上的装饰物），等等。在埋入佛舍利时，苏我马子和下属参加了仪式。那些随身携带的装饰品、贵金属，或是平日里常用的盔甲、马具，都是苏我马子和下属埋入塔内之物。这些物品和公元 6 世纪后期古坟内的陪葬品类似。据参与考古调查的工作人员介绍，这些陪葬品让他们在发掘佛塔时，产生了一种仿佛在发掘横穴式石室的错觉。

初期寺院建筑布局的特征是以佛塔为中心。飞鸟寺就是以佛塔为中心，另在其三个方向上配置正殿。尚处于创建时期的法隆寺、四天王寺，则是一进中门就能率先看到佛塔的布局构造。正殿、讲堂在佛塔后方呈直线排布。后来，正殿逐渐变得同佛塔一样重要。如现在的法隆寺那般，寺院的布局出现了佛塔与正殿东西并列分布的情况。进而，又出现了像药师寺那

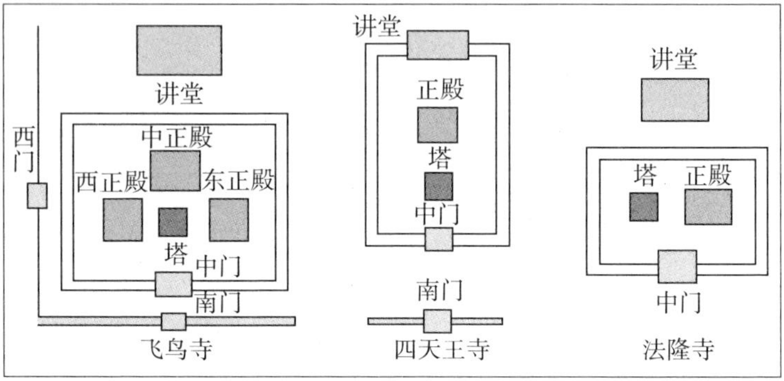

飞鸟时代的寺院建筑布局图

样，正殿位于中心，东西两侧配置有佛塔的布局形式。随着时间的推移，寺院的中心开始由佛塔转移至正殿，佛塔则逐渐被建在了外侧。

在早期的日本佛教中，早在飞鸟寺建造之前，佛塔就已受到了重视。正如前文所述，敏达天皇十四年（585），苏我马子在大野丘以北建造了佛塔，并在此举办了法会。飞鸟寺佛塔中埋藏着的大量文物也表明，对于当时的人们而言，佛塔是寺院中一个非常特殊的设施，就好像古坟里的埋葬设施那般。具体而言，佛塔的特殊之处在于，它是一种供养死者的设施。佛塔原本就是埋藏和供养释迦牟尼遗骨舍利的地方。因此，人们自然很容易把佛塔与供养死者的观念联系起来。人们坚信高高耸立在他们身前的佛塔，就是祖先灵魂的凭依。那些飞鸟寺佛塔中的文物表明，建造佛塔一事包含着人们供养祖先的愿望。像这样，人们通过修建氏寺中心的佛塔，使得前方后圆坟时期首领阶层盛行的祖灵崇拜观念得以被后世继承。

据飞鸟寺的调查发掘成果显示，早期的日本佛教具有改革的一面与传统的一面。从改革的一面看，人们在建设早期日本佛教时，融入了很多百济向倭国提供的先进技术；从传统的一面看，早期的日本佛教亦继承了古坟时代信仰祖灵的观念。

第二节　女天皇与太子

暗杀倭国大王

用明天皇驾崩，物部守屋被歼灭后，用明天皇二年（587），崇峻天皇即位。和用明天皇一样，崇峻天皇也有苏我氏血统。正是由于这层关系，崇峻天皇即位后，苏我马子再次被任命为大臣。但大连一职却一直空缺，且此后再无人继任。大伴金村失势后，大伴氏被剥夺了连任大连的特权。而后，物部守屋又被歼灭，可以说大臣－大连制彻底崩溃。而另一方面，苏我氏的政治地位却得到了进一步的巩固。

崇峻天皇之所以能够即位，少不了苏我马子的支持。只可惜好景不长，没过多久二人之间便渐生嫌隙。崇峻天皇五年（592），有人向天皇献上了一头野猪。崇峻天皇一边用手指着那头野猪，一边说："何时如断此猪之颈断朕所嫌之人。"并囤积了很多武器。苏我马子听说此事后，害怕崇峻天皇厌恶自己，于是便想暗杀崇峻天皇。苏我马子先是让崇峻天皇参加一场活动，紧接着便指使东汉驹在活动上趁机杀死了天皇。

大臣图谋暗杀天皇，这简直就是前所未有之事。苏我马子暗杀崇峻天皇，大化改新前夕苏我入鹿暗杀圣德太子的遗孤——山背大兄王，以及苏我虾夷和苏我入鹿父子长期以来那种"轻视天皇"的专横，使得苏我氏和足利尊氏在二战前被人们并称为"逆贼"，这些都是根据苏我氏对天皇乃至皇族采取了怎样的行动这一点来评价的。暗杀本就是一种极其卑劣的行为，但是在历史长河中看，一场暗杀也不过只是古代无数次权力斗争的一瞬罢了。

在前文中我们提到过，雄略天皇的即位充满了血腥味。如果说苏我氏罪大恶极，那么同样罪恶昭彰的大王和天皇亦不在少数。之所以仅有苏我氏成为众矢之的，是因为在二战前"天皇中心史观"在学界占据着主导地位。而如今，我们应该尝试给予苏我氏更积极的正面评价。毕竟，是苏我氏早于圣德太子接纳了佛教，收留了渡来人，并借助渡来人的先进技术和知识，促进了日本列岛历史的发展。

非苏我氏派系王族的领军人物——彦人大兄皇子

但是无论如何，暗杀倭国大王一事还是非同小可的。这件事已经给朝廷带来了巨大的冲击，使得政局动荡不安。在这种紧迫的情势下，确定新大王人选的工作不得不向前推进。

我们回顾公元 6 世纪的王位继承顺序，可以发现，在继体天皇之后，作为继体天皇之子的安闲天皇、宣化天皇、钦明天皇依次即位。其后，作为钦明天皇之子的敏达天皇、用明天皇、崇峻天皇才顺次继承了王位。由此可见，当时有两种继承王位的方法：其一是子承父位的直系继承；其二是兄终弟及的兄弟继承。无论哪种继承，说到底都是一种惯例。那时不似今时今日存在皇室典范，有关于继承顺位的明确规定，更没有所谓的皇太子制度。不过在当时，被称作“大兄”的年纪较长的王族成员（可能同时有好几个人），一般会被认作是最有竞争力的继承者候选人。在让位惯例尚未成形的时代，新王若想即位，就必须得到群臣的拥戴。所以，通常都是前任大王死后，众人才会开始选择继承人。每到这一时刻，派系斗争、权力斗争便很容易进入白热化阶段。也正因如此，打破王位继承惯例的情况实则并不罕见。

崇峻天皇继承人的筛选工作一度陷入僵局。这是因为到了崇峻天皇这代，已经没有钦明天皇的王子可供选择了，所以当时的情况是必须在下一辈人中遴选继任者。具体而言，敏达天

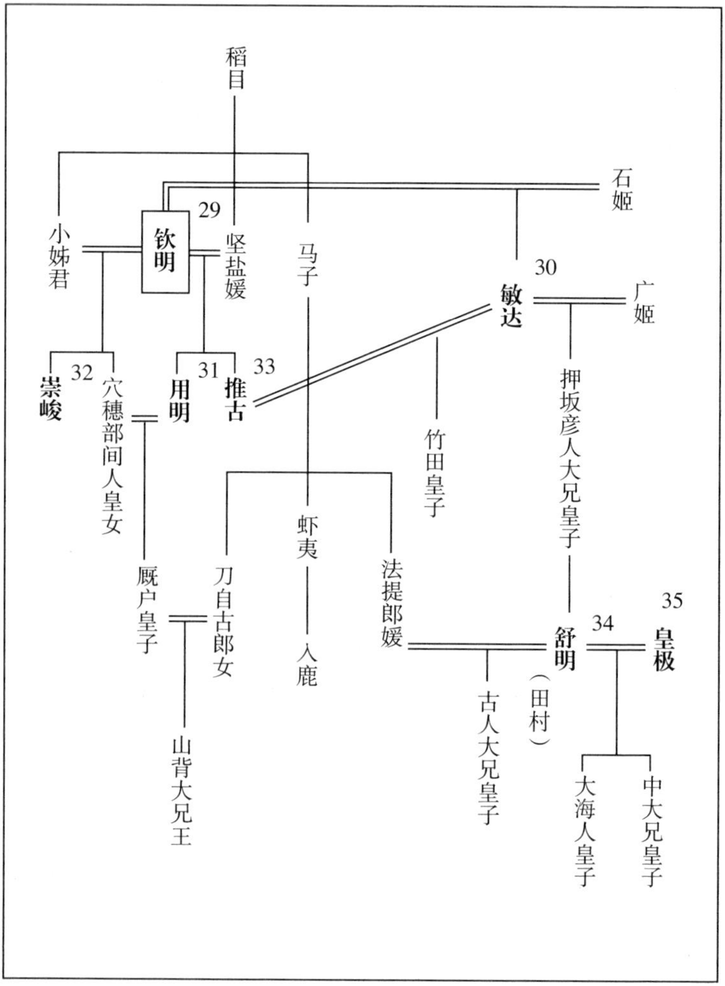

从钦明天皇到皇极天皇的系谱

皇的长子押坂彦人大兄皇子成为继任者的呼声最高。敏达天皇是钦明天皇的长子，押坂彦人大兄皇子又是敏达天皇的长子，他在钦明天皇孙辈中最年长，被称为“大兄”。而且，其母广姬又是敏达天皇最初的大后。

但从政治上说，押坂彦人大兄皇子也有短板：其一，其母广姬早年就已亡故，无法做其靠山；其二，这一点至关重要，押坂彦人大兄皇子没有苏我氏血统。而且其父是主张灭佛的敏达天皇。可以说，押坂彦人大兄皇子和苏我氏的政治立场多半是迥然不同的。换言之，从系谱来看，押坂彦人大兄皇子是非苏我系王族的核心人物。

这位押坂彦人大兄皇子虽是个重要人物，但其生平事迹却可谓是谜团重重。《日本书纪》仅有一处记载过他的事迹。用明天皇二年（587），用明天皇因罹患急症倒下，物部守屋和苏我马子的矛盾也终于摆上了明面。那时，排佛派的中臣胜海为了诅咒“太子彦人皇子”和竹田皇子（炊屋姬＝推古天皇之子），偷偷制作了他们的人像。谁料后来，中臣胜海的态度竟然来了个一百八十度大转弯，转而跑去支持押坂彦人大兄皇子。不过，也正因为支持押坂彦人大兄皇子，中臣胜海最终被舍人迹见赤梼杀死了。

中臣胜海之所以诅咒押坂彦人大兄皇子，是因为押坂彦人大兄皇子和排佛派划清了界限。所以，他成为物部守屋和中臣胜海等人拥立的穴穗部皇子的政敌。换言之，在那时，押坂彦人大兄皇子和竹田皇子是用明天皇继任者的热门候选人。其中，当属被《日本书纪》称为“太子”的押坂彦人大兄皇子呼声最高，甚至恐怕连苏我马子等人也适时支持了他。但是，当中臣胜海选择归顺押坂彦人大兄皇子后，押坂彦人大兄皇子的势头竟急转直下，苏我马子也开始处处提防押坂彦人大兄皇子。所以，在讨伐物部守屋时，押坂彦人大兄皇子并没有加入苏我马子的阵营。

此外，因为押坂彦人大兄皇子没有加入苏我马子讨伐物部守屋的部队，所以后来有观点认为，押坂彦人大兄皇子在那时已经死亡或被苏我马子暗杀。正如薗田香融批驳的那样，笔者也很难认可上述观点。据《本朝皇胤绍运录》《一代要记》等文献记载，押坂彦人大兄皇子的儿子舒明天皇（中大兄皇子的父亲），于舒明天皇十三年（641）驾崩，享年四十九岁。上述文献虽然都是日本中世时期的史料，但从中大兄皇子的出生年份——公元626年判断，上述记载大体上是具有可信度的。由此看来，舒明天皇应该生于推古天皇元年（593）。而且据《古事记》记载，舒明天皇有两个弟弟或妹妹。据此我们可以推断，押坂彦人大兄皇子在公元593年之后应该仍然有一段时间在世，即押坂彦人大兄皇子大约死于推古朝初期的公元600年前后。

用明天皇死后，押坂彦人大兄皇子曾一度是呼声最高的继任者候选人。然而，随着押坂彦人大兄皇子和苏我马子渐生嫌隙，最终崇峻天皇得以即位。不过世事难料，崇峻天皇又遭暗杀，选举新任大王的工作不得不再次展开。

苏我系王族的代表——厩户皇子

正如前文所述，押坂彦人大兄皇子是非苏我系王族的重要人物。而与之相对的，苏我系王族的代表人物则是圣德太子。需要指出的是，圣德太子是人们在厩户皇子死后追赠的谥号，《日本书纪》将厩户皇子称为“厩户丰聪耳皇子”。此外，因为厩户皇子最初住在上宫，所以他又被称为“上宫王”或者“上宫太子”，他家又被称为“上宫王家”。所谓“圣德”的意思是，佛祖才具备的优秀品德，或佛学造诣高深之人。笔者认为，厩户皇子死后，人们将其视为信仰，圣德这一称呼应该来源于此。在编纂《日本书纪》之时，厩户皇子已经成为人们信仰的对象，这使得研究厩户皇子的工作愈发不易起来。

在日本，但凡提及厩户皇子，人们就会对其生于马厩且能同时听辨十人说话等趣事津津乐道，而这些内容其实全都源自《日本书纪》。据《日本书纪》记载，推古天皇元年（593）厩户皇子成为皇太子，负责处理一切政务。在提及其生平时，《日本书纪》写道，厩户皇子的母亲大后穴穗部间人皇女在快要临盆之际，仍在宫中巡行视察，当她来到马官时，她在马厩门口毫无痛苦地生下了厩户皇子。而厩户皇子刚出生就会说话。长大成人之后，更是能一次听辨十人所言之内容，且全部理解无误。此外，他也能预测未来将要发生之事。后来，厩户皇子师从高句丽的高僧惠慈学习佛学，师从博士觉哿学习儒学，亦能通晓儒佛二者的奥义。

事实上，圣德太子生于马厩且能同时听辨十人所言之类的传闻，不过是人们为解释其厩户皇子之名，特意杜撰的传说。尤其是生于马厩门口的故事，显然就属于顾名思义般的创作。此外，“丰聪耳”是来自佛经典籍的尊称，直译即为灵敏聪慧的耳朵，这是一种表示聪明的说法。想来“能够同时听辨十人谈话”以及“拥有可通晓未来的预知力”这两段传闻，也就是在对应上述称谓了。综上所述，后人在“厩户”“丰聪耳”等厩户皇子的名字出现后，杜撰了上述的故事。毋庸赘言，这些故事和历史事实显然并没有什么关系。

《日本书纪》中记载的有关厩户皇子的事迹，全都包裹着一层因信仰圣德太子而覆上的面纱，这使得我们很难弄清厩户皇子的真实情况。不过，厩户皇子是用明天皇的长子，无论从父方算还是母方算，其祖母都为苏我稻目之女[1]。而且厩户皇子本人迎娶的也是苏我马子之女刀自古郎女。所以从其

---

1 厩户皇子之父是用明天皇，用明天皇的母亲是苏我稻目之女苏我坚盐媛；厩户皇子之母是穴穗部间人皇女，穴穗部间人皇女的母亲是苏我稻目之女苏我小姊君。

系谱来看，厩户皇子绝对是一位与苏我氏关系密切的实力派王族。

拥立第一位女天皇——推古天皇

正如前文所述，崇峻天皇被暗杀后，在钦明天皇的孙辈中，押坂彦人大兄皇子成为继任者的呼声最高。除此以外，用明天皇之子厩户皇子、炊屋姬[1]之子竹田皇子等候选人也同样有机会问鼎。不过，自从公元587年，竹田皇子加入苏我马子讨伐物部守屋的阵营后，史书上便再难觅其踪影。推古天皇三十六年（628），推古天皇驾崩，临死之际，她留下遗言，命群臣将其合葬于儿子竹田皇子的墓中。由此可知，竹田皇子应该死于其母推古天皇之前。此外，在推古天皇执政时期的史书中，我们也看不到任何有关竹田皇子的记载。这说明早在推古天皇即位前，竹田皇子可能就已离开了人世。

如此一来，在那时能够有机会问鼎之人，除了押坂彦人大兄皇子之外，就剩下厩户皇子了。崇峻天皇被暗杀时，厩户皇子才十九岁。而押坂彦人大兄皇子是钦明天皇的长孙，他自然要比厩户皇子年长一些。而且，依照当时的习俗，由押坂彦人大兄皇子继承王位，几乎就是顺理成章的事。然而，实际上继承王位

1　炊屋姬，即推古天皇，和风谥号丰御食炊屋姬尊，讳额田部皇女，为日本第33代天皇。

的却是钦明天皇的女儿、敏达天皇的大后炊屋姬，也就是推古天皇。推古天皇是日本历史上第一位女天皇。

就推古天皇即位的始末缘由而言，学界有几种看法。其中，薗田香融的观点认为，推古天皇之所以能够即位，是因为苏我马子无论如何也不想让押坂彦人大兄皇子即位，所以两害权衡取其轻，推古天皇成为继任者。笔者十分赞同这一观点。大后炊屋姬曾经参与过拥立崇峻天皇的相关事宜，在朝廷上也算举足轻重的人物。从押坂彦人大兄皇子的角度出发，炊屋姬是自己无血缘关系的母亲，比自己大一辈，还是钦明天皇的王女。可以说，除了押坂彦人大兄皇子之外，炊屋姬是唯一一位更有资格问鼎之人。从此前的惯例来看，押坂彦人大兄皇子应该是最名正言顺的继任者。而推古天皇之所以能够超越押坂彦人大兄皇子即位，是因为苏我马子为了一己之私，故意扭曲了倭王权内部的继承惯例。

然而，仅靠拥立推古天皇，是无法彻底将押坂彦人大兄皇子赶出继承人序列的。因为年纪较轻的押坂彦人大兄皇子很有可能比推古天皇活得更为长久。所以，推古天皇死后，同样的问题还可能再一次困扰苏我马子。因此，苏我马子必须把苏我系的实力派王族厩户皇子选定为推古天皇的继承人。毕竟厩户皇子身上流淌着苏我氏的血液，而且他还迎娶了苏我马子的女儿。《日本书纪》称厩户皇子为“皇太子”未必符合真实情况。但是正如后文将会提及的，厩户皇子的确获得过“准太子”之位。对于苏我马子而言，无论是让女天皇推古天皇即位，还是让厩户皇子就任太子，都是其彻底封死押坂彦人大兄皇子问鼎之路的策略。如此一来，押坂彦人大兄皇子将终身与大王之位无缘。

圣德太子难道是虚构的人物?

《日本书纪》中记载了很多有关圣德太子（厩户皇子）的故事，但这些故事大都与事实不符。通常来说，人们一提起推古朝，就会联想到圣德太子。因为那个时代的很多大事，如制定《十七条宪法》、建立冠位十二阶制度、派遣遣隋使等，都与圣德太子有关。然而，有学说认为《十七条宪法》系后人伪造，且目前也没有确凿证据能够证明建立冠位十二阶制度与派遣遣隋使都是圣德太子的功劳，而非苏我马子的策略。所以，我们若想弄清圣德太子在历史上的真实情况，可谓困难重重。近年来，大山诚一通过分析有关太子的史料，提出了“圣德太子本不存在”说，这一圣德太子虚构说一时轰动学界。

大山诚一的核心观点如下：若将厩户皇子和圣德太子剥离开看，那么日本历史上的确存在一位名叫“厩户王”的实力派苏我系王族，而圣德太子则是人们在编纂《日本书纪》的过程中杜撰出来的虚构的圣人。所以，《十七条宪法》由圣德太子制定自然也不是史实，圣德太子当然也不曾获得过“皇太子”

的地位。大山诚一大胆的论断，很快引发诸多议论。大山诚一虽然基于积极主观的方法，批判了史料，并得出了相应的结论，但是他认为圣德太子的传说确立于《日本书纪》的编纂时期，其捏造者与长屋王等人有关。这种说法似乎也有不少令人生疑之处。

大山诚一的主张聚焦谁是捏造圣德太子之人，至于人们为什么会信仰圣德太子，大山诚一却几乎并不关心。据大山诚一称，最初"厩户王"在《日本书纪》中被刻画成了一位具备"圣德"的"太子"，他被塑造成中国式圣天子的形象，如此一来，圣德太子便被神格化，民众对圣德太子的信仰也就由此确立起来。但是，信仰问题必须以有一众信徒存在为前提，没有这一前提，信仰问题便无从谈起。

弄清楚人们为什么会信仰圣德太子，基本上就能够弄明白圣德太子的形象究竟是如何形成的。大山诚一主张，人们信仰圣德太子的时期，应该大致等同于《日本书纪》成书的时期（公元 720 年前后）。笔者认为这种观点难免有些牵强附会。之所以这样说，是因为在比《日本书纪》更古老的文献中，我们发现了"丰聪耳命（《古事记》）""等已刀弥弥乃弥己等（《天寿国绣帐铭》）""上宫太子圣德皇（《法起寺塔露盘铭》）"等用来指代厩户皇子的尊称。这也就是说，在《日本书纪》成书之前，圣德太子就已经成为一种信仰。

在人们对圣德太子产生信仰的过程中，重建法隆寺一事起到了重要的作用。限于篇幅，本书未能详细讨论法隆寺的相关问题。圣德太子创建的法隆寺在天智天皇九年（670）被烧毁。经研究考证，法隆寺现有的寺院（西院伽蓝）重建于公元7世纪后半（天武天皇时期）至公元8世纪初。在法隆寺重建期间，法隆寺的性质逐渐从上宫王家的氏寺转变为了官寺。正如大西修也所言，在此期间，法隆寺逐渐形成了“用明天皇发愿建立寺院”的传说。同一时期，人们在法隆寺的正殿内铸造了药师如来像并镌刻了光背铭。正是在这一时期，人们开始不断神化圣德太子。在佛教徒间，信奉圣德太子之人越来越多，圣人圣德太子的形象就此形成。而后，《日本书纪》归纳了各类圣德太子此前已有的形象，更将儒教思想融入其中，圣德太子的形象最终得以确立。

厩户皇子的政治地位

《日本书纪》中有关厩户皇子的记述，虽说大都因为受到圣人圣德太子形象的影响，存在杜撰和美化的成分，但其中也有一些与史实相符的地方。

正如前述所言，据《日本书纪》记载，推古天皇元年（593），厩户皇子被记作“皇太子”；其后的推古天皇二年（594），便有“诏皇太子及大臣，令兴隆三宝”这样的文字出现；推古天皇十二年（604），《日本书纪》中还出现了“皇太子亲肇作宪法十七条”这样的表达。综上所述，厩户皇子早已被《日本书纪》记作“皇太子”。但是，皇太子制度在制定“天皇”称号的天武朝、持统朝时期才得以确立。因此，厩户皇子是“皇太子”一事似乎与事实并不相符。不过，需要指出的是，如果这种“皇太子”指的是一种类似皇太子前身的地位，那么在推古天皇时期，这样的地位的确是存在的。

在《隋书·倭国传》中，关于推古朝之事，有“名太子为利（和）歌弥多弗利”的记载。在奈良时代，“和歌弥多弗利”是用来尊称皇族子女的用语。而《隋书》用其指代太子。实际上，太宰府天满宫中有一卷仅存的唐代类书《翰苑》。在《翰苑》中，有关倭国的部分就有“王长子号和哥弥多弗利，华言太子”这样的记述。《翰苑》更为忠实地向读者传达了原意。换言之，在推古朝时期，大王的长子被称作“和哥弥多弗利”，这相当于汉语中太子的意思。当时，能称得上“和哥弥多弗利”之人，只有可能是用明天皇的长子厩户皇子。而且，从“和哥弥多弗利”相当于汉语中的“太子”之意看，厩户皇子当时应该被赋予了相当于太子地位的那种特殊的政治资格。

此外，推古天皇十五年（607）倭王权设立壬生部（乳部）一事，亦可以印证上述论断。所谓的壬生部就是为给有实力的王子提供生活费而代替名代、子代设立的部。在当时，壬生部归属厩户皇子名下，在厩户皇子死后，壬生部转归上宫王家所有，可以说壬生部和上宫王家一直保持着较为密切的关系。而壬生部也能从经济层面印证厩户皇子的确拥有“和哥弥多弗利”的特殊政治地位。

此外，厩户皇子迎娶大臣苏我马子之女刀自古郎女一事也表明，苏我马子有想让厩户皇子乃至厩户皇子之子继承王位的意图。另外，厩户皇子之子山背大兄王被称为“大兄”，且在厩户皇子死后，山背大兄王成为呼声最高的王位继承人。以上这些全都说明，山背大兄王之父厩户皇子的政治地位一定非同小可。

综上所述，厩户皇子实际上已经拥有了与“太子”相匹配的政治地位。这一点，我们从推古天皇二年（594）推古天皇命“皇太子及大臣”二人兴隆佛法，推古天皇二十八年（620）“皇太子、岛大臣（苏我马子）”二人合议编纂“天皇记”和“国记”等的相关记载中，也可见一斑。此外，在《上宫圣德法王帝说》中，也有“上宫厩户丰聪耳命、岛大臣，共辅天下政”的记载。因此，有很多学者认为，推古朝采取的应该是一种共治体制，即在女天皇推古天皇的领导下，厩户皇子和苏我马子共同辅理朝政。笔者认同这一观点。

圣德太子这一日本民众耳熟能详的称谓，和历史上真实的“太子”厩户皇子的地位和事迹可以说有着千丝万缕的联系，他们是一个不可分割的整体。如果仅仅因为叫法不同而将圣德太子与厩户皇子区分开，并将圣德太子视作完全虚构的人物，这样的观点在笔者看来是有欠妥当的。

第三节 | 大陆交通线的恢复与内政改革

倭王武以来的对华外交

说起推古朝时期的对外关系，时隔一百二十余年倭国重启对华外交，一定是一件绕不过的大事。公元 478 年，倭王武派遣使节前往当时的南朝宋，接受册封。自那之后，倭国就中断了同中国王朝的来往交流。不过，到了公元 600 年，倭国还是向成功统一了南北朝的隋朝派出了使节。这些使节就是历史上的第一批遣隋使。

在那时，东亚形势又发生了新的变化。这是倭国派遣第一批遣隋使出访隋朝的历史背景。公元 581 年，隋朝建立。公元 589 年，隋朝吞并南朝陈，成功统一了南北朝。隋朝刚建立不久，高句丽、百济便立刻向其遣使朝贡，接受册封。公元 594 年，隋朝统一南朝各政权后，新罗也派遣使节前往隋朝，接受册封。

综上所述，在倭国派遣遣隋使之前，东亚地区便已经形成了以隋朝为中心的国际秩序。朝鲜半岛三国全都接受了隋朝的册封。不过，由于高句丽与隋朝之间出现了某种不和谐的氛围，两国最终彼此对立。隋朝统一了中国以后，高句丽对隋朝起了戒心，随即开始积极囤积武器、粮食备战。公元 598 年，高句丽王元（婴阳王）率领一万余骑靺鞨人突袭辽西地区，惹得隋文帝大怒。隋文帝下令讨伐高句丽。但是，由于粮草不足，高句丽王向隋朝谢罪，讨伐高句丽一事就此终结。不过即便如此，隋朝与高句丽之间一触即发的气氛依然继续萦绕。

推古天皇三年（595），高句丽高僧惠慈来到倭国。此后的二十年间，高僧惠慈久居这里，教授厩户皇子佛教经典。自钦明天皇三十一年（570）起，高句丽已数次派遣使者携带国书，前往日本海一侧的越，要求同倭国修好。从背景上说，高句丽之所以会有这样的行动，是因为自公元6世纪初以来，新罗不断强大，高句丽欲与之抗衡，所以想同倭国交好。高僧惠慈便是高句丽时隔二十余年派出的前往倭国的使者。高句丽和新罗要在朝鲜半岛争夺主导权，这一事态则进一步加深了高句丽同隋朝的对立倾向。在这种情况下，高句丽为了打开僵局，便把高僧惠慈派往倭国，这也就是所谓的“僧侣外交”。

正如坂元义种指出的，倭国向隋朝派出遣隋使的时期（600—614），与高僧惠慈滞留倭国、隋朝和高句丽关系最紧张的时期（598—614）重合。换言之，在高句丽与隋朝形势最为紧张的时期，高僧惠慈一直逗留倭国。也正是在这一时期，高句丽频频向倭国派出高僧。推古天皇十三年（605），高句丽更是赠予倭国黄金三百两，用来建造飞鸟大佛。可以说，在这一时期高句丽和倭国的关系十分密切。而高僧惠慈正是该时期沟通两国的桥梁。正如李成市指出的，高僧惠慈不仅仅是厩户皇子的佛学老师，他还是一名外交顾问。高僧惠慈深度参与了推古朝时期倭国外交政策的制定，而且也很有可能就是在高僧惠慈的建议下倭国才选择重启对华外交。

“对等外交”的真相

据《隋书》记载，开皇二十年（600），倭王派遣使节抵隋。隋文帝十分关心初次遣使到访的倭国，于是便差人询问倭国的民俗。倭国使者答曰：“倭王以天为兄，以日为弟，天未明时出听政，跏趺坐，日出便停理务，云委我弟。”从倭国的视角看，如果说倭王与天、日是兄弟，那么隋朝皇帝势必也会对其刮目相看。但是，隋文帝的反应却是：“此太无义理（这毫无道理）。”依照中国人的常识而言，倭王和天、日是兄弟，在黎明前由倭王处理倭国政务，天亮后则转由其弟“天道”打理政事等等叙述，都不过只是野蛮人不符合常理的想法。所以，隋文帝命使者归国后告诫倭王要改掉这样的毛病。

倭国派出的第一批遣隋使，大概是想通过给倭王立一个独立自主的人设对外展示其形象，以此来强化其存在感。谁知道隋朝完全不吃这套，他们反倒是对倭王这样的人设十分无语。所以，隋朝特意教授了遣隋使中国式的听政（执政）方法，在那之后方才让他们回到倭国。这样一来，倭王权便意识到，自己创立的政务、礼仪形态在国际社会并不通用。倭国与中国断交一个多世纪后，两者之间的差距已经超乎想象了。

正如后述所言，从那之后不久倭国营建小垦田宫、制定《十七条宪法》和冠位十二阶制度、重新规定朝礼（朝廷上的礼仪做派）、尽快全面地修改政务、礼仪形态等一系列事情中，我们可以看出，那时倭国确实受到了不小的冲击。至于《日本书纪》只字未提该时期遣隋使的事情，大概是因为在面子上实在不忍下笔吧。

推古天皇十五年（607），倭国派遣了以小野妹子为大使的遣隋使，这批遣隋使以坚持“对等外交”闻名。他们向隋炀帝呈递的国书曰：“日出处天子致书日没处天子无恙”云云。隋炀帝看到后十分不悦，对鸿胪卿（外交部部长）说：“蛮夷书有无礼者，勿复以闻。”

由于此时的倭国国书使用了相同的“天子”一词称呼倭王和隋朝皇帝（隋炀帝），所以倭国派遣这批遣隋使的行为又被称为“对等外交”。但是，从隋朝的立场看，与第一批遣隋使来访时不同，倭王自称“天子”这一行为简直无可理喻。按照中国人的思路来看，天下应该只有一个天子。况且，隋炀帝还是一位拥有极强中华意识的皇帝。他的不快是理所当然的。

后面我们也会提到，倭国当时已经存在大王是“天神子孙”的观念。所以，正如山尾幸久所言，倭王是把“天子”理解成了“天神子孙”，所以才会自称“天子”。然而，这种按照倭国的方式改造过的“天下”思想，在中国人那里是断然行不通的。此时，倭国似乎也明白了这个道理。

就这一时期的遣隋使而言，《隋书》中原本就有“其王多利思比孤遣使朝贡”这样的记述。换言之，隋朝只是认为，蛮夷的朝贡使节带来了无礼的国书。隋朝并没有对等地对待倭国，所以显然“对等外交”并未实现。不仅如此，隋炀帝的“勿复以闻”表明，这一情况还极其有可能导致两国断交。不过，翌年即公元608年隋朝派裴世清送小野妹子一行人归国，两国的外交关系还是艰难地维持了下去。

隋炀帝之所以改变了对倭国的态度，从背景上看，他应该是顾虑到了隋朝与高句丽对立的事态。正好就在小野妹子等使节访隋那一年，隋炀帝巡幸北方，当他访问游牧民国家突厥国国王启民可汗时，碰巧遇见了高句丽使节，隋炀帝对高句丽秘密拉拢突厥的外交政策颇感惊愕，于是便下定决心要征讨高句丽。自公元612年起，隋炀帝三次征讨高句丽。这一行动给隋朝造成的重负，最终成为隋朝加速灭亡的直接原因。

隋朝当然知晓高句丽与倭国互有联系之事。但是，如若将倭国的使节赶回倭国，那便极有可能促使倭国跑去支援高句丽对付隋朝，如此一来隋朝也就不好办了。所以，尽管倭国使者带来了非常无礼的国书，隋朝也还是遣人将他们平安送了回去。这样一来，纵使隋朝对倭国的评价不高，但倭国和隋朝的外交关系还是勉强维持了下来。那时的隋使裴世清的官品是文林郎，是个从八品的小官，从中我们应该不难揣摩隋朝对倭国的态度。

册封体制外的“不臣”倭国

虽然未能将“对等外交”付诸实现，但从倭国的视角看，倭国重启对华外交一事已然取得了丰硕的成果。之所以这样说，是因为在那之后，倭国在不接受册封的前提下，还能继续同隋朝维持朝贡关系，而这种外交形态几乎是前所未有的。前文已经说过，在倭国派出遣隋使之前，朝鲜半岛三国已经分别获得了隋朝的册封。在他们之后方才派遣使节的倭王，较之上述三国，几乎不可能得到更高位阶的官爵。在前文中我们同样讲过，倭五王之所以会中断向中国王朝派遣使节，主要是因为在那时，倭王只能得到比高句丽王和百济王更低的官爵。所以，倭王必须避免重蹈覆辙。这是倭国在重启对华外交之际，倭王权遵循的基本方针。正因如此，倭王只好选择走不受册封的“不臣”之路。

据《隋书》记载，公元607年，遣隋使言及其到访目的时说：“闻海西菩萨天子重兴佛法，故遣朝拜，兼沙门数十人来学佛法。”而据《日本书纪》记载，倭国于第二年派出的使节有留学生及留学僧各四人，其中包括在大化改新中大展拳脚的高向玄理、新汉人日文（僧旻）、南渊请安[1]等人。此外，在推

1 南渊请安，曾跟随遣隋使小野妹子前往中国。在中国留学的32年间，目睹了隋朝的灭亡与唐朝的兴起。公元640年与高向玄理一同返回日本，并把隋唐的先进知识带回日本。

古天皇三十一年（623），过去曾跟随遣隋使前往隋朝的留学生惠日、福因等人，从刚建国不久的唐朝回到倭国。那时，惠日建言："大唐国者，法式备定之珍国也，常须达。"由此，倭国派遣遣隋使和初期遣唐使的目的便一目了然了。此时的倭国派遣使节的目的，已然与倭五王时期为接受册封派出使节的目的大不相同了。对于在国内已经确立了"治天下大王"权威的倭王而言，倭国已经不需要中国王朝的册封了。倭王若是再对中国皇帝施以臣下之礼，此事一旦泄露，倭王反而会失去其在倭国国内的权威。所以说，倭国在这一时期派遣使节的最大目的，还是引进最新的有助于国家建设的佛法、儒教、法制与医术知识。

倭王权独立的外交政策就是不接受中国王朝的册封。这一政策甚至一直延续至遣唐使时期。不过，中国王朝并没有从一开始就容忍倭国的这一方针。舒明天皇二年（630），倭国派出了犬上君三田耜（御田锹）、药师惠日等人前往唐朝（第一批遣唐使）。两年后，唐使高表仁将犬上君三田耜等人送回倭国。《日本书纪》详细描述了高表仁等人到达对马，在难波津受到倭人欢迎的场面，但却只字未提唐使在倭国朝廷谒见大王这等重要之事，而是直接跳去记录公元 633 年 1 月，唐使回国的信息。另一方面，《旧唐书》中有"表仁无绥远（治理远国）之才，与王子（《新唐书》中是'王'）争礼，不宣朝命而还"的记载。根据上述记载推测，唐使应与倭国方面在倭国朝廷的外交仪式上爆发了某种冲突。这一情况恐怕正如西岛定生所言，当时的唐朝想册封倭国，而倭国却拒绝接受册封，两国因各自外交方针的不同而爆发了冲突。而《日本书纪》的记述之所以非常不自然，可能正是由于其在有意识地回避那场外交争端。

结果，唐朝方面接受了倭王权的外交方针。其后，倭国对华外交的基本方针也就大致定为“不接受册封”了。可以说，推古朝时期的对隋外交是倭国新型对华外交的起点。倭王权将大陆交通线开辟为接受新鲜中国文化的路径，对此我们应该给予高度的评价。

不过需要指出的是，在倭王权意识到倭国式天下观并未得到中国王朝的认可后，倭国便不再向中国王朝宣扬这一概念了，而是转去坚持对内、对华使用不同统治者称号的方针。可以说，脱离册封体制是倭王权的一个外交成果。但是另一方面，这也不过是倭国为了回避倭国式天下观和中国王朝天下观的矛盾而想出的对策。它具有很大的局限性。

营造小垦田宫和制定冠位十二阶制度——第一批遣隋使带来的冲击

通过派遣第一批遣隋使，痛感自己被称为“蛮夷之国”的倭国，开始接二连三地进行朝廷各项制度的改革。

首先，推古天皇十一年（603）倭王权新建小垦田宫，推古天皇从此前的丰浦宫迁至小垦田宫。推古天皇十六年（608）隋朝使节裴世清访问倭国，公元 610 年新罗任那使到访倭国时，其外交典礼几乎全在小垦田宫的“朝庭”内举行，《日本书纪》对此有过详细的描述。据《日本书纪》记载，小垦田宫有着成为后世朝堂院[1]雏形的平面构造。换言之，进入宫殿的正门南门（宫门）就有一个庭院（中央广场），其左右排列着厅（朝堂），里面设有大臣、大夫、王子、诸臣的座位。其北面中央开着大门（阁门），里面有大王驾临的大殿（参见第 247 页的图）。小垦田宫配有朝庭，其结构左右对称。可以说，小垦田宫极有可能是此类宫殿结构的先河。

随着全新构造的小垦田宫建成，在小垦田宫执行的政务、礼仪等也都迎来了新的改革。于推古天皇十二年（604）重新制定的朝礼（朝廷的礼法）便是其中一个典型的例子。《日本书纪》只记载了人们出入宫门时的礼法，但这只是其中一种礼法，这一时期的倭王权还制定了各种各样的礼法，供执行政务、礼仪使用。可以说，为了人们能够形成适应新宫殿及在此执行的新式政务、礼仪的意识，倭王权重新修改了礼法。

推古天皇十一年（603），倭王权又制定了冠位十二阶制度。就连《隋书》也说冠位十二阶制度是推古朝时期的产物。所谓

---

1 朝堂院，日本古代宫城的正厅。八省官员在此处理政务。天皇即位、大尝祭、朝贺等仪式也在此举行。

的“冠位”是一种位阶制度，它规定了在朝廷任职的官吏的排序。它在“德、仁、礼、信、义、智”六个儒教道德方面的细目内，各分大小，共十二个位阶。倭王权制定冠位十二阶制度背后的意图是，根据儒教的“礼”的观念，创新出一种国际通用的新式政治秩序。

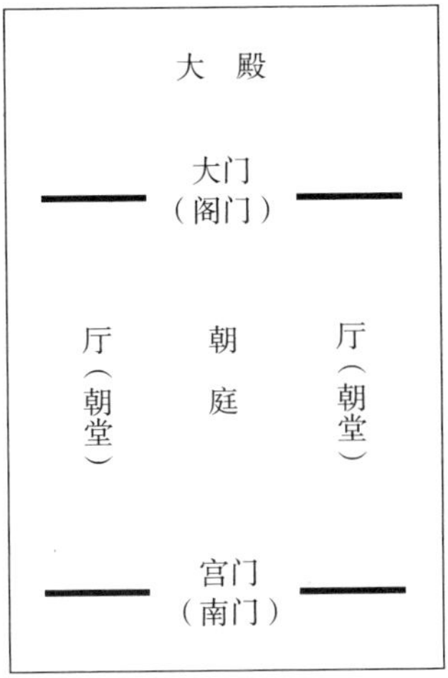

小垦田宫复原图（岸俊男提供）

有观点认为，冠位十二阶制度是由圣德太子独创的。但是目前还没有文献能够支持这一观点。反倒是近年来的观点认为，冠位十二阶制度的制定受到了朝鲜半岛三国的官位制度，尤其是高句丽和百济的官位制度的影响。而且可以说，苏我马子与该制度的制定有着一定的联系。

冠位规定要分别用不同颜色的绢来缝制冠。在朝廷举行例行仪式、临时性的即位仪式、外交仪式时，官吏们要戴上与其冠位相应的冠，在中央庭院内列队站好。冠是表示官吏位阶的明显标识。

冠位是一种以冠充当标识的服饰制度，令各级官吏的身份在仪式中一目了然。冠位十二阶制度让倭王权的政治体制更为先进且多样。此外，在对外关系方面，据《日本书纪》记载，推古天皇十五年（607），倭王权派遣大礼小野妹子至隋朝。

《隋书》也记载说，迎接裴世清之人名曰大礼哥多毗（额田部连比罗夫）。可以说，冠位在外交场合具有十分重要的意义。综上所述，在倭国同中国王朝、朝鲜半岛诸国的外交场上，冠位十二阶制度不可或缺。它是倭国脱离“蛮夷之国”踏出的第一步。

不过需要指出的是，冠位十二阶制度作为官位制度仍是不够完善的。实际上，如果进一步调查就可以发现，被授予冠位之人大都是中央官吏，也有一部分人是地方豪族。此外，没有迹象能够表明占据倭王权中枢的王族，以及大臣苏我马子一族曾被授予冠位。换言之，苏我氏与大王家类同，他们的身份都超越了冠位十二阶制度。大臣一职通常比较特殊，会戴紫冠。苏我氏也曾被授予冠位，不过那已经是大化改新以后的事了。

《十七条宪法》的真伪

据《日本书纪》记载，公元604年1月，倭王权将前一年制定的十二阶冠位授予群臣。同年4月，倭王权又制定了《十七条宪法》。对于此事，《日本书纪》有记载称：“皇太子亲肇作宪法十七条。”在推古朝时期的各项政策中，史学家对《十七条宪法》的评价分歧严重。

早在江户时代，考据学者狩谷棭斋（1775—1835）就曾指出，圣德太子本人并未制定《十七条宪法》。而津田左右吉则通过《十七条宪法》中第十二条内的“国司”一词，推测《十七条宪法》是大化改新以后的产物。大山诚一对此观点也表示支持。

另一方面，也有不少学者主张，姑且不论《十七条宪法》是不是由圣德太子独自制定，总之《十七条宪法》一定是推古朝时期的产物。至今这一主张仍在学界占据主流地位。笔者也持这一观点，因为《十七条宪法》的确包含了一些符合推古朝时期具体情况的内容。虽说“伪造说”依据的“国司”一词，本是在大宝元年（701）实行的《大宝令》中制定的官职名称，在《大宝令》出台以前“国司”一词也确实没有在其他地方出现过。但是，在本书的第三章第三节中我们也介绍过，倭王权在日本列岛各地设立了屯仓，屯仓是倭王权统治地方的政治性据点，大王会派遣使者前往屯仓，这些使者主要负责传达大王的命令，他们又被称作“宰”。而《日本书纪》的编纂者把“宰”称作“国司”也不是没可能之事[1]。因此，“伪造说”的依据并非无懈可击。

由十七条内容构成的《十七条宪法》以君、臣、民三个阶层构成的政治秩序为前提。其中，“君”也可写作“王”，“臣”又被称作“王臣”“群臣”“群卿百寮”“任官者”等，指的是执掌某一职务的官吏。“民”则可被称作“百姓”“人

---

1 国司（クニノミコトモチ）中司（ミコトモチ）的发音和宰（ミコトモチ）的发音相近或相同。

民”。而《十七条宪法》展示的就是中间的“臣”，即官吏应当遵循的规范。

《十七条宪法》虽主张和、礼、三宝（佛教）等儒、佛教思想，但说到底这些都只不过是一种手段，《十七条宪法》最终目的仍然是向为官之人倡导应遵守哪些规范。例如，《十七条宪法》的第一条的开头就写道：“以和为贵，无忤为宗。”这句话十分有名。而读到最后，则有这样的表述：“然上和下睦，谐于论事，则事理自通，何事不成？”意思是说，在官吏组织结构中，如若上下级之间不发生对立，大家都采取讨论的方式达成协议，将没有做不成的事，所以官吏之间一定要以和为贵。而第九条在讲到“信”的重要性时，其目的也与之前完全相同，即借主张“信”，告知官吏应当遵循怎样的规范。同样，在第四条说到“礼”时，《十七条宪法》主张这是一种统治国家的重要手段。而第二条开头处的“笃敬三宝”，以及结尾处的“其不归三宝，何以直枉”，都旨在说明“笃敬三宝”是改正“歪心”的有效方法。而所谓的“歪心”则是指不遵守为官的规范。至于其他的条款，例如：“承诏必谨（第三条）”“人各有任，掌宜不滥（第七条）”“群卿百寮，早朝晏退（第八条）”等，也都更为直截了当地确立了群臣应当遵守的规范。

从整体上看，官吏在听从统治者的命令、履行职责、统治人民之时，应当遵守相应的行为规范。而《十七条宪法》就可以被理解成这样一部行为规范。虽然《十七条宪法》中的部分内容依据的是“三宝”等佛教思想，但就整体而言，儒教思想才是《十七条宪法》的理论基础。不过，我们现在的问题是，这一切真的发生在推古朝时期吗?

首先，我们先来看一下制定《十七条宪法》的时期。推古天皇十一年（603），倭王权先后营建了小垦田宫，制定了冠位十二阶制度，这使得倭王权拥有了举行仪式以及执行政务的场所。各级官吏的身份秩序也得到了完善。公元604年，倭王权制定了《十七条宪法》，旨在向官吏灌输适应新政体的规范意识。综上所述，就时期而言，上述情况的确有可能发生在推古朝时期。

其次，从内容上看，《十七条宪法》中的有些条文似乎并非奈良时代或者公元7世纪后半的内容。例如，第八条写道：“群卿百寮，早朝晏退。”这种任职规定可以说写得相当含糊。公元8世纪以后的律令制度，是会详细规定任职的具体时刻的。大化三年（647）制定的礼法中就有规定，官吏日出时分上朝，午时（正午）退朝。而在此之前的舒明天皇八年（636），大派王曾提议：卯时（上午六时）上朝，巳时（上午十时）退朝。而上述《十七条宪法》中的第八条内容还尚未规定具体时刻，所以我们将《十七条宪法》视作较早时期的产物似乎也合乎常理。此外，《十七条宪法》第三条规定的“承诏必谨”也与第八条的“群卿百寮，早朝晏退”情况类似。因此，《十七条宪法》设立的规定符合萌芽期的官僚制度。“十七条宪法”中的条文确实符合推古朝时期的特征。

倭国的遣隋使大都是被倭王权派去隋朝学习儒教、佛教的留学生或留学僧。这表示该时期的倭王权将儒教和佛教视作了建设新国家必不可少的意识形态。我们也在前面说过，就连这一时期的《十七条宪法》也都基于儒教、佛教思想制定而成。可以说，《十七条宪法》有同该时期倭王权的政策相吻合的内容。所以，笔者认为我们可以将《十七条宪法》视为推古朝时期的产物。

倭国式“天”之思想与大王

公元600年倭国派出第一批遣隋使时，《隋书》记载称：“倭王姓阿每，字多利思比孤，号阿辈鸡弥。”中国人认为，倭王以“阿每”为姓，以“多利思比孤”为字。但事实上，“阿每多利思比孤（アメタリ［ラ］シヒコ）”连在一起才是倭王的称号。而针对“阿辈鸡弥”的解释有“天君”与“大君”两种说法。《通典》表示：“其国号‘阿辈鸡弥’，华言天儿也。”《翰苑》则说：“阿辈鸡弥，自表天儿之称。”“天儿”也即“天子”之意。“阿辈鸡弥”是对“天君（アメキミ）”的音译。天子就是天神子孙的意思。由此可见，那时已经形成了大王是天神子孙的观念。

还有一种解释认为，“阿每多利思比孤”有“从天而降的男子”的意思。但是参考《万叶集》中的诗歌：“仰望天空，大王御寿绵长，天长地久”（第二卷第 147 首），可以看出“阿每多利思比孤”应该是一种尊称，意思是“上天满意的男子”。

在《隋书》的记述中，“天”和“日”成为提及倭王执政文段中的两个关键词。天、日是兄弟的解释，与《古事记》《日本书纪》中阐述的日本神话观存在分歧。因此，有人指出“天、日是兄弟”这种观点受到了高句丽王权思想的影响。但是，早在与高句丽修好以前，倭王就已经对内使用了“治天下大王”的称号，并以此维系自己独树一帜的“天下观”。从“阿辈鸡弥”的含义来看，大王是天神子孙的“天孙思想”此时确已萌芽。由此观之，就推古朝时期倭国的王权思想而言，天孙思想已经形成。而作为天孙思想背景的王权神话还未像《古事记》《日本书纪》中的神话那样，形成一个完整的体系。所以有观点认为，在解释倭王与天、日之间的关系时，日本或许借用了高句丽的王权思想。

推古朝时期的王权思想与“天”密切相关。如果我们看一下《古事记》《日本书纪》中记载的公元 6 世纪、公元 7 世纪的大王名称，就可以发现有很多大王的名字都是以天（アメ）开头的，例如：钦明天皇是天国排开广庭（アメクニオシハラキヒロニワ）；皇极（齐明）天皇是天丰财重日足姬（アメトヨタカライカシヒタラシヒメ）；孝德天皇是天万丰日（アメノヨロズトヨヒ）；天智天皇是天命开别（アメミコトヒラカスワケ）；天武天皇是天渟中原瀛真人（アメノヌナハラオキノマヒト）。因此，阿每多利思比孤（アメタリ［ラ］シヒコ）应该也就是推古朝前后对倭王的尊称。

在上述语境下，“天”是一种带有极强政治色彩的概念。通过给大王之名冠以“天”字，便可以显示大王与“天”存在着某种特殊的联系，由此证明大王的统治地位具有正统性。天智天皇名字中的“天命（アメミコト）”并非以“德治”为前提的中国式“天命”，它表现的是倭国式的“委任”。可以说，倭王权之所以会重视“天”，应该是受到了当时的王权思想的影响。

“朝庭”的形成与朝政

前文我们提到，于公元603年竣工的小垦田宫有着新型的空间结构，这意味着在王权中枢处理政务、举行仪式的空间诞生了，我们将其称为“朝庭”。我们在说“大和朝廷”时使用的“朝廷”一词有政府之意。除此之外，“朝廷”也被用于指代天皇或国家。但在古代日本，“朝庭”一词更为多见，它指的是一种相当于朝堂院的空间。这一空间的中心有一个庭院，庭院的左右两侧分别设有厅（朝堂）。

“朝庭”的“朝”原意是臣下朝见（谒见）天子。在中国，天子通常面南背北，臣下立于天子的对面，我们将其称为“天子南面”思想。这一思想被传至日本列岛后，日本古代的宫殿的正殿（大殿，飞鸟净御原宫以后称“大极殿”）以南必定会配置有供臣下朝见天皇的朝庭。因此，朝庭通常都北朝大王（天皇）驾临的大殿（大极殿）。换言之，朝庭是一个特殊的空间，它是置身于大殿内的大王享有权威空间的一种凭据，可以说只有大王才是这一空间的主宰者。

朝庭是倭王权处理政务、举行仪式的重要场所。官吏们每日清晨前往朝庭上早朝，在厅内的座位上处理政务。这些在朝庭上处理的政务被称作“朝政”。朝政通常经官吏们口头商量后处理。手上有案件需要处理的官吏，会来到主管大夫所在的朝堂前，双手向前，跪拜行礼，并口头呈报案件的内容。然后大夫会当场回答“好的”，进行裁决。有些案件大夫无法做主，他们将进入阁门内，跪在大殿前，向大王呈奏公文，等待大王做出决断。

奈良时代以前的朝政，通常是通过口述单独处理的。当然，大夫等群臣偶尔也会被召集起来，召开会议，合议处理某项政务。但这种情况仅限于讨论王位继承问题，或是是否采取军事行动等国政大事。与同一时期的中国相比，倭王权此时的合议制度尚不完备，倭国也还没有引入文书处理朝政的方式。可以说，该时期的朝政仍然保有较为原始的政务处理形式。

口头处理政务的方式与文书处理政务的方式有所不同。口头处理政务通常当场裁决，不留记录。在那时，这种口头处

身着盛装双手触地跪拜的男子埴轮（群马县冢回4号坟出土，日本文化厅藏，群马县立历史博物馆提供图片）

理政务的方式比文书处理政务的方式更具正统性。这是因为古人信仰“言灵”，且口头处理政务只在朝庭内实施。正如山上忆良曾吟咏的“言语有灵之国”（《万叶集》第五卷第894首），古代日本人相信，言语中蕴藏着灵力，将事物用语言表达出来，其灵力就能实现。此外，当时的人们还意识到，作为王宫核心设施的朝庭是大王从天神那里接受“委任”的场所，它是一个与天上世界相通的神圣、庄严的空间。因此，朝庭发出的话具有特殊的分量，在朝庭通过口头方式处理朝政是极具权威性和正统性的。虽然到了奈良时代，人们在处理政务时逐渐开始重视文书，但即便如此，口头处理政务的传统依然被保留下来，当需要裁决重要政务之时，人们仍旧会在朝庭（朝堂）以口头方式进行。朝庭具备的特殊空间性在强调“治天下大王”乃至天皇统治权的正统性时，发挥了极为重要的作用。

此外，朝庭内还会举办例行或临时性的重要仪式。以重启对华外交为契机，倭国创立了独树一帜的处理政务场所——朝庭。此后，在朝庭处理国家大事、举行重大仪式的传统就这样被确立下来。

第五章

向律令制国家过渡

第一节 | 策划乙巳政变

女天皇死后的王位继承问题

据法隆寺正殿的释迦如来像光背铭记载，推古天皇三十年（622），厩户皇子过世（《日本书纪》记为公元621年）。推古天皇三十四年（626），苏我马子亡故，两年后的公元628年，推古天皇驾崩。可以说，推古政权的核心人物相继离世，历史也迎来了权力交接的时刻。上宫王家由山背大兄王接任主事，苏我氏则转由苏我虾夷当家。历史舞台上下一出戏的大幕正缓缓拉开。

围绕推古天皇死后的王位继承问题，朝廷上下争论不休。此时，呼声最高的继任者有田村皇子（押坂彦人大兄皇子之子）和山背大兄王。推古天皇分别将两人叫至病榻前，推古天皇对田村皇子说："天下大任，本非辄言（治理天下是大任，不应轻言）。"推古天皇对山背大兄王说："汝独莫谊讙，必从群言（切勿一言堂，要听取群臣的意见）。"

按照那时的原则，新大王是由群臣推戴产生的。因此，前任大王向继任候选人亲自表态，原就多有不符常规之处。但那时，推古天皇已当权超三十年，她在倭王权内部享有很高的权威。正因如此，她才敢做出如此剑走偏锋之事。不过，推古天皇的遗言表述得实在太过克制，其内容听上去就像是要提醒两位实力派候选人须得自重。至于究竟由谁继承大统，推古天皇则完全避而不谈。苏我虾夷、大伴鲸连等人倒是主张，推古天皇遗言的意思是要将“天下大任”交予田村皇子。但笔者认为，这似乎并非推古天皇的本意。那时，群臣推戴新任大王的习俗依旧盛行，推古天皇的遗言恐怕还是旨在提醒两位皇子谨遵王位继承的惯例。

山背大兄王的母亲是苏我马子之女刀自古郎女，从血缘上看，山背大兄王应该更加亲近苏我氏。但不知为何，苏我虾夷与山背大兄王却水火不容。另一方面，田村皇子虽是自敏达天皇以来非苏我系王族的代表，但在推古朝末年，田村皇子迎娶了苏我马子之女法提郎媛为妻。不久，二人之间还诞下了古人大兄皇子（参见第 226 页的系谱图）。所以，田村皇子其实早已被苏我氏笼络。

苏我虾夷从一开始就已经打定了主意，但是由于不能无视惯例，他只有将群臣召集至自己的府邸，向他们宣读了推古天皇的遗言。此时，群臣的意见完全分为了两派。大伴鲸连以遗言为由，推举田村皇子即位，之后有四位大夫赞成了这一主张。但是，许势大麻吕等另外三位大夫则表示支持山背大兄王。全场仅苏我仓麻吕（雄当）一人持保留意见。苏我虾夷向其叔辈的境部摩理势征询意见，孰料境部摩理势竟然强烈主张，应该由山背大兄王继承大统。

山背大兄王听闻苏我虾夷谋划推举田村皇子即位，便找到苏我虾夷，问其本意。苏我虾夷告诉山背大兄王，群臣皆主张推古天皇遗言之意是希望田村皇子继承大统，故推举田村皇子一事并非自己的一己之见。对此，山背大兄王表示，推古天皇遗言的本意应该与群臣的理解恰好相反，自己才是真正的大王继任者。可以说，山背大兄王对王位一直虎视眈眈。

如此一来，王位继承问题越发混乱不堪。苏我虾夷决意尽快解决问题。于是，他尝试说服支持山背大兄王的境部摩理势改换阵营，结果苏我虾夷的这一行为竟然招致了境部摩理势的强烈反感，他大肆破坏苏我氏的墓地后，回到家中，闭门不出。最终，苏我虾夷起兵讨伐了境部摩理势，境部摩理势被迫自杀。

由于苏我虾夷用强硬的手段除掉了境部摩理势，在这种情况下，田村皇子终于如愿登基，成为舒明天皇。我们梳理一下此前的经过，便可以发现，在考量这次王位继承问题时，王权中枢除了遵循群臣推戴新大王的旧例，还参考了新的影响因素，即推古天皇的遗言。该遗言本身虽未明确指出谁是王位继承人，但这之后，群臣却几乎全是围绕遗言的本意在推举人选。这表明群臣开始有意识地认为，在决定新任大王时，前任大王的意志十分重要。让位是一种依据先帝的意志决定王位继承人的方法。因此，推古天皇的意志将会为继承人登基赋予正统性。可以说，目前的情况只差一步便可变为让位的模式。倭王权的主体性正一步步确立起来。

百济大寺——幻影大寺的发现

舒明天皇十一年（639），舒明天皇下令在百济川河畔营建大宫与大寺。倭国动员了西国民众修建大宫，动员了东国民众建造大寺。这座大寺就是百济大寺，其佛塔名为九重塔。在日本的寺院中，除了这座九重塔，也就天武天皇时期的大官大寺中还有一座九重塔了。百济大寺可谓是规模空前的大型寺院。而大宫则叫作百济宫，翌年竣工后，天皇迁居至此。

过去，主流观点认为，百济宫、百济大寺位于奈良县西部的北葛城郡广陵町百济。然而，平成九年（1997）考古人员在奈良县樱井市发掘调查时，意外地发现了一个大寺院的遗址。这一遗址的具体地点在奈良县樱井市吉备的农业用水池——吉备池池畔，因此它又得名“吉备池废寺”。吉备池的南边有两个巨大的土坛，如今它们是池子堤坝的一部分。后经考古发掘发现，土坛东侧有吉备池废寺的正殿遗址，西侧是佛塔遗址。正殿遗址东西宽约 37 米，南北长约 28 米，佛塔遗址单边长约 30 米。可以说，它们全是飞鸟时代最大规模寺院的遗址。尤其是佛塔遗址，其规模更是出类拔萃。此外，考古人员还从吉备池废寺中出土了大量的瓦片，这些瓦片竟然是皇极天皇二年（643）人们修建山田寺正殿时使用的瓦片的原型。由此看来，吉备池废寺的瓦片应该比山田寺的瓦片年代更为久远。

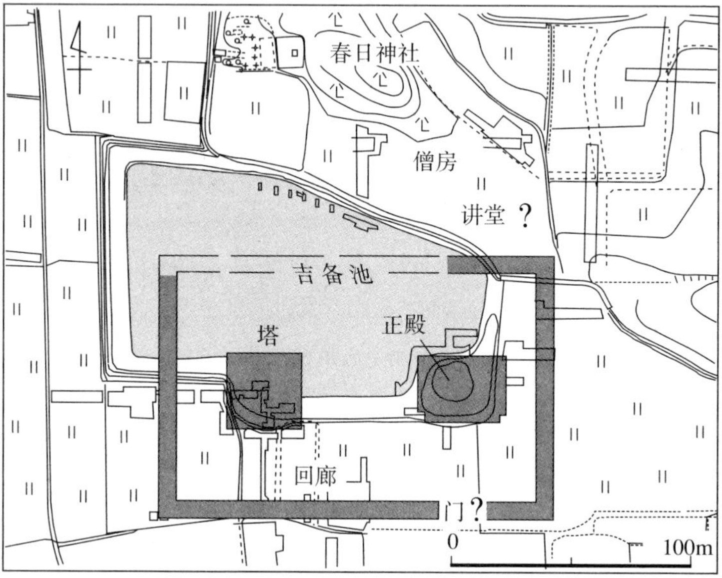

吉备池废寺遗址配置图（奈良国立文化遗产研究所提供）

从发掘调查收集到的信息看，吉备池废寺极有可能就是于公元 639 年动工修建的百济大寺。之所以这样说，是因为吉备池废寺保留着飞鸟时代寺院遗址中独一无二规模的佛塔遗址，且其佛塔遗址的格局与百济大寺九重塔的格局十分相似。根据吉备池废寺瓦片推断，吉备池废寺所处的时代与人们修建百济大寺的年代有所吻合。这样一来，位于吉备池以西地区、向西北流淌的米川就应该是所谓的百济川。而笔者相信，考古人员应该很快就能从米川河畔发现百济宫的身影。

上宫王家的灭亡

推古天皇死后，苏我虾夷拥立舒明天皇一事表明，苏我氏已与上宫王家分道扬镳，转而与非苏我系的押坂王家（押坂彦人大兄皇子系统）联手。不过，需要指出的是，两家的联手是有条件的，那就是舒明天皇死后，继承大统之人必须得是有苏我氏血统的古人大兄皇子。

舒明天皇十三年（641），舒明天皇离世。翌年元旦，舒明天皇的大后宝皇女即位，成为继推古天皇之后的第二任女天皇。也就是我们所说的皇极天皇。而皇极天皇的登基，既阻止了山背大兄王即位，同时也为古人大兄皇子走上权力巅峰打下了牢固的基础。

皇极天皇即位后，依照惯例，苏我虾夷被再次任命为大臣。但正如《日本书纪》所述："大臣儿入鹿，自执国政，威胜于父。"此时，朝中实权早已落入苏我虾夷之子——苏我入鹿手中。从这一时期开始，《日本书纪》中有关苏我氏专横弄权的事迹开始逐渐增多，例如：苏我虾夷在葛城高宫修建"祖庙"，并命人跳起了八佾舞（在中国古代，只有天子才有资格欣赏的一种八人八列共六十四人表演的舞蹈）；苏我氏动员举国百姓，修建苏我虾夷、苏我入鹿父子之墓，还分别把它们称为大陵和小陵；苏我氏征用上宫王家乳部之人，随意支使他们为苏我氏造墓，苏我氏将国政视为私物，令上宫的大娘姬王

（大约是厩户皇子之女春米女王）十分愤慨……总而言之，该时期《日本书纪》记录的全是苏我氏做过的大逆不道的僭越事。不过，由于很难判断那时的倭国是否已有祖庙、八佾舞等，所以《日本书纪》的记述也有可能存在夸大之处。不过，有一点我们可以确定，苏我入鹿掌权之后，苏我氏开始专横弄权，并遭到了孤立。

据说皇极天皇二年（643），苏我虾夷染病，无法上朝，他竟然将大臣戴的紫冠私自授予其子苏我入鹿，并让其模仿大臣的派头。此后，苏我入鹿愈加目空一切、飞扬跋扈。

苏我入鹿谋划除掉以山背大兄王为首的上宫王家诸王，并尝试拥立古人大兄皇子做倭国大王。这一年，苏我入鹿指使巨势德太臣等人袭击了住在斑鸠宫的山背大兄王。山背大兄王一方仅有其属地上十分之三的奴隶与数十名舍人誓死抵抗，人们称赞他们“一人当千”。另一方面，山背大兄王趁乱出逃，隐于胆驹山（奈良县生驹山）。巨势德太臣等人在斑鸠宫放火，火光冲天。

作为山背大兄王心腹的三轮文屋君建议山背大兄王，可先逃至东国，再在那里集结其领有的乳部之民，兴兵讨伐，必定能够大获全胜。然而山背大兄王并没有采纳这一建议，而是进入了斑鸠寺（法隆寺）。随后，苏我入鹿一方的军队很快包围了斑鸠寺。山背大兄王走投无路，只得与自己的妻妾子弟一同自杀赴死。

苏我虾夷听闻此事后，怒骂道："入鹿极甚愚痴，专行暴恶，你之身命，不亦殆乎？"苏我虾夷思虑之事果真应验，不久之后苏我入鹿名誉扫地。

皇极天皇三年（644），苏我虾夷、苏我入鹿父子一起在飞鸟甘梼冈建造了豪宅，苏我虾夷家被称作"上宫门"，苏我入鹿家被称作"谷宫门"。据说，苏我氏的孩子们还使用了"王子"的称呼，苏我氏父子俨然一副倭国大王的派头。另一方面，苏我氏父子也在其豪宅四周建上了堡垒，设好了武器仓库，配备了防火用水，甚至请来了本领高强的武士看家护院。苏我氏父子之所以会如此煞费苦心、小心提防，是因为他们的独裁统治，不仅不得人心，而且到处树敌，武装政变之隐忧恐怕已悄悄逼近。

部民制陷入僵局

虽说大化改新发生的直接原因是苏我氏的独裁引发了众人反抗，但除此之外，还有另一个根本性的原因，该原因在当时已成为一种广泛的社会现象。这就是倭王权于公元6世纪制定的部民制及其带来的问题。石母田正是二战后日本古代史、日本中世史研究领域的泰山北斗。他曾将上述统治体制命名为"王民制"。石母田正指出，在大化改新前夕，"王民制"因其内部矛盾激化而陷入僵局，濒临解体。而后，通过大化改新，倭王权把由各氏族实施纵向统治的王民制，转变成了把民众按照地区来组织的公民制。总而言之，倭王权改变了其组织民众的原理。这一转变后的统治模式，即便到了现代社会也仍然适用。

正如前述所言，所谓的部民制是指由各氏族实施纵向管理的多层统治体制。如若从"部和部曲一体性"的角度看，部民制也可以是一种各氏族分割、领有"部曲"的体制。在管理过程中，统领伴、部的伴造们会逐渐让伴、部在人身依附关系上隶属于自己，并将他们视作自己的"私有民"。另一方面，伴、部也会把伴造当作主子一般尊敬、依靠。正如《日本书纪》所言："其臣、连等，伴造、国造，各置己民，恣情驱使……进调赋时，其臣、连、伴造等，先自收敛，然后分进（大化元年［645］九月条）"，部曲的分割领有制是肆意搜刮、中饱私囊的温床。关于这种纵向的统治体制，《日本书纪》还写道："率土民心，固执彼此，深生我汝，各守名名（国中民心因氏族有别而无法统一，各氏族之间会产生对立情绪，人们对自己的氏族抱有强烈的归属意识）（大化三年四月条）。"由此可见，在那时人们会对各自的氏族产生强烈的归属意识，而各氏族成员彼此之间又会在感情上相互对立，面对其他氏族的成员，便会心生一种对抗心理。在基于部曲分割领有制形成的部民制下，各氏族只会为逐一族之私利而奔走，这就使得具有排他性的同族意识进一步高涨，最终整个统治体制丧失机能，待到那时，部民制的历史使命便会走向终结。

为了解决上述统治体制带来的矛盾，倭王权必须废除部曲分割领有制，将过去多元化的君臣关系收归成一元化的君臣关系。而这就是我们将在后文中提到的大化改新政权的政策。这政策将以废止部（部曲）、诸国统一建立“评”制，树立以地域统治为基础的统治体制为目标。

大化改新的外部因素

大化改新之所以能够实施，少不了当时国际形势的影响。

三征高句丽均遭失败的隋朝，最终走向了灭亡。公元618年唐朝建立，取隋而代之。翌年，高句丽遣使朝贡。公元621年，高句丽、新罗、百济三国一齐向唐朝朝贡。公元624年，高句丽、新罗、百济三国又全部接受了唐朝的册封。

另一方面，高句丽、新罗、百济相互对抗的氛围也在该时期愈演愈烈。新罗一方面阻挠高句丽入唐，另一方面又向唐朝告状说，百济三番五次入侵自己的领土。随后，唐朝采取保护新罗的方针，向高句丽、百济两国发出警告，以示训诫。

高句丽、新罗、百济三国之间激化的矛盾，转而给三国各自的内政带来了不小的影响。约公元642年起，高句丽、新罗、百济三国国内相继爆发政变，三国由此走上不同的集权道路。

这一年，百济义慈王突袭新罗西部，获得空前大捷。士气高涨的义慈王乘势同高句丽联手，驱逐了王弟及四十余名政府要员。而后，义慈王建立国王独裁体制。至此，百济开始实行以国王为核心的中央集权统治。

同年，高句丽也爆发了由权臣渊盖苏文发动的政变。渊盖苏文杀死荣留王和百余位朝廷重臣，拥立荣留王的侄子宝藏王即位。渊盖苏文手握实权后，位及莫离支[1]，飞扬跋扈、任意妄为。

该时期的新罗则迎来了历史上的第一位女王——善德女王。在女王的领导下，王室成员金春秋与重臣金庾信执掌朝纲。公元 642 年，新罗惨败于百济，又遭高句丽夹攻，陷入窘境。翌年，新罗向唐朝求援。谁知，唐太宗提出了苛刻的条件：新罗是女王统治的国家，因而才会遭受邻国欺侮，如若新罗能迎大唐皇族为国王，那唐朝自当派遣援军。公元 647 年，新罗的上大等毗昙谋反，企图杀死女王，结果遭到镇压。不过，善德女王仍猝死于叛乱之中。此后，真德女王继位。至此，真德女王与金春秋、金庾信的统治体制得以确立。

接到新罗求援信号的唐太宗，劝谕高句丽勿再进攻新罗，但高句丽对此不予理睬。这令唐太宗震怒，于是他决定征讨高句丽。公元 644 年年末，唐太宗派十万大军从水陆两路进攻高

1 莫离支，原作“大对卢”，是高句丽的最高官职，地位相当于宰相。

句丽。翌年，唐太宗亲率大军渡过辽河。可惜此时高句丽防守严密，唐军只得于公元 646 年撤兵。第二年、第三年唐朝仍接连不断地进攻高句丽。但此后不久，唐太宗过世，征讨高句丽之事不得不就此作罢。如此这般，唐朝最初决意征讨高句丽的计划宣告失败，但这并不意味着唐朝彻底放弃了该项计划。此后，由于唐军的介入，朝鲜半岛三国之间的矛盾激化，朝鲜半岛的战争规模不断扩大。

也正是在这一时期，倭国国内开始了一场名为大化改新的政治改革。不久之后，朝鲜半岛三国接连发生政变、唐朝征讨高句丽等情报亦悉数传入倭国。那时的倭国仍处于苏我虾夷、苏我入鹿父子的独裁统治下，苏我氏逐渐将倭王权的权力据为己有。此时的倭国根本无法应对朝鲜半岛风云激荡的紧张形势。就在这样焦虑不安的氛围中，中大兄皇子等反苏我氏势力决意发动政变。另一方面，如此紧张的外部局势，也促使大化改新政权确立了改革的方向，即所有政策必须以统治阶层权力结构的一元化为导向。

中大兄皇子和中臣镰足的聚首

中大兄皇子和中臣镰足（镰子）是反苏我氏阵营的核心力量，他们决意推翻苏我虾夷、苏我入鹿父子的独裁统治。中臣氏在倭王权中一直负责掌管祭祀事务。舒明天皇在位期间，中臣镰足不愿继承家业，于是谎称生病，把自己关在三岛（大阪府高槻市、茨木市周边）的别墅中。中臣镰足之所以这样做，是因为很早以前，中臣镰足就已立志成为一名政治家，而非掌管祭祀的专员。

对苏我入鹿的专横弄权十分愤慨的中臣镰足，一直在王室成员中物色有道明君的合适人选，以期辅佐。此时，中大兄皇子进入了中臣镰足的视线。中大兄皇子的父母分别是舒明天皇与皇极天皇。就血统而言，作为继任大王其身份简直无可挑剔。但是，中大兄皇子还有一个以苏我氏为后台的哥哥古人大兄皇子。如若放任事态继续发展，不采取任何措施，中大兄皇子将很难有机会继承王位。中臣镰足和中大兄皇子偶尔会在飞鸟寺以西的榉树下玩蹴鞠。有一次，中大兄皇子在踢蹴鞠的兴头上踢丢了鞋子。中臣镰足碰巧捡到了鞋子，还跪下来将鞋子递给了中大兄皇子。中大兄皇子见状便也跪下接过了自己踢丢的鞋。借此机缘，二人的关系亲近起来。

两人逐渐意气相投、无话不谈，但因害怕频繁接触招致他人猜忌，为了掩人耳目，两人便总是手持书卷，假装前往南渊请安处请教儒学，并趁此机会在途中讨论扳倒苏我氏的秘策。中臣镰足为了拉拢相当于苏我氏旁系的苏我仓山田石川麻吕（“苏我仓山田石川”是姓，“麻吕”是名，下文将直接使用惯称“石川麻吕”），中臣镰足建议中大兄皇子娶石川麻吕的长女为妃。中大兄皇子欣然允诺。于是，中臣镰足从中做媒，使二人订下婚约。然而，新婚之夜，石川麻吕的长女被同族的苏我日向拐走。石川麻吕的次女眼见父亲沮丧失落的样子，便说："您不必担心，我替姐姐出嫁。"这位次女就是后来的天智天皇皇妃——远智娘，即持统天皇的生母。这恐怕是政治联姻才有的逸事吧。

决意实施政变计划

如此一来，政变派的主要成员已经聚齐了。大化元年（645）六月，中大兄皇子秘密叫来石川麻吕，告知他政变派决定在"三韩进调之日"，也就是高句丽、新罗、百济向倭王进贡的仪式上，发动政变，斩杀苏我入鹿。中大兄皇子拜托石川麻吕在倭王面前扮演宣读"三韩"国书的角色。

事发当日，苏我入鹿出席了仪式，石川麻吕开始宣读国书。按计划，佐伯连子麻吕等人此时应该闯入会场，但会场却迟迟不见他们的踪影。忐忑不安的石川麻吕直冒冷汗，声音也跟着发抖，两手直颤。苏我入鹿感觉气氛有点儿不太对劲，便出声问道："何故掉战（你为何颤抖）？"石川麻吕答曰："恐近天皇，不觉流汗。"这才勉强蒙混过关。

中大兄皇子见佐伯连子麻吕等人心生胆怯、迟疑不决，便大喊："呀！"身先士卒地向苏我入鹿冲去。佐伯连子麻吕等人见状，也跟了过去。中大兄皇子挥刀砍向苏我入鹿。由于事发突然，苏我入鹿受到了惊吓，忙站起身来。这时，佐伯连子麻吕一刀砍在苏我入鹿脚上，苏我入鹿连滚带爬逃到大王的御座前，磕头求饶。事前并不知道政变计划的皇极天皇，此时也受到了极大的惊吓，她问中大兄皇子："这到底是怎么回事？"中大兄皇子回答说："鞍作（苏我入鹿的别名）灭了大王家，还妄图篡夺王位。"皇极天皇听完此话，便走入了宫殿之中。大约是皇极天皇已经明白了事态发展的情况，所以便默许儿子发动政变了吧。最终，佐伯连子麻吕等人了结了苏我入鹿的性命。据说当时大雨倾盆而下，作为惨剧舞台的朝庭也被水淹没了。有人在苏我入鹿的尸体上盖上了草席。由于这一年恰逢乙巳年，因此这一事件又被称作"乙巳之变"或"乙巳政变"。

在皇极天皇身旁目睹了一切的古人大兄皇子，说了一句颇令人费解的话："韩人杀鞍作臣。"之后，他便闭门不出。恐怕古人大兄皇子是想说，苏我入鹿在"三韩进调之日"的仪式上被人刺杀了。

而后，中大兄皇子率领王族和众多官员进入飞鸟寺，摆开阵仗，以防苏我虾夷一方发动反击。东汉氏是苏我氏的私人武装部队，他们已列队做好了厮杀的准备。然而，经过高向国押的一番劝说，东汉氏也放弃了抵抗。进退维谷的苏我虾夷最终只得在自己家中自杀。

据《日本书纪》记载，早在政变之前，苏我虾夷、苏我入鹿父子就自比大王，做了很多僭越之事，甚至谋划篡夺王位。不过，上述记述大都基于《日本书纪》的立场而作，多有夸大之处。所以，我们也很难说上述记述就是事实。通常来说，苏我入鹿等人那时的目标，恐怕还是让古人大兄皇子即位，以确保苏我氏能够继续实施独裁统治。

第二节 | 大化改新

史上的第一次让位

苏我虾夷自杀后的翌日，皇极天皇便叫来了中大兄皇子，向他表达了自己准备让位的想法。中大兄皇子并未立即给出答复，而是在辞别皇极天皇后去找中臣镰足商量对策。中臣镰足表示，中大兄皇子的兄长古人大兄皇子依然健在，若无视他直接即位，恐怕多有不妥。所以，不如先拥戴中大兄皇子的叔叔轻皇子做大王，反倒是个笼络人心之策。不愧是谋士中臣镰足的想法，中大兄皇子刚使用武力扳倒了苏我本宗家，如若此刻即位，他便极易被众人视为贪图权势之徒，因而尽失人心。可一旦拥立古人大兄皇子登基，那策划乙巳政变的意义将不复存在。但如若中大兄皇子能够先拥戴其叔轻皇子即位，并在其统领下手握实权，那么中大兄皇子既可以保全打倒侵吞王权的苏我氏的大义之名，又可以名正言顺地剥夺古人大兄皇子即位的资格。综上所述，中臣镰足的方案真算得上是一举两得的妙计。

虽然有观点认为，中大兄皇子之所以没有即位，是因为身处“皇太子”之位，方才能够更加自由地行动，大胆地改革，但这显然是一种没有学术根据的民间说法。在古代，大王、天皇亲政是一件十分自然的事，例如：天武天皇为建设律令体制亲力亲为，在位期间，不设大臣一职。因此，若是即位便无法按照自己的意愿治理朝政这样的想法，不过是后世之人的凭空想象罢了。

中大兄皇子果断同意了中臣镰足的建议，并将此想法禀报给皇极天皇。于是，皇极天皇将权力象征物授予轻皇子，欲让位于轻皇子。谁知轻皇子坚决推辞，一心推举古人大兄皇子做大王。古人大兄皇子行拱手礼（一种双手在胸前相抱的礼节）拒绝，随即前往飞鸟寺，在飞鸟寺的佛殿与佛塔之间剃发为僧，随后去往吉野。事已至此，轻皇子自然无法相让，于是便登坛即位。

这当属日本史上的首次让位。正如荒木敏夫所言，让位这一形式使得王位更迭不必再等到大王死后方才执行。如前所述，“治天下大王”时期的原则是，只有前任大王死后，群臣才会向新大王献上权力象征物，拥戴其登上王位。而让位则有所不同，让位这一形式是现任大王根据自己的意志，选择下任大王，授其权力象征物。至少在形式上，让位不再给群臣提供推戴新大王的机会与空间。从这一点看，让位对于王位继承而言具有划时代的意义。

前面我们提到过，推古天皇死后，在王位继承问题上，推古天皇的遗言受到群臣重视。可以说，群臣之间已经初步形成了一种要尊重现任大王意愿的倾向。在这一背景下，宫中突发政变，新的王位继承方式——让位出现了。而一旦采取让位后，群臣拥戴新大王的惯例将无法得以延续。通过乙巳政变，在王位继承问题上，倭王权的主体性确实有所增强。

新政权和“改新之诏”

综上所述，新政权的阵容已经固定下来。轻皇子（孝德天皇）成为新任大王，在其之下，中大兄皇子被确定为“皇太子”（实际上就是太子）。此外，新政权还首次设立了左右大臣。左大臣由长老级别的阿倍内麻吕担任，右大臣由现苏我氏的族长苏我石川麻吕担任。而中臣镰足则任内臣，侍奉大王左右。旻法师和高向玄理任国博士，他们相当于倭王权的智囊团。

新大王、前大王和中大兄皇子三人将群臣召集至飞鸟寺西面的榉树下，命令群臣面对降临在神木大榉树里的众神宣誓效忠新大王。当时的人们相信，确定君臣关系的终极权威是天神。

据《日本书纪》记载，新政权先是将年号定为“大化”，紧接着又接二连三地实施了一系列的新政策。根据《日本书纪》，“大化”（645—650）是日本历史上最早的年号。其后，还有白雉（650—654）、朱鸟（686）等年号出现。但这些年号究竟在多大程度上得到了使用，还有待进一步的研究。从文书、木简、金石文来看，应该是在大宝元年（701）以后，年号才被固定下来，而在此之前人们使用的都是干支纪年法。被《帝王编年记》引用的宇治桥断碑逸文是我们唯一可见“大化”年号的地方。不过，它也有可能是后世的文章。我们无法依据《日本书纪》之外的史料，对“大化”这一年号的可信度做出判断。退一步说，即便当时真的曾使用过“大化”这一年号，那么其使用范围也应该是十分有限的。如上所述，“大化”这一年号虽然确实存在诸多疑问，但在下文中，笔者还是希望使用一般人更耳熟能详的“大化改新”来代称乙巳之变及其之后实施的一系列政治改革措施。

大化二年（646）的元旦，倭王权发布了由四条内容构成的“改新之诏”，详情如下：

第一条（废除部曲和宅）废除过去的天皇设立的子代的民和各处屯仓，以及臣、连、伴造、国造、村首所有的部曲的民和各处田庄。对大夫以上的高官贵族赐予食封，给官吏、百姓支给布帛。

第二条（王都和地方统治制度）制定王都的制度，设置畿内国司、郡司、防人、驿马、传马等。

第三条（户籍、计账、班田收授法）设立户籍、计账、班田收授法，以五十户为一里，制定田租制度。

第四条（废除从前的赋役并实施田调）制定田调、户别调、调的副物的制度，制定官马、兵器、仕丁、采女的赋课法。

想要理解“大化改新”，就需要先了解通过政变成立的新政权在改新诏书中规定的一系列政治改革措施。但是《日本书纪》中记述的“改新之诏”，在当年实施大化改新之时，并非就是那个样子。“改新诏书”经《日本书纪》的编纂者加工过（它与奈良时代《养老律令》的条文几乎完全相同，二者之间有诸多相似之处）。二战后，日本古代史学界围绕“改新之诏”的可信度问题，展开了激烈的争论。特别是自20世纪60年代“改新否定论”提出后，争论愈加激烈。“改新否定论”主张，依据“改新之诏”构筑起来的“大化改新”，是由《日本书纪》的编纂者及近代史学虚构的，所以应该否定它。

我们只有通过研究《日本书纪》，才能了解大化改新的整体情况。而《日本书纪》又是律令制国家在特定政治立场下编纂的书籍。所以这使得我们在研究大化改新时，必然遭遇一定的困难。其中，《日本书纪》的编纂者把阐明新政权政策大纲的纲领性文件“改新之诏”视为律令制国家的出发点，并对其倍加推崇。可以说，这些编撰者利用了编纂《日本书纪》时便已经存在的律令法知识，系统性地润色了《日本书纪》中涉及“改新之诏”的内容。有鉴于此，在本书中，笔者将效仿近年来众多历史研究者的做法，姑且从研究史料中排除疑点颇多的“改新之诏”，而使用可信度较高的《日本书纪·孝德纪》等其他史料研究大化改新的实际情况。

政治改革的内情

在此笔者将重申自己的立场，那就是笔者不赞同上述“改新否定论”的观点。因为即便不使用与“改新之诏”相关的史料，仅仅参考除《日本书纪》外的不完整的文献史料与考古资料，我们也无法彻底否定新政权曾实施过一系列政治改革的观点。

对乙巳政变后才建立起的新政权而言，眼下有两个当务之急必须解决：其一，对内废除诸氏族分割领有部曲的部民制，并创建出可将所有部民转变为“公民”的一元化统治体制；其二，对外集中统治阶层的权力，针对风云突变的朝鲜半岛形势建立起快速反应的体制。总而言之，这些目标就是要使统治阶层内部的君臣关系和全国的统治体制走向一元化，构筑起以大王为核心的中央集权体制。而上述这些内容就是所谓的“公地公民制”的统治体制形成的历史要因。

不过需要指出的是，新政权虽然确实提出了上述内容作为政治目标，但无论是从新政权所处的历史背景看，还是从其自身实力看，想要在短时间内实现上述目标是不太可能的。为了达成目标，新政权需要提出以“天无双日，国无二王。是故兼并天下，可使万民，唯天皇耳”（《日本书纪》大化二年三月条）为代表的一君万民的思想作为政治理念，并大声宣扬各氏族的纵向分割统治多有不利，以逐步构建起一元化的统治体制。

派遣“宰”和“国”的解体

新政权各项政策实施的基础是，派遣使者前往诸“国”，并在国造领地内实施各种政策。乙巳政变成功后不久的公元645年6月至9月，新政权开始向诸“国”屡次派遣使者。《日本书纪》中虽只有关于公元645年8月，新政权向东国派出“国司”的详细记载，但正如早川庄八所言，这是因为编纂《日本书纪》时，编纂者手中偶尔会有比较详尽的史料，所以《日本书纪》也就只会详写该部分的内容。事实上其他地区应该也采取了相同的措施。此外，《日本书纪》上写着的“国司”，实际上应该是倭王权派出的使者“宰”。这些“宰”和律令制时期常驻特定场所工作的“国司”不同，“宰”通常是在辖区内一边巡回一边执行公务的。

“宰”有三项主要任务：

①制作辖区内的“户籍”，调查“田亩”；

②调查希望做评官之人的系谱，向中央汇报；

③收缴国造等当地首领拥有的武器，建造武器库，将武器库置于倭王权的管理下。

上述①中说的“户籍”实际上并非律令制时期的户籍，它记录的不是每个人的姓名、年龄等，而是像“录民元数”那样，无论统治形态如何，记录的是辖区内的户口总数。而所谓的调查“田亩”，也就是调查辖区内田地的总面积。前者是征发仕丁、征收“男身之调”（《日本书纪》大化二年［646］八月条）等赋税的基准，后者则在征收田租赋税时不可或缺。总之，倭王权要实现一元化统治，就必须掌握这些数据。

上述②是为了解体国造的统治单位“国”，从而设立一种叫作“评”的行政组织。此前，依靠国造、伴造等当地首领的人身依附关系而实施起来的统治体制，从根本上支撑着部民制。这一体制导致“部和部曲的一体性”形成。换言之，倭王权的“部”同时也是伴造甚至其更上级的各氏族的“部曲”。而这样的结构自然会成为横征暴敛、中饱私囊等各种弊病的温床。新政权必须做出决断，改革过去陷入僵局的统治体制。这恐怕就是新政权那时在政治上面临的最大问题。

大化元年（645）八月，新政权向派至东国的使者传达了选拔评官的方针，即那些担任过“国造、伴造、县稻置[1]”的家族成员可任职评官。由此可见，新政权的基本方针是让地方上的首领阶层继续统治各地方。只不过，在过去倭王权赋予国造很大的权限，让其治理拥有广大地域的“国”，但现在如果不改弦更张，就无法实现中央集权的统治体制。所以，新政权废除“国”，建立比“国”规模更小的“评”，并任用过去的国造、伴造、县的稻置。这样做表面上让地方上的首领阶层拥有了与国造同等的官职，但实际上却削弱了国造的地位，同时扩大了倭王权的地方统治基础。

上述③，简而言之就是要将国造领地内的武器收归公有，武器本身虽仍滞留地方，但将全部由倭王权统一进行管理。武器收归公有的主要对象是国造。很明显，新政权能够通过出台这项措施直接削弱国造的势力。政变爆发后不久的六月至九月间，新政权为了收回武器，曾数次派遣使者前往各“国”。翌年正月，为了建造武器库，新政权又再次向各“国”派遣了使者。因此我们可以说，在一定程度上该政策得以迅速实施。

武器收归公有的政策表明，该时期被派遣至各“国”的使

1 稻置，大和朝廷的地方官，屯仓的负责人，管理征税等事宜。

者不仅是在国造领地内调查实际情况，他们还身兼更多的使命。新政权若想要废除功能不全的部民制，实现中央集权，就必须重组地方的统治体制。武器收归公有政策的出台便是削弱国造权力最直接有效的手段。为了使“国”解体，同时构筑起新的地方统治体制，新政权必须以武器收归公有政策为后盾，持续做好调查户口和田地面积、审查评官资格等的准备工作。而这些恰好就是乙巳政变发生后不久，被派遣至四面八方的“宰”需要尽快完成的任务。

“部”的废除及其局限性

新政权改革的矛头不仅指向了地方的统治体制，同时也对准了“部”的上层所有者——中央的各大氏族。大化二年（646）三月，新政权初次实施了废除“部”的政策，即所谓的“皇太子奏请文”。

此时，孝德天皇就该项政策征询了中大兄皇子的意见，作为回复，中大兄皇子依照“改新之诏”的规定，只在自己拥有的“入部”（在部集团中，上京从事杂役的仕丁）中使用规定人数的仕丁。“入部”其余的524口仕丁以及181处屯仓被中大兄皇子全数归还给朝廷。中大兄皇子通过率先垂范，向朝廷奉还了规定外的“入部”和屯仓，从而明确提出了新政权“废部”的政策方针。

正如镰田元一所言，在这一时期，新政权留给各氏族既定数目的仕丁以供差遣，是希望各氏族明白，他们并未废除一直以来惯有的仕丁私属的习俗，新政权只不过是在一定的框架内，要求各氏族依据倭王权的规定，限制私有仕丁的规模罢了。

从“皇太子奏请文”我们可以看出，在中大兄皇子的领导下，新政权实施了“废部”的政策。不仅如此，新政权在提出一君万民思想，实现中央集权的过程中，也在极大程度上保留了中央统治阶层的既得权益。可以说，较之激进的改革措施，新政权的方针政策更注重意识方面的革新。

在“皇太子奏请文”中确定了具体方针的“废部”政策，通过公元 646 年 8 月及公元 647 年 4 月前后两次颁布“品部废止之诏”，宣布全面废除“品部”。正如镰田元一所言，因为“品部”就是“部”的总称，所以这表明新政权的方针是全面废除部民制。上述两封诏书指出，近年来各氏族分割领有品部，致使氏族细分、对立，而这些对立又会进一步深化氏族之间的对抗情绪。正因如此，新政权才要废除王族和臣、连等氏族领有的“品部”，使“部民”成为“国家之民”。与此同时，新政权还下令废除臣、连、伴造等职位，而这些职位过去一直由各氏族担任。仅仅上述一项措施，各氏族便丧失了其最重要的经济基础。而作为代偿性举措，新政权决定授予各氏族冠位，允许其成员就任新设官职，并向他们支付庸调以充俸禄。

上述两封诏书表明，新政权的方针是剥夺氏族对部的领有权，将各氏族之人重组为新政治机构的官僚。

但是，在“品部废止之诏”规定的方针中，有两项方针完成得极不彻底。它们分别是建立新的政治机构及建立与之相应的俸禄制度。之所以说这两项方针完成得不彻底，是因为前一封诏书明确表示新政权要“新设百官”，但实际上毫无迹象可以表明，孝德天皇一朝已形成了完善的政治机构。《日本书纪》虽记载称，大化五年（649）新政权命高向玄理和僧旻设立“八省百官”。但显然，这只是《日本书纪》编纂者编造的说辞。倭王权真正设立“八省”是在大宝元年（701）《大宝律令》实施之时，而作为其前身的“六官”制度，也是要到天武天皇执政初年才设立。至于律令国家政治机构中的枢要部门——太政官，同样也设立于天武朝时期。只不过需要注意的是，孝德朝时期已有“刑部尚书”“卫部”“将作大匠”“祠官头”等名称类似于唐制的官吏，所以从某种程度上说，孝德朝时期的倭王权还是建立了部分官制的。此外，该时期政治机构改革中重要的一环，还有公元647年和公元649年重新制定的冠位制。而天智天皇三年（664）公布的“甲子之宣”则有规定，仍以氏族为单位分配民部、家部。至于根据个人冠位来支付相应官俸的食封制度，则要等到进入天武朝时期之后才会出现。因此，我们可以确定，后一封诏书中提及的“支付庸调以充俸禄”没能够实现。

综上所述，“品部废止之诏”中宣布设立的新政治机构以及制定的新官僚俸禄制度均未能实现。而这表明以往的官员及氏族的经济基础有相当部分并未遭到废除，而是一直得以存续。就如同“皇太子奏请文”中制定的方针那般，新政权尽量避免激进的变革，他们以使者到各国调查到的户口数为基准，只将各氏族所领有的“部”在一定程度上收归公有，而剩余部分则通过倭王权依据地位分派“所封民”的形式，让氏族的领有权再次获得认可。就这样，并未真正重组政治机构，新政权便结束了改革。

如此一来，中央的实力派氏族所领有的“部”虽然在形式上全部遭到了废除，但实际上，这些氏族的大半既得权益仍得到了保护。以新政权的实力能够走到这一步，已经算是殚精竭虑了。不过需要强调的是，由于采取了由国家分配“所封民”给“部”和“部曲”的形式，所有的“民”皆成为从属于大王的“公民”。该意识的形成也算得上是本次改革的一大成果。在这一时期，各氏族间相互对立、剑拔弩张的意识形态已上升成政治问题。可以说，若想要上下一心实现新政权所提出的政治改革目标，就必须消除氏族间的对立意识。新政权的这次改革在一定程度上消除了那种各氏族将倭王权的“部”视作自己的“部曲”的意识。因此，我们可以说新政权的此次改革算是达成了“废部”的主要目标。

设“评”的意义

新政权为实现氏族官僚化采取的措施很不彻底，甚至可以说是无果而终。而在废除国造统治方面，新政权却取得了重大的成效。这主要是因为新政权设立了“评”。

所谓的“评”是一种地方行政组织，它是律令制度下，置于“国”管制下的“郡”的前身，它在大化改新后不久设立，这一点《日本书纪》以外的史料也能给予印证。大宝元年（701），随着《大宝律令》的实施，“评”改称为“郡”。

就大化改新之后设“评”一事，学界有两种相互对立的观点：其一，全面设“评”说，该观点认为，在大化改新后不久的孝德朝时期，全国同时设立了“评”；其二，阶段性设“评”说，该观点认为，历经孝德朝、天智朝、天武朝三个阶段后，国造的“国”逐渐解体，“评”随之被逐步设立起来。笔者赞成镰田元一等人主张的全面设“评”说，理由如下：我们目前已知的唯一一例，能够了解在大化改新后一“国”范围内设“评”状况的史料，正是《常陆国风土记》。据《常陆国风土记》记载，在孝德朝时期，常陆国国造的“国”被全部解体，重组为“评”。此外，书中还记载，在常陆地区原本有新治、筑波、茨城、那珂、久慈、多珂六个由国造统治的“国”。然而在孝德朝时期的己酉年（公元 649 年，大化五年）和癸丑年（公元 653 年，白雉四年），大化改新政权两次派遣名为“总领”的使者，将上述六“国”分割、重组为十二个“评”（《常陆国风土记》中写作“郡”，但正确写法应为“评”，此时的石城评后来被编入陆奥国）。那时申请立“评”之人，被两人一组分别任命为“评”的长官（评督）与次官（助督）。大约在公元649年前后，各国造的“国”几乎同时被重组为“评”。《皇太神宫仪式帐》记载此事时说：“难波朝庭，天下立评给时。”此外，公元653年，常陆国内又发生了巨大的变动，多珂评被进一步分割为多珂评和石城评，而信太评和行方评又与原有的评再次重组，设立为新评。由此看来，在该时期前后，全国范围内的评又遭到了分割与重组。“国”的解体与“评”的设立终于告一段落。

在常陆国的十二个“评”中，香岛评被设立于距离那珂国造领地五里，距离下总国的海上国造领地一里的地方。同样，信太评由原筑波国造领地的一部分与茨城国造领地的一部分重组而成；行方评由茨城国造领地的一部分与那珂国造领地的一部分重组而成。综上所述，不仅有直接分割各“国”设“评”的情况，拆卸各“国”原有的框架，然后再重组设“评”的情况也不少见。通过上述措施，作为支撑部民制框架的国造制迅速走向瓦解。

就如同茨城国造、那珂国造、多珂国造那般，国造（在这种情况下也可以指国造一族）多被任命为评督、助督。此外，也有不少物部、中臣部等国造体系外的人（多半是地方伴造）

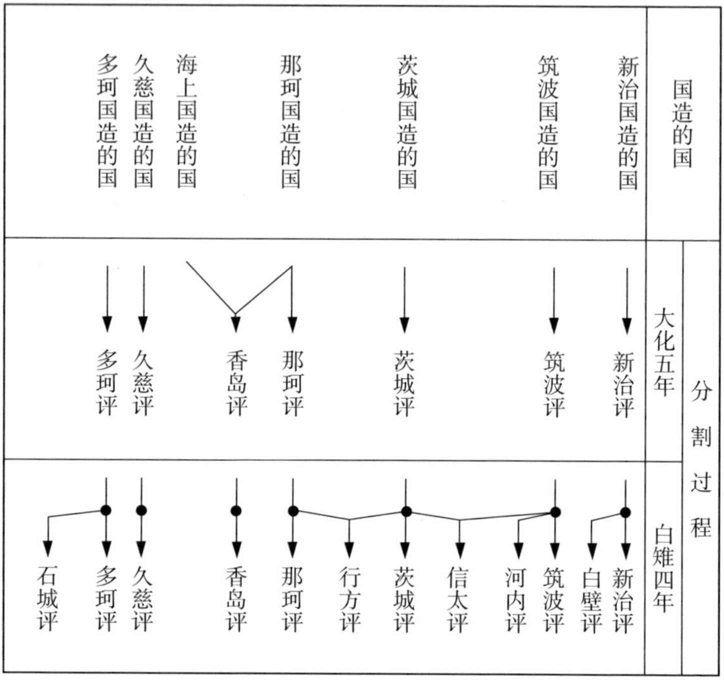

常陆国的“国”-“评”关系图 大化五年、白雉四年设立的“评”由国造的“国”分割、重组而成（森公章制作，有部分省略）

担任评督、助督。从“评”的官吏任用情况看，国造的地位相对有所下降。

原则上，地方的各氏族（将此称为谱第氏族或谱第家）会世袭评督、助督，且评督、助督二者拥有的权限几乎相同，我们将其称为“双领导制”。“评”后来会演变为“郡”，而“双领导制”的特征后来也在郡的组织中得以继承。无论是谱第任用制，还是双领导制，在律令国家的官制中，二者皆属例外。大化改新政权瓦解了国造的“国”，设立了“评”，其意义就在于“评”能够让这些特殊的官制成立。

前面我们说到，在上述政治改革中，新政权采取的方针是任命出身于“国造、伴造、县稻置”等门第之人做“评”的官吏。而这样做的目的是为了稳固地方的统治。因为若想要稳固地方统治，就必须得有当地首领传统性的权威力量给予支持。“评”和“郡”的长官、次官之所以会采用谱第任用制，也是基于同样的道理。但是，如果改革仅仅停留在这一层面，新政权的政策与国造的统治体制将在本质上毫无区别可言。不久之后，甚至会暴露出同样的弊端。因此，新政权引入了全新的“双领导制”。新政权会分别将当地两个敌对氏族之人任命为“评”的长官和次官，然后赋予两方同等的权限。如此一来，双方互相牵制，即可防止某单一氏族垄断统治。

针对“各氏族分割领有部曲”的政治问题，新政权采取了设立“评”的措施来化解矛盾。新政权废除了作为国造统治框架的“国”，并将其重组为实行“双领导制”的“评”。新政权一面利用当地首领传统的权力统治地方，一面建立起了更易被王权操控的统治体制。

综上所述，大化改新政权的政治改革措施如下：①在地方，废除国造的“国”，取消“部”，设立崭新的地方行政组织“评”；②在中央，剥离掉氏族领有“部”的权力，设立新的政治机构，将氏族官僚化。其中，①取得了相当大的成果，而②的改革却并不彻底，它更多地保留了氏族阶层的既得权益，但不可否认的是，它在观念上废除了“部曲”的概念，并两次重定了冠位制，在一定程度上重新整顿了倭王权的政治机构。为了加快政治改革的步伐，新政权必须尽量团结统治阶层。而新政权既想避免氏族造反又图谋拿氏族的既得利益开刀的做法，使得他们的政治改革存在很大的局限性。不过，即便新政权将很多棘手的问题束之高阁，留待将来解决，但经过上述一系列的改革，倭王权已经朝着实现一元化的君臣关系迈进了一大步。

前期的难波宫——大化改新的考古学“证据”

笔者通过查找除“改新之诏”以外的《日本书纪·孝德纪》，以及《风土记》等《日本书纪》以外的史料，了解到上述内容。此外，考古学上也有可以说明大化改新政治改革情况的资料，那就是位于大阪市中心的难波宫遗址。

据《日本书纪》记载，公元645年乙巳政变爆发，同年12月迁都难波长柄丰埼。但是，综合分析《日本书纪》的内容可知，新政权最初定都之地是难波小郡，因为这里有原先供外交使节使用的设施。新政权一面先利用着这些设施，另一面开始着手将其改建为宫殿。公元647年，小郡宫竣工。其后没多久，新政权便又开始建造难波长柄丰埼宫。白雉二年（651），难波长柄丰埼宫大体建成。同年除夕，孝德天皇迁居新宫。翌年九月，新宫竣工。《日本书纪》用“其宫殿之状不可殚论”来形容难波长柄丰埼宫的宏伟壮观。小郡宫较之难波长柄丰埼宫，真是小巫见大巫。至此，作为新政权政治改革象征的新都城正式落成。

倭王权以大和为大本营，而难波正是倭王权的外港。它是倭国同朝鲜半岛及中国大陆交往的窗口。新政权将王宫迁至难波的做法，如实地反映了新政权的政治态度。新政权的当务之急，是要构筑起能够迅速对动荡期的朝鲜半岛形势做出反应的体制。

大化改新时期的难波长柄丰埼宫遗址，就是今天位于大阪市中央区法圆坂一带的难波宫遗址。宫殿遗址的所在地，靠近由南至北呈半岛状突出的上町台地的北端，位于大阪城的南侧。

据考古发掘调查的结果显示，难波宫遗址上重合着前后两个时期的宫殿遗址。其中，从出土的陶器、瓦片看，后期的难波宫应该就是神龟三年（726）动工建造的圣武朝难波宫。

至于前期的难波宫，则采用日本自古以来的建筑样式建造，几乎全是掘立柱建筑，一片瓦也没有。最令人惊叹的是其规模。虽然王宫的整体规模尚未可知，但是其核心部分的朝堂院东西长 233.4 米，南北长 263.2 米。内部有超过 14 间朝堂（厅）。内里南门将朝堂院和内里隔开，其柱间面积为 7 间 ×2 间（32.7

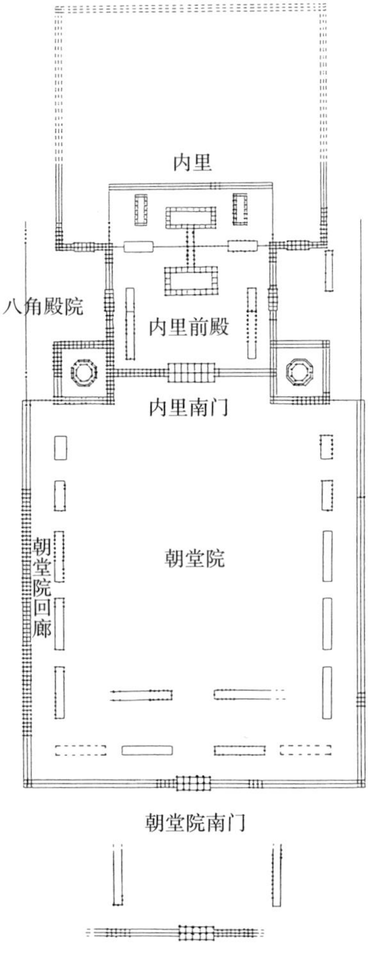

前期难波宫遗址殿舍配置图（植木久《浅析前期难波宫的建造年代》，收录于《大阪的历史和文化遗产》1号，1988年，部分修改）

米×12.3米），甚至超过了平城宫正门朱雀门的规模。可以说，内里南门是古代规模最大的宫都门。位于内里南门东西两侧的八角殿院则无与伦比。而内里前殿（相当于后世的大极殿）的柱间面积为9间×5间（36.6米×19.0米）。可以说，内里前殿是前期难波宫中规模最大的建筑物。

前期难波宫的朝堂院不仅比后期难波宫大，其规模甚至超越了平城宫第二次朝堂院的大小。但我们却很难确定其建造年代。因为其建筑物没有使用瓦，且又在后世遭到了严重的破坏，前期难波宫的遗址内几乎没有留下陶器等其他文物。如若要从考古学角度判断其年代，我们缺乏判定的素材。幸而留在整个遗址上的火灾痕迹正巧能与《日本书纪》朱鸟元年（686）正月条所记述的“难波大藏省失火，宫室悉焚”相对应。于是，我们可以确定前期宫殿遗址的修建年代要早于《日本书纪》上记载的发生火灾的年代。那么，其修建时间究竟可以往前推多少年呢？

过去关于前期难波宫建造年代的问题，学界存在孝德朝（645—654）说与天武朝（672—686）说两种观点。近年来，学界对大化改新的历史评价有降低的趋势。在这一大背景下，有不少日本古代史研究者都对孝德朝说抱有一定的抵触感。但是，考古发掘的结果对孝德朝说似乎更为有利。在营造前期难波宫之前，宫殿遗址及其周围的上町台地北端一带，建有方位各异的掘立柱建筑物群。根据对出土陶器的判断，这些建筑物约在公元 7 世纪中期被同时拆除、夷为平地。不难想象，这次拆房整地多半是为了营造前期难波宫做准备。所以，笔者支持前期难波宫建于孝德朝说。

近年来，已有考古发现能够证实孝德朝说的正确性。平成十一年（1999）十一月，考古人员从前期难波宫遗址西北方向的大阪府警察总部工地内出土了写有“戊申年”字样的木简。与木简一道出土的还有公元 7 世纪中叶的须惠器。戊申年相当于大化四年（648）。这意味着最晚在公元 648 年，前期难波宫的营建工作就已经展开了。

建造巨大王宫的必要性

如果说前期的难波宫就是孝德朝时期修建的难波长柄丰埼宫，那么新政权建造规模空前的王宫，应该也是其一连串政治改革中的一环。而巨大的王宫对于我们来说就是能够证明“大化改新”真实存在的重要的考古学证据。

不过，问题并未就此终结。随后，中大兄皇子与孝德天皇的政见对立，中大兄皇子毅然决定将都城迁回飞鸟，再次即位的齐明天皇定后飞鸟冈本宫为王宫。天智天皇六年（667），天智天皇又迁都近江大津宫，壬申之乱之后，再次迁都飞鸟，并修建飞鸟净御原宫。在上述宫殿中，难波长柄丰埼宫的朝堂院毫无疑问规模最大。恐怕只有持统天皇八年（694）迁都所至的藤原宫，能在规模上与之媲美。正如早川庄八所言，在倭国的王宫发展历程中，难波长柄丰埼宫具有较为“突出”的地位。如何看待难波长柄丰埼宫，关乎人们如何评价大化改新。

依据前期难波宫朝堂院的规模，我们较难推测该时期政治机构建设的情况。之所以这样说，是因为公元7世纪后半律令国家形成时期王宫的规模与政治机构的建设并没有直接的关联。作为律令国家政治机构中枢的太政官机构，形成于天武朝初年。而律令官人法则要到更晚的天武朝后半至持统朝时期（687—697）才得以完善。另一方面，如前所述，前期难波宫的朝堂院发展至藤原宫的过程，非常“突出”。

朝堂院是王宫的中枢部分，倭王权在这里处理政务、举行重要的仪式。大化改新实施了一系列的政治改革，这些改革使得政治机构和朝庭的礼仪制度得以建立和完善，这是促成巨大王宫出现的主要原因。但是，仅此一个因素仍无法说明前期难波宫的“突出”。因为齐明朝以后，经大化改新改革过的政治机构和朝廷礼仪制度依然存续。前期难波宫宏大的规模，与大化改新时期倭王权政治机构的大小及礼仪制度的形态并不相称。换言之，前期难波宫的规模超出了实用的范畴。

王宫不仅是大王的日常居所，它还是大王治天下世界的中心。“天下”世界的人员与物资从全国各地汇聚至王宫，例如：

数量庞大的调（贡赋）、仕丁、国造与“评”的官吏，还有虾夷[1]、隼人[2]等“化外之民”。对倭王权来说，王宫就是最华美、最大的建筑物，它能从视觉上向外界宣示倭王权的正统性。所以，每个历史时期王权统治的意识形态也都能在王宫的建筑结构中得到反映。换言之，王宫能够体现王权的执政思想和政治理念，它是倭王权重要的道具，它能够向外展示王权统治的正统性。我们若要解释前期难波宫的“突出”，仅从其作为政治机构的视角出发加以解读是不够的，我们还必须将前期难波宫与新政权所依凭的政治理念之间的关系考虑进去。

前期难波宫的朝堂院有超过十四间朝堂，这一数量虽多于通常情况下的十二间，但每个朝堂的屋宇规模都较小，只不过作为中央广场的朝庭面积较大，因此比较显眼。所以，前期难波宫之所以规模宏大，说到底不过是因为其朝庭拥有较大的占地面积。

如前所述，新政权所标榜的统治意识形态是一君万民思想。为了解除迄今为止多元化的君臣关系、提高大王的权威，一君万民思想不可或缺。而为一君万民思想提供理论根据的是天神“委任”（委托统治权）的观念。

而朝庭则是倭王权向臣下宣扬一君万民思想的场所。每当倭王权举行朝贺等国家层面的仪式，或是颁布重要法令时，

1 虾夷，是大和朝廷以来日本对其东北方族群的鄙称。

2 隼人，是古代日本南九州地区的原住民。

都会将群臣召集至朝庭，让他们列队出席。倭王权通过这样的方式，向臣下宣示只有接受天神委任的大王才具有统治天下的正统性，并反复让臣下意识到只有接受天神委任的大王才拥有超凡的权威。例如，白雉元年（650）当被认为是天降祥瑞的白雉出现之时，大王将“公卿、百官人等”召至朝庭，颁布了改元诏书。诏书的开头写道：“四方诸国郡等，由天委付之故，朕总临而御宇。”大王向群臣高调宣布，自己就是接受天神“委任”的统治者。

综上所述，我们可以将前期难波宫的朝堂院视为一个空间，这一空间能从视觉上彰显大王所拥有的超凡权威。作为王宫核心设施的朝庭，连通着被认为拥有终极权威的天神所在的世界，它是一个神圣且庄严的地方。新政权为了向臣下灌输一君万民思想，实现君臣关系一元化的目标，便把大部分从全国各地收缴而来的贡赋都用于修建难波长柄丰埼宫这座“突出”的朝庭了。于是，规模宏大的王宫便出现在人们眼前。

综上所述，笔者使用“改新之诏”以外的史料和资料分析了大化改新的内容与实质。笔者得出的结论是：尽管新政权所进行的一系列政治改革有这样或者那样的局限性，但其意义不容否认。有鉴于此，我们应该对“改新之诏”的可信度做出怎样的评价呢？“改新之诏”是大化改新政权计划实施政策的大纲，当然，其中也包括新政权无法立刻付诸实施的政策。笔者认为只要认可这点，就算“改新之诏”中有些部分的内容酷似后世的律令条文，也很可能是因为《日本书纪》编纂者的润色与加工。而诏书那四条核心的内容应该还是发布于大化改新之时。

大化改新的黑暗面

新政权实施的政治改革并非都是一帆风顺的。新政权通过发动政变夺取政权后，那些直接关系到统治阶层政治地位、经济基础的改革大业被不断推进，在此过程中，新政权必定会遭遇各种阻力。事实上，在改革期间，与中大兄皇子相关的政变、政治斗争已几度发生。

大化元年（645）九月，一个名叫吉备笠臣垂的人告密说古人大兄皇子与苏我田口臣川堀等人谋反。中大兄皇子得知此事后，立马举兵讨伐位于吉野的古人大兄皇子。吉备笠臣垂则因此次告密有功而得到晋升，此外他还获得了二十町的功田[1]。虽然个中真相已湮没在历史迷雾之中，但这件事也可能是中大兄皇子利用吉备笠臣垂，除掉了古人大兄皇子。

公元 649 年 3 月，作为朝廷元老的左大臣阿倍内麻吕去世后没多久，又发生了一件事情。苏我日向向中大兄皇子诬告其异母兄石川麻吕要谋害中大兄皇子。中大兄皇子曾差点娶石川

1 功田，律令制下给予有功者的输租田。

麻吕的长女为妻，而当年正是这位苏我日向抢在中大兄皇子前面，带走了石川麻吕的长女。中大兄皇子当即听信了苏我日向的谗言，于是便派使者前往右大臣石川麻吕处探听虚实。只可惜石川麻吕说："我想到大王面前直接同大王说明情况。"即便孝德天皇遣使来询，也只能得到相同的答复。最后孝德天皇还是决定派兵捉拿石川麻吕。

石川麻吕带着两个孩子从难波逃到大和。此时，恰逢其长子兴志在山田（樱井市山田）修建山田寺。石川麻吕位于大和的宅邸就坐落在山田。兴志在半路上接父亲一道归寺。兴志向父亲提议主动迎击追兵。石川麻吕不允，在山田寺正殿前自缢而死。其后，石川麻吕妻儿八人也随之自缢而亡。受此事影响，共有二十三人被判处死刑，十五人被判流放。

中大兄皇子很快便听信了谗言，而石川麻吕则要求直接向孝德天皇申辩，从上述情况看，中大兄皇子与石川麻吕之间的关系应该已经产生了裂痕。据《日本书纪》记载，中大兄皇子只是受到了苏我日向的谗言蛊惑，但纵观整件事的发展，笔者却认为这倒更像是中大兄皇子自导自演了本次事件。

孝德朝时期还发生了另一起中大兄皇子参与的大事件。如前所述，白雉元年（650），穴户国（后来的长门国）发现的白雉被进献给了朝廷。孝德天皇就此向僧侣请教，被告知这是祥瑞之兆。于是，孝德天皇改年号为"白雉"。其后的公元652年，难波长柄丰埼宫竣工。翌年，新落成的宫中发生了一件大事。中大兄皇子突然向孝德天皇提议：舍弃新宫，还都飞鸟。孝德天皇不准。中大兄皇子便带着母亲宝皇女（皇极天皇）与妹妹间人皇女（孝德天皇的大后）及皇弟们迁入飞鸟河边行宫。大多数的臣下也随之前往飞鸟。失去爱妻的孝德天皇，孤单地留在难波的新宫，于白雉五年（654）十月在失意之中离开了人世。

第三节 | 脱离大化改新的政治轨道与战败——齐明朝和白村江之战

齐明天皇重祚

孝德朝在朝廷的分裂中落下了帷幕。新政权花费巨资及精力建成了巨大的新宫，但中大兄皇子为什么并未久住，便毅然弃新宫而去，还都飞鸟呢？笔者认为，与其说这是中大兄皇子本人的意愿，倒不如说这是因为他不能违背其母宝皇女的意愿。

宝皇女在让位后，作为“皇祖母尊”（天皇称号形成之后出现的尊称，意思是天皇家的女性尊长，在那时又被称作“大御母”），在朝廷依然很有权势。原本大王就是终身制的，让位属于特例。因此，宝皇女作为前任大王仍保有很大的权威，也算合情合理。《大宝律令》出台后，让位的天皇被称为“太上天皇”，“太上天皇”可以保有与天皇匹敌的权威，从历史上看，这一点可以说是受到了大王终身制的影响。

宝皇女作为大后和大王，分别在丈夫舒明天皇执政时期的飞鸟冈本宫，以及自己执政时期的飞鸟板盖宫长年生活。近十年在难波生活期间，宝皇女越来越想回到大王家与众贵族的故乡飞鸟。笔者认为，宝皇女之所以想回到飞鸟，还有一个更深层的原因是她希望再次登上大王宝座。正因如此，孝德天皇才会如此断然地拒绝还都飞鸟，而宝皇女、中大兄皇子方面则强制拆散了孝德天皇夫妇，带着其妻返回了旧都飞鸟。可以说，还都飞鸟正是现任大王与前任大王政治权力斗争的产物。

齐明天皇元年（655）正月，宝皇女在曾经主政过的飞鸟板盖宫即位。这是日本历史上第一次天皇重祚。为了与之前“皇极天皇”的称号有所区别，宝皇女第二次在位期间被称为“齐明天皇”。由此可知，正是由于宝皇女的主导，倭国才形成了齐明朝时期如此特殊的政治状况。笔者以为，“重祚”应该也是宝皇女自己的意志。过去，在她还是皇极天皇时，其执政期不足四年，且当时正值苏我虾夷、苏我入鹿父子把持朝政的鼎盛期，作为皇极天皇的宝皇女只能忍气吞声。而今，宝皇女的境遇却大有不同了，作为中大兄皇子的母亲，宝皇女权势熏天，她完全可以按照自己的意志主持朝政。

好大喜功的女天皇

齐明朝时期发生了一起阴谋事件，即“有间皇子之变”。有间皇子是在难波亡故的孝德天皇之子。有间皇子对齐明天皇与中大兄皇子自然一直怀恨在心。但为了避免被人察觉，丢了身家性命，有间皇子不得不装疯卖傻。齐明天皇三年（657），有间皇子去纪伊国的牟娄温泉泡温泉治病，归来后他向齐明天皇汇报：只是欣赏了那里的景色，便很快病愈了。听了这番话，齐明天皇也心向往之。于是，翌年十月，齐明天皇带着中大兄皇子去了纪伊的温泉。

当齐明天皇母子都不在都城时，有一个男人拜访了有间皇子。他就是留守官（大王外出巡幸时，负责看守都城的官吏）苏我赤兄。苏我赤兄开宗明义，向有间皇子指出了齐明天皇的三宗罪：其一，大起仓库，积聚民财；其二，长穿渠水，损费公粮；其三，于舟载石，运积为丘。可以说，苏我赤兄直言不讳地批判了齐明天皇的失政。听罢，有间皇子认为找到了伙伴，于是决定起兵造反。

后日，有间皇子拜访了苏我赤兄，就在他同苏我赤兄登楼密谋时，扶椅的腿折断了，这被认为是不祥之兆。于是二人就此中止了谋划，有间皇子回府睡觉。谁料到了半夜，苏我赤兄竟然遣人包围了有间皇子的宅邸，并派人快马加鞭，将此事汇报给了齐明天皇。

有间皇子及其党羽被五花大绑带到了在纪伊的温泉休养的齐明天皇面前。《万叶集》中有一首有名的短歌："磐代海滨松，结枝频祈祝。如得保平安，或许能来复。"（第二卷第 141 首）这就是感到死期已近的有间皇子，在被押往纪伊的温泉的途中，于磐代（和歌山县日高郡南部町）写下的短歌。中大兄皇子盘问有间皇子："为什么要谋反？"有间皇子回答："这只有天和苏我赤兄才知道。我什么也不知道。"其回答透露出一种有苦难言的无力感。两日后，有间皇子在藤白坂（和歌山县海南市）被处以绞刑。从此，历史上又多了一个政治斗争的牺牲品。

据《日本书纪》记载，齐明天皇好大喜功。她在飞鸟及其周边地区接连兴建了不少王宫，还用石材装点了整个飞鸟的建筑。此外，为了让北方的虾夷、肃慎等少数民族悉数臣服于倭王权，齐明天皇还派遣了阿倍臣比罗夫远征东北地区北部至北海道一带。也就是说，齐明天皇在"天下"世界的中心及周边大兴土木、大动干戈，笔者认为上述这两件事在齐明天皇的脑海中应该互有关联。

齐明天皇虽在飞鸟板盖宫即位，但在当年冬季，飞鸟板盖宫便遭火灾焚毁。翌年的齐明天皇二年（656），倭王权在舒明天皇修建过王宫的冈本新建王宫，齐明天皇也迁居于此，这就是后飞鸟冈本宫。此外，倭王权还在田身岭（多武峰）建造了两槻宫和吉野宫两座行宫。

据《日本书纪》记载，齐明天皇在这一年尤其喜欢大兴土木。她命人在香山（香久山）和石上山（大约是今天理市东部的某座山）之间（直线距离约为 12 公里）开凿渠（运河）。然后，工匠们动用了两百艘船，才把石材从石上山运到了王宫东面的那座山，并砌成石墙。人们对此批判不已，甚至把这条运河叫作“狂心渠”。还有人诅咒说：“即便想把石头堆砌成山，恐怕还没堆完山就会塌掉。”齐明天皇的所作所为倒是的确与苏我赤兄所言基本吻合。

上述内容看起来似乎多有夸张的成分，但经过近年来的考古调查发现，这些有关齐明天皇好大喜功的传闻并非空穴来风。

倭京的形成——古代都市的萌芽

在奈良县明日香村村公所的北侧，有一个地方据传是飞鸟板盖宫的所在地。后经考古发掘发现，这里的确有一座古代宫殿的遗址，考古人员将其命名为“传承板盖宫遗址”。但是后来考古人员才意识到，这里不仅仅有板盖宫遗址，还层层重合着超过三个不同时期的遗址。近年来小泽毅、林部均等人的研究，比对了过去文献中的王宫与该区域内的宫殿遗址，结果收获颇丰。

由于无法明确最下层的遗址是不是宫殿遗址，因此我们暂且将其搁置不论。在上下两层宫殿遗址中，考古人员从下层遗

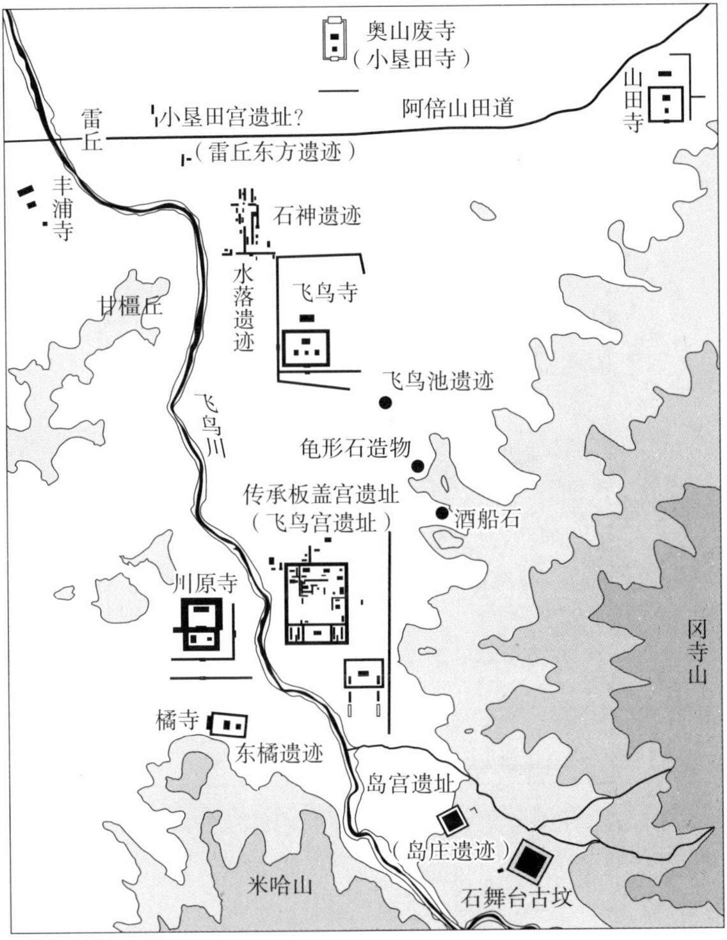

奥山废寺
（小垦田寺）
山田寺
雷丘
小垦田宫遗址？
阿倍山田道
（雷丘东方遗迹）
丰浦寺
石神遗迹
水落遗迹
飞鸟寺
甘橿丘
飞鸟池遗迹
飞鸟川
龟形石造物
传承板盖宫遗址
（飞鸟宫遗址）
酒船石
川原寺
冈寺山
橘寺
东橘遗迹
岛宫遗址
（岛庄遗迹）
米哈山
石舞台古坟

飞鸟相关地图

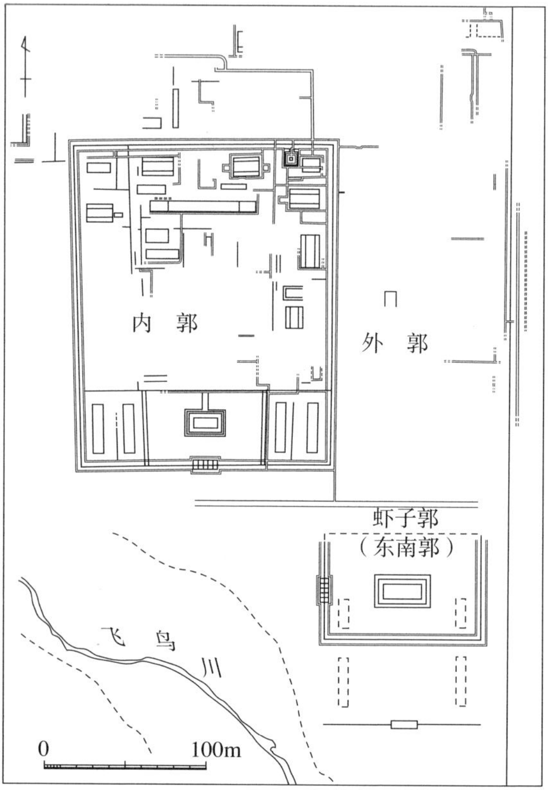

传承板盖宫遗址（第三期遗址） 齐明朝时期尚无图中的虾子郭，据推测应该是在飞鸟净御原宫时期增设了虾子郭（出自飞鸟资料馆《齐明纪》）

址出土的陶器推断，下层遗址应建于公元640年前后，与飞鸟板盖宫建造的年代吻合。上层遗址的时期应该在公元660年前后，即宫殿核心部分——内郭被修建的时期，该时期正好对应齐明朝时期，也就是建造后飞鸟冈本宫的时期。其后，内郭的东南增设了虾子郭（东南郭）。由于这座宫殿一直存续到持统天皇八年（694）迁都藤原京前，所以我们可以判断，该遗址就是飞鸟净御原宫（参见第306页图）。

酒船石　位于传承板盖宫遗址东面山丘上，长三米，应该是一个导水设施

此前，学界曾认为从公元7世纪中期到公元7世纪后半，倭王权在飞鸟的其他地方修建了上述王宫。但事实上所有王宫其实都建在了这片区域。由于后飞鸟冈本宫一定修建在飞鸟冈本宫的原址上，所以就算其遗址尚未得到考古学方面的认可，我们也基本可以断定，飞鸟冈本宫就在该区域内。接下来，我们将上述宫殿按照顺序整理如下：

飞鸟冈本宫（舒明朝）→飞鸟板盖宫（皇极朝）→【迁都难波】→后飞鸟冈本宫（齐明朝）→【迁都近江】→飞鸟净御原宫→【迁都藤原】。

综上所述，直到舒明朝以后、藤原京竣工的这段时间，撇开短期不算，位于飞鸟的王宫几乎全都坐落在传承板盖宫遗址的位置上。

原本王宫就是大王产生更替、新大王即位时，用于筑坛的场所。从公元7世纪前半的舒明朝时期开始，每当新大王即位，虽然王宫不发生改变，但新任大王仍需给王宫重新命名。

由于王宫所在地已经确定，飞鸟的街道区划也逐渐形成。佛教寺院、贵族宅邸和官衙鳞次栉比。齐明朝时期，整个飞鸟都在进行大规模的建设。用于举办仪式的广场、举办酒宴的园池、漏刻（水钟）台等倭王权重要的设施被修建在飞鸟各处。这一时期的飞鸟有很大的变化，从专供一朝一代使用的王宫，逐渐发展为拥有固定街区的王都。当时的人们把在飞鸟建成的王都称作“倭京”。但需要指出的是，飞鸟此时虽然号称“都城”，但在城市建设原理上，它与藤原京以后形成的规划性都城并不相同，它没有棋盘状的条坊街道。在该时期的都城内，倭王权的公共设施与寺院、宅邸等是混杂共存的。

齐明朝时期的后飞鸟冈本宫较之前代的板盖宫，其中心部稍微偏向西南方，且是在大规模平整土地的基础上被重新修建的。相当于内里的内郭是一个南北长约 197 米，东西长约 152 米至 158 米的长方形区划。其周围围绕着带屋顶的垣墙。东西方向的垣墙隔开了内郭南部约四分之一大小的区块，该区块中央有东西两栋大型殿宇，其柱间面积为 7 间 ×4 间。它们相当于前期难波宫的内里前殿。飞鸟净御原宫则基本沿袭了内郭的建造范围，只有东南方的虾子郭是新增设的。综上所述，齐明朝时期的后飞鸟冈本宫一直沿用至天武朝时期，其间发生改变的不过只有宫殿名称而已。在飞鸟的众多王宫中，后飞鸟冈本宫的建造是具有划时代意义的。

石之王都——酒船石遗址

龟形石造物　来自酒船石遗迹（奈良县明日香村教育委员会提供图片）

在传承板盖宫遗址东面的丘陵上，有一座被称为“酒船石”的石造物，它形状怪异，用途不明。平成四年（1992），考古人员在上述丘陵的半山腰发现了长达数十米的石墙，这段石墙由四段以上的砂岩切割石垒砌而成。据说，这种砂岩分布在奈良市至天理市之间。而这一情况与《日本书纪》中关于“凿渠运石至王宫东面的山上以砌石墙”的记载基本吻合。在此后的发掘调查中考古人员发现，经过阶梯状地切削山体、夯土，大规模平整丘陵地形后，这片区域被围上了砂岩切割石砌成的石墙，看上去就像“石山丘”一般。

然而，由于这段石墙的垒砌方式杂乱无章，竣工后几十年间它便倒塌了。因而，与其说这段石墙是一个坚固的军事设施，倒不如说它是一个吸引人们眼球的建筑物。倭王权之所以会在都城修建这一外表宏伟的纪念碑式建筑，就是为了让它震慑众人。这段石墙的遗迹被人们称为“酒船石遗迹”。虽然有观点认为，酒船石遗迹就是《日本书纪·齐明纪》中记载的两槻宫，但我们翻阅《日本书纪》的相关记载可以发现，建造于田身岭的两槻宫与王宫东面山上的“石山丘”是完全不同的两座设施。

2000 年早春发现的龟形石造物也是酒船石遗迹的一部分。此外，在丘陵北侧山谷的北面，还有一个出土了日本最古老的钱币——富本钱的飞鸟池遗迹。

龟形石造物的发现地是东西山梁中间平缓的“V”字形坡面底部。斜面陡峭之地修建有呈阶梯状垒砌的砂岩石墙，坡面较缓的地方有用石头铺成的广场。龟形石造物由石英闪绿岩加工而成，它长 2.4 米，宽约 2 米，“龟”面朝南，左右有手脚，圆圆的龟甲部分已被掏空，呈水槽状。距其以南约 4 米处有泉水涌出。那里的泉水沿着细细的沟渠先流入龟前方小判形的石造物内，紧接着澄清的水再经由龟鼻孔处流入龟甲水槽中。此后，龟甲水槽中的水又会经由龟尾处的孔洞流向外面的沟渠。其结构设计可谓精妙绝伦。

关于龟形石造物的用途，学界存在诸多观点。例如，有观点认为它是庭院的导水设施或沐浴设施，有观点认为它的建造受到了道教神仙思想的影响，等等。作为日本国内独一无二的龟形石造物，我们不可妄断其用途，但笔者仍反对强调龟形石造物受到道教思想影响的说法。该时期的倭国虽然的确受到了道教的影响，但这种影响主要还仅局限在知识层面上，日本并未接纳道教作为宗教的一面。酒船石、须弥山石等齐明朝时期的石造物其实都兼具导水设施的功能。从这层意义上说，猪熊兼胜把飞鸟称作“石水之都”的确有其道理。酒船石遗迹距离飞鸟中心地区较远，且是个相对闭塞的空间，所以它不可能只是一个庭园。如果我们把龟形石造物视作为得到干净水而制成的两段式水槽，那么这片区域恐怕多半是大王沐浴的地方。由于倭王权需要一些可以神化自身的相关设施，所以龟形石造物应该是一个用水和石头建成的用以神化倭王权的设施。

此外，考古人员还在奈良县明日香村发现了多处“狂心渠”的运河遗址，它们大都宽约 10 米，深约 1.3 米，其走向大致从香久山通往酒船石遗迹。《日本书纪·齐明纪》中的相关记载可以印证上述说法。

倭京的礼仪空间——石神遗迹

据《日本书纪·齐明纪》记载，自齐明天皇三年（657）起，倭王权三次建造须弥山像。在佛教的宇宙观中，所谓的须弥山是一个位于世界中心的虚构圣山，其山顶有帝释天的宫殿，山腰上居住着四天王。

在飞鸟寺以西地区至飞鸟川之间，有一片开阔的区域，那里种有一棵很大的榉树。中大兄皇子与中臣镰足曾在这里相遇。乙巳政变后，新政权也曾在此召集群臣，命群臣当着众神的面起誓效忠倭王权。大榉树屡屡被认为是众神凭依的神木（斋槻）。这片区域也是以大榉树为中心的神圣空间。

在维持这片神圣空间的基础上，齐明天皇又新造了须弥山像，并将其装点一新。在倭人当时的思想观念中，须弥山像虽是佛教设施，但佛却是外国的“番神”，倭人把天地诸神与佛教守护神诸天（帝释天和四天王）等都视为了倭王权的守护神。所以，倭人认为须弥山像同“庙塔”（佛塔）一样高耸入云，既是诸天的住地，也是众神凭依的地方。

齐明朝时期，倭王权不仅会在这片开阔的区域举行盂兰盆会等佛教法会，还会在这里接待从睹货逻（指泰国的陀罗钵地王国，公元645年陀罗钵地王国的人漂流到了日本的日向）、虾夷、多祢岛（种子岛）等远方来朝的“化外之民”。由此可知，倭京特殊的礼仪空间是在齐明朝时期快速建成的。

明治三十五年（1902），考古人员从原飞鸟小学以东的水田中挖出了三块石头。据推测，这三块石头正是《日本书纪·齐明纪》中记载的须弥山像。须弥山像原本应该超过四截，其表面雕刻着山脉、波浪等图案，内部挖有圆筒状的槽，在最下面一截的石头上有一个向外挖的孔。圆筒状的槽一旦集满水，水就会从最下面一截石头的小孔处喷出。也就是说，这是一个喷水装置。上述三块石头被挖出的地点毗邻飞鸟寺遗址的西北方，其西面是地势较高的甘梼丘，甘梼丘与挖出石头的地点之间流淌着飞鸟川。这与《日本书纪》中提及的，修建须弥山像的场所在“飞鸟寺西”“甘梼丘东之川上”的表述基本吻合。于是，我们将上述石造物称为“须弥山石”。

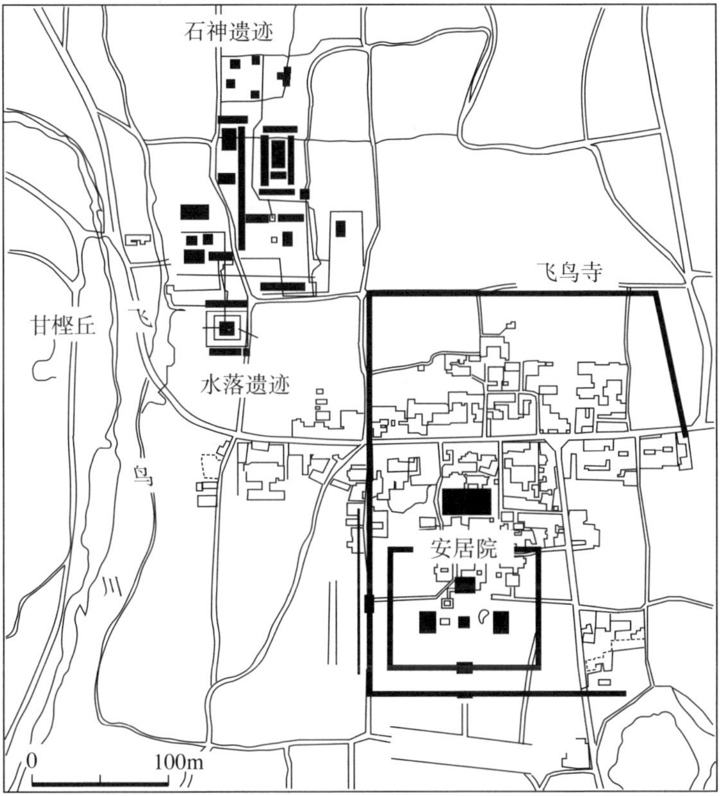

石神遗迹分布图（飞鸟资料馆提供）

须弥山石发现后的第二年，即1903年，考古人员又在其近旁出土了一个石人像，这个石人像由一整块石头雕刻而成，上面刻着一位坐着的老翁，其身旁还伴有一位老妪。石人像的底部到中间位置穿有孔洞，孔洞一直通至老翁老妪两人嘴边。

也就是说，这是一个能从老翁老妪口中喷出水的石制喷水装置。我们可以将其与须弥山石视为一个整体。

自 1981 年起，考古人员继续在出土须弥山石的水田附近开展考古发掘工作，进一步发现了齐明朝时期至藤原宫时期的多个遗址，我们将这些遗址统称为石神遗迹。经调查发现，在齐明朝时期，该地区突然大规模兴修了倭王权的配套设施。考古学也证实了这一事实，即在齐明朝该地区焕然一新。齐明朝时间虽短，但在这期间倭王权仍然三四次大规模地平整地基、兴修设施。

石神遗迹完工于齐明朝末期，被南北长度超过八十二米的廊形建筑分为东西两个部分。其中，东区的南半部分，以水井为中心，有几栋排成一列的建筑物。其南面是铺着石板的广场。而北半部则有四栋又高又大的建筑呈回廊状分布，整体上构成一个狭长的空间。在狭长空间的正中央有相当于正殿与前殿的南北栋与东西栋。这一设计布局非常独特，既不同于宫殿，也不同于官衙。在遗迹的西区，有几栋建筑物围绕着石神遗迹最大的建筑物。石神遗迹东、西区域的建筑物和水井四周都整整齐齐地铺着石头。整个空间以获取干净水的水井为中心，是十分注重清净的神圣空间。

其中，能与《日本书纪》的相关记载对应上的是考古人员从东区出土了六十多件陆奥产的土师器。这表明，来自陆奥地区[1]的虾夷人曾在该区域举办宴会。此外，考古人员还发现了一个边长约 6 米的铺着玉石的方形池子。方形池子虽属罕见，但考古人员也曾在仙台市的郡山遗迹发现过类似的池子。因而，这座方形池的存在或许与虾夷朝贡倭国有所关联。或许它就是在臣服典礼举行之际用来祓禊[2]的池子。

据史料记载，齐明天皇六年（660），中大兄皇子首次制造了用来报时的漏刻（水钟）。1981 年，考古人员在石神遗迹以南不远处发现了上述漏刻的遗址，即水落遗迹。考古人员在发掘调查中发现水落遗迹由两部分组成，它们分别是使用精密、坚固的基础建造法修建的楼阁状建筑物，其建造法很少被用于建造一般建筑物，以及一个与建筑物融为一体的漏刻。建筑物有两层楼，高约九米。第二层放有鼓和钟。时刻一到鼓响钟鸣，整个飞鸟都会感受到时间的存在。

建设飞鸟寺西面的广场也是齐明朝大力营建倭京的重要一环。该广场以独一无二的须弥山像为中心，倭王权力图将其打造为举行仪式的神圣空间。随着齐明朝落下帷幕，上述独特的礼仪空间也土崩瓦解。礼仪空间又转移至过去以大槻树为中心的宽阔地带。上述礼仪空间的兴衰过往亦能显示齐明朝与众不同的一面。

---

1 陆奥地区，包括日本现在的青森、岩手、宫城、福岛各县全境和秋田县的一部分，下文中提及的仙台市是宫城县的县厅所在地，多余也在陆奥地区境内，所以笔者会在下文中推测，方形池与陆奥地区的虾夷人有关。

2 祓禊，日本神道的一种仪式。人身上有罪或不洁时，或在参加神道仪式之前，用水洗净身体。

“化外之民”与倭王权

前面说过，齐明朝时期倭王权在须弥山像下为款待“化外之民”大摆的筵宴，可不是普通的酒宴，它还是“化外之民”为表示臣服倭王权所举办的仪式里一个不可缺少的环节，这一环节对我们了解该时期倭王权的性质，可谓意义重大。接下来，让我们通过分析虾夷的臣属仪式来深入了解一下齐明朝的王权性质。

敏达天皇十年（581），来倭国朝贡的虾夷族长绫糟一行人在王宫译语田幸玉宫（樱井市戒重附近）旁的泊濑川（初濑川）水流中祓禊，他们面朝三轮山的方向，对众守护神、天皇灵（倭国大王的祖灵）起誓效忠倭王权。这一场面只不过是臣属仪式的一部分，在此之前虾夷族长一行人还要向大王献上虾夷的调（贡品）。作为回礼，大王将大摆筵宴款待虾夷族长。

公元6世纪后半，虾夷的臣属仪式会在王宫旁的河原上举办。之后，从推古朝时期开始，臣属仪式的场地被迁移至王宫的朝庭。齐明天皇元年（655），难波长柄丰埼宫的朝庭投入使用。公元657年，伴随着倭京的大规模建设，飞鸟寺以西的广场被打造成为举行仪式的神圣空间。如此一来，须弥山像下的区域就变成了举行臣属仪式的地方。天武朝、持统朝时期须弥山像被撤除后，虾夷、隼人、南岛人的臣属仪式又被转回至飞鸟寺以西的大榉树下继续举办。但是，到了公元

701 年《大宝律令》制定之后，“化外之民”的臣属仪式便不再举行了。

公元 6 世纪至公元 7 世纪，举行虾夷臣属仪式的场所历经了泊濑川的河原→朝庭→飞鸟寺以西的须弥山像下→飞鸟寺以西的大槻树下的迁移。这些场所的共性是，它们都是神圣的空间，“化外之民”能够在这里起誓臣属于倭王权。泊濑川河原是“化外之民”能够祓禊、仰望圣山三轮山的空间；朝庭是大王主宰天下、连通天上世界神圣且严肃的空间；飞鸟寺以西的宽阔区域是以圣树斋槻或以须弥山像为中心的神圣空间。臣属仪式举办的场所都是都城、王宫中被神圣化的特别空间。

在该时期，举办虾夷臣属仪式的实质是为了让虾夷向天地诸神、天皇灵、佛教诸天等倭王权的守护神起誓效忠倭王权。这表明当时的人们认为，大王所统治的“天下”世界的终极秩序，是由天地诸神、天皇灵、佛教诸天等倭王权的守护神掌控的。换言之，“治天下大王”即便是“天下”世界之“王”，也仍不具备终极权威。所以，等到“天下”世界的终极权威通过“现神（明神）御宇天皇”的概念确立后，再以神为媒介、用祭神活动的形式举办臣属仪式就不合时宜了。因此，臣属仪式被废除。《大宝律令》实施以后，群臣会直接在元旦朝贺上宣誓效忠作为神的天皇，元旦朝贺也成为形成、确认一元化君臣关系的场合。此后，倭国朝廷也邀请虾夷、隼人等“化外之民”列席参加朝贺仪式。

倭王权集中全力修建了难波长柄丰埼宫规模空前的朝堂院，到了齐明朝时期，倭王权又耗费了大量收缴而来的民脂民膏，用石头装点了整个都城。目前，虽然我们仍无法确定后飞鸟冈本宫朝堂遗址的位置，但无论如何，因受到地形等因素的制约，后飞鸟冈本宫应该无法建成如难波长柄丰埼宫那样规模宏大的朝堂院。因此，齐明朝时期倭王权新建了以须弥山像为中心的礼仪空间，并将过去在朝庭举办的臣属仪式、佛教活动转移至此处举行。这意味着，王宫以外的礼仪空间分担了部分孝德朝时期原本由朝堂院承担的功能。可以说，倭京的独特之处恰好反映了齐明朝独特的政治理念。

阿倍比罗夫远征北方

当倭王权在飞鸟热火朝天地兴建石之王都时，在日本海沿岸北部，阿倍比罗夫也连年进行着规模空前的北征。

《日本书纪》曾对阿倍比罗夫北征一事有所记载，但其记载由几段迥异的片段构成，年份及记述的内容略显混乱。不过综合来看远征的经过应大体如下：

齐明天皇四年（658）四月，阿倍比罗夫率领一百八十艘军船，在已经臣服于倭国的津轻虾夷的领航下，前往腭田（今秋田）。腭田、渟代（今能代）的虾夷由于畏惧阿倍比罗夫大军的军威而暂时选择投降。最后，阿倍比罗夫将渡岛（位于北海道，现在的渡岛命名于明治初年）的虾夷邀请到有间滨（大概是津轻半岛的港口）大摆筵宴。而后，班师回朝。同年七月，包括前不久刚臣服于倭王权的虾夷在内，有两百余名虾夷前往倭国朝觐，并向大王献调。倭王权在倭京大摆筵席、封赏虾夷，盛况空前。渟代、津轻的虾夷族长均被授予了冠位。

第二年公元659年的3月，阿倍比罗夫率军第二次远征。阿倍比罗夫首先将饱田（秋田）、渟代、津轻的三百五十余名虾夷，以及胆振鉏（大概是北海道南部，现在的胆振于明治初年才被命名）的虾夷二十人集合到一处，盛情款待，授予利禄。这一年的远征最远抵达今天的北海道。

再后一年公元660年的3月，阿倍比罗夫进行了他的第三次远征，这一次远征他们遭遇了肃慎这一陌生的民族。阿倍比罗夫让陆奥地区的虾夷领航，当他们抵达大河（大概是石狩川）河口时，他们发现对岸聚居着渡岛的虾夷千余人。有两个虾夷突然从河对岸大声喊："肃慎来了很多兵船，他们要杀我们。我们愿往你们的朝廷任职，无论如何请救救我们吧。"于是，阿倍比罗夫尝试派人去与肃慎人交涉，只可惜交涉以失败告终，双方只能对战沙场。阿倍比罗夫阵营中有个叫能登臣马身龙的人，他是能登地区的豪族，但他也战死了。最终，肃慎军战败，他们亲手杀死了自己的妻儿。同年5月，四十七个肃慎人前往倭国朝觐，在须弥山像前举行了肃慎的臣属仪式。凯旋的阿倍比罗夫，将生擒的两只罴和七十张罴皮献给了大王

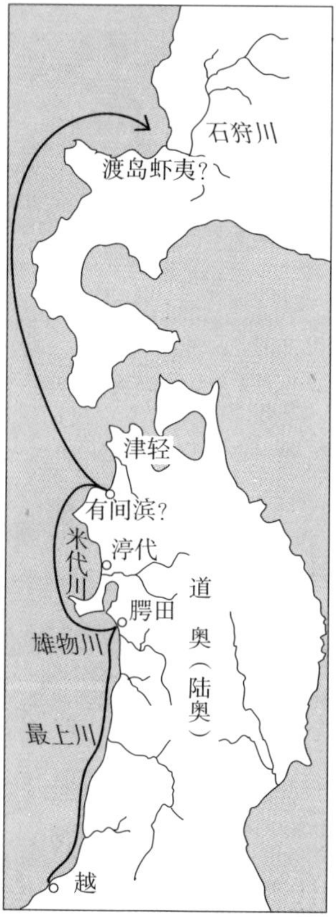

阿倍比罗夫的北方远征

(《日本书纪》说这件事发生在公元658年，但其记载有误)。

以上便是阿倍比罗夫连续三年北征的大致情况。阿倍比罗夫不仅让秋田、能代等本州岛最北端的虾夷臣服于倭王权，他还深入北海道，收服了渡岛的虾夷及陌生的种族肃慎。带着大量罴皮凯旋的阿倍比罗夫一定令飞鸟人瞠目结舌、赞叹不已吧。近年的调查表明，在古代日本，东北地区北部与北海道之间曾有过密切的交往。但即便如此，阿倍比罗夫的北方远征却是古代中央政府派遣的远征军唯一一次抵达北海道。可以说，齐明朝实行的北方政策非常特别，它与其前后时期实行的政策完全不同。

在此期间的公元659年7月，倭国的遣唐使还带着道奥（陆奥）的虾夷男女二人来到了唐朝，一起谒见了唐高宗。作为遣唐使的随行成员前往唐朝的伊吉连博德在手记中写道，唐高宗对两个虾夷人十分感兴趣，还曾询问："有多少种虾夷？"一名遣唐使答曰："由远及近有都加留、粗虾夷、熟虾夷三种。这两位是熟虾夷，他们每年都会向倭国进贡。”唐高宗又问道：“那个国家有五谷吗？”遣唐使成员答曰：“没有，他们吃肉生活。”亲眼见到虾夷男女的唐高宗说：“朕觉得虾夷人的身体、面庞奇特，令人甚为着迷。”该时期的《新唐书》《通典》等中国方面的史料也有提及入唐的虾夷人，特别记述他们胡须很长，善使弓箭。

倭国的使节向唐朝汇报说在倭国的东北方有一个“虾夷之国”，并炫耀称：“虾夷之国”每年会定期向倭国朝贡。这样的做法，不过是倭国方面的一场政治作秀。虾夷社会有多个部族，他们是孤立、分散的社会群体，在政治上并未得到统一。总而言之，遣唐使此时特意带着两个虾夷男女同行，旨在向唐朝宣示倭国也是一个有朝贡国的小帝国。倭王权为了对外表现“治天下大王”一直拥有其朝贡国任那，发明了任那之调，然而任那之调在大化元年（645）遭到废除。所以，能取代任那的虾夷之国，于倭国的“天下”世界观而言，具有十分重要的政治意义。

倭王权不顾沧溟万里，携虾夷人前往唐朝，就是为了证明倭国同样拥有朝贡国。因此，虾夷、肃慎等向倭国朝贡，以及倭国在须弥山像前举办臣属仪式，对倭王权来说都是非常重要的政治典礼。从“天下”世界的边远地区前来的异形异相的“化外之民”如果能在都城特意营造的神圣空间内宣誓效忠倭王权，倭国朝野上下定会认为，连外民族都甘愿臣服的大王，

仪式核心的须弥山石（复制品）（飞鸟资料馆提供图片）

一定拥有很高的权威，大王统治下的“天下”世界必定恢宏宽广。

综上所述，重祚的齐明天皇所做的两件大事，分别是兴建“石之王都”倭京和北方远征。而以须弥山像为核心的飞鸟寺以西的仪式空间成为将这两件大事联系起来的媒介。“石之王都”的修建使得倭王权以一种前所未有的形式创造了“天下”世界的中心，而北方远征则可以说是倭王权扩大“天下”世界领土的政策。作为这一政策的结果，新臣服于倭国的虾夷、肃慎都来到倭国的都城朝贡，他们在象征“天下”世界中心的须弥山像下参加臣属仪式。综上所述，我们可以将齐明天皇所做的两件大事，理解为巩固和神化王权的政策。

百济的灭亡

齐明朝的特殊之处也体现在其对外关系上，尤其体现在其不惜与唐朝为敌，也要复兴百济的政策上。

乙巳政变前一年，唐朝征讨高句丽的行动虽以失败告终，但唐太宗并不气馁，唐朝仍然在接下来的时间里发动了第二次、第三次的征讨行动。这一时期，在百济的攻势下苦不堪言的新罗愈发加强了与唐朝的合作。与此同时，新罗仍想同倭国维持良好的外交关系。于是，大化三年（647）新罗派遣王族金春秋出使倭国。后来，新罗越来越向唐朝靠拢，例如：他们会穿着唐朝的朝服出席正式场合，并使用唐朝的年号。

白雉二年（651），新罗使节身着唐装，乘船来到筑紫。倭国谴责新罗使节随意改变服制，将其赶回新罗。此时，倭国朝廷出现了主张讨伐新罗的强硬派观点。如此一来，倭国与新罗再生嫌隙。

公元654年，新罗王族金春秋即位，这就是武烈王。趁此机会，高句丽和百济相继攻打新罗。陷入绝境的新罗再次向唐朝求援。在这种情况下，公元655年，唐高宗开始征讨高句丽，虽连年交战，但战果不佳。于是，唐朝改变了作战策略，他们先将强敌高句丽置于一旁，然后开始攻打高句丽的同盟国百济。

公元660年，唐朝任命苏定方为行军大总管。苏定方统率水陆十万精兵进攻百济。新罗也出兵助战，唐朝与新罗的联合军队进攻了百济的都城泗沘城（扶余城）。百济的义慈王先是逃至熊津城坚守不出，之后还是于公元660年7月18日向唐军投降。这样一来，百济灭亡。义慈王作为战俘被押送至洛阳，不久后病死。

唐朝在原百济的领土上设立了五个都督府，实行州县制，由熊津都督统一管辖。但需要指出的是，这些州县的官吏均由百济人担当，这也就是所谓的羁縻政策（允许外民族自治的统治方式）。然而百济灭亡后不久，以百济遗臣为中心，各地均掀起了复兴百济的运动。其中，王族鬼室福信、僧人道琛在任存城（忠清南道礼山）举兵，任存城成为百济复兴运动的中心。鬼室福信自称“霜岑将军”，召集百济遗民，一度势力大增，大有击溃唐朝、新罗联军之势。

齐明天皇西征

百济灭亡后不久的公元660年9月，自百济而来的使者告诉倭国朝廷，新罗与唐朝的联军灭了百济，百济君臣虽多被俘虏，但鬼室福信、余自进等遗臣仍在举兵反抗。第二年公元661年的10月，鬼室福信遣使前往倭国，向倭国说明百济被唐军灭亡的情况，并请求倭国派遣援军，同时送还滞留倭国的百济王子余丰璋，因为鬼室福信计划推举余丰璋继承王位，复兴百济。

据《日本书纪》记载，余丰璋于舒明天皇三年（631）作为百济的人质来到倭国。但实际上，《日本书纪》弄错了具体的时间，余丰璋应该同公元642年或公元643年前来倭国当人质的百济王子翘岐是同一人。自那时起，他便一直滞留倭国，在倭国做了近二十年的人质。

倭国很快就向鬼室福信的使者承诺，倭国定会派出援军。但不得不说，倭国这样的允诺未免有些草率。毕竟帮助百济复兴就意味着倭国不仅要与新罗为敌，还会与唐为敌。关于这一点，倭国自然心中有数，因为向倭国求援的百济使节也曾详细地介绍过战况，况且鬼室福信还献上了百人左右的唐人俘虏。此时，齐明天皇六十岁（也有说法称齐明天皇是六十七岁）。不可否认的是，倭国对这场战事的分析过于乐观，但齐明天皇豁出一把老骨头也要参与这场有欠考虑的战争一定另有原因。

公元660年12月，齐明天皇决定将大本营设于筑紫，她还亲自前往难波筹措武器。第二年公元661年的1月，齐明天皇率领太子中大兄皇子，中大兄皇子之弟大海人皇子，大海人皇子之妃大田皇女、鸬野皇女姐妹等从难波乘船出发，在濑户内海上一路向西航行，途中抵达大伯海（冈山县东部海域）时，大田皇女生下了一名女婴，女婴因此得名大伯皇女。在那时，带着妻儿从军似乎并不是件稀罕事。除《日本书纪》外，别的史料也有记载。

之后，一行人在伊豫国的熟田津（爱媛县松山市）靠岸，并把石汤（道后温泉）设为行宫，以便短暂停留。额田王所作的那首有名的短歌（也有说法称是齐明天皇所作）吟咏的就是当时的情况："夜发熟田津，乘船待月明，潮来月忽出，趁早划船行（《万叶集》第一卷第8首）。"

其后，一行人于3月25日抵达筑紫的娜大津（博多），并在磐濑（大约在福冈市南区三宅）修建行宫，命名为长津宫，并设为大本营。到了5月，在偏僻的朝仓（福冈县朝仓町，今朝仓市）修建的朝仓橘广庭宫完工。于是，众人迁居于此。然而，搬进朝仓橘广庭宫后不久，宫殿倒塌，宫中出现鬼火，大舍人、近侍等人患病而亡……不吉利之事接二连三地发生。人们纷纷谣传这是因为修建宫殿时，工匠砍倒了神社的树，触怒了神灵，故有此难。紧接着进入7月，齐明天皇本人也驾崩在朝仓橘广庭宫中。

齐明天皇不惜与唐朝为敌，承诺救援百济，甚至还亲率远征军抵达筑紫。这简直就跟传说中御驾亲征新罗的神功皇后有得一拼。而在实际存在的大王中除齐明大王之外，再无人能有此等作为。齐明天皇之所以会带着中大兄皇子等人御驾西征，正是为了向世人宣示其决心。而且，这一行为也确实令沿线各地的征兵工作颇有成效，并大大提振了远征军的士气。我们能在《备中国风土记》的逸文中看到中大兄皇子曾在下道评（冈山县真备町，今仓敷市）征兵的故事。而齐明天皇一行人之所以会在熟田津逗留近两个月，也是征兵使然。

上述的一系列举措都表明，齐明天皇下定决心要复兴百济。那么究竟是什么驱使齐明天皇这样做呢？笔者认为，在好大喜功的齐明天皇看来，救援百济是兴建“石之王都”倭京和北征虾夷的延续性举措。兴建倭京和北征虾夷是关乎“天下”世界中心及周边的举措，而复兴百济则是一种“天下”世界对

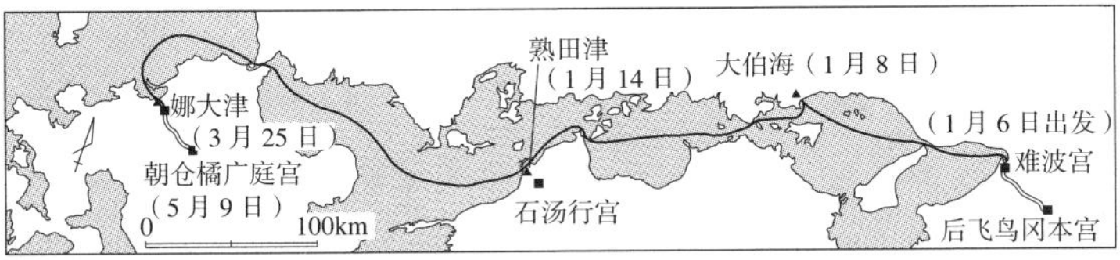

齐明天皇远征百济（飞鸟资料馆原图）

外扩张的战略。如果倭王权拥立长年滞留倭国的余丰璋做百济王，并派遣援军帮助百济成功复国，那么百济就变成了倭国的附庸国。待到那时，倭国大王便能成为名副其实的“治天下大王”，君临包括百济在内的“天下”世界。如此一来，倭国大王的权威也将得到进一步的提升。而这才是齐明天皇心中盘算之事。所以说，对齐明天皇而言，复兴百济才是其最后，同样也是最大的战略性举措。只可惜这一举措有一个致命的缺点，那就是它严重轻视了倭国与唐朝为敌的后果。不久之后，倭王权的处境将急转直下，变得异常凶险。

白村江战败——百济复兴政策的失败

齐明天皇死后，中大兄皇子开始披麻戴孝代理朝政。中大兄皇子一代理朝政，就代理了七年，这在此前并无先例。

齐明天皇死后，中大兄皇子立刻从朝仓橘广庭宫迁居沿岸的长津宫，继承已故齐明天皇的遗志，实施“水表（海外）之军政”。

《日本书纪》关于援助百济的记述，多有重复且年代混乱。因此，要通过《日本书纪》认清事实绝非易事。例如《日本书纪》记载鬼室福信要求倭国送还百济人质余丰璋的时间，就有公元 660 年 10 月与公元 661 年 4 月两种说法。此外，鬼室福信的使者献上“唐俘（唐人俘虏）”的时间也有公元 660 年 10 月和公元 661 年 11 月两种说法。不仅如此，倭国护送余丰璋返回百济的时间也有两种，分别是公元 661 年 9 月和公元 662 年 5 月。

笔者认为，鬼室福信要求倭国归还余丰璋的请求和要求倭国发兵援助百济的请求是同一回事。正是因为鬼室福信在要求倭国发兵救援百济的同时，提出了要拥立滞留倭国的人质余丰璋为百济国主的想法，齐明天皇才会答应其请求，御驾西征。此外，通常提出这类事关重大的请求之时，是需要许诺报偿以示诚意的，所以鬼室福信才会向倭王权献上唐人俘虏。这样一来，我们也就能够利用《日本书纪》公元 660 年 10 月所记述的内容，来推断倭国救援百济的如下经过了。

公元 660 年 10 月，鬼室福信遣使向倭国献上唐人俘虏百余人，请求倭国派兵支援百济复国，并提出想要拥立余丰璋为百济国主的想法。此后，齐明天皇立刻筹措军需物资，出发西征。抵达筑紫后，齐明天皇在阵前指挥作战。然而天公不作美，公元 661 年 7 月齐明天皇在朝仓橘广庭宫驾崩。中大兄皇子继承齐明天皇的遗志，在长津宫处理“水表之军政”。翌年

8 月，中大兄皇子任命阿昙比逻夫连、阿倍引田比逻夫臣等五人为前、后将军，先期派出第一批援军。9 月，中大兄皇子又授予余丰璋织冠（大化五年十九阶冠位的最高级），并让多臣蒋敷的妹妹嫁与他为妻，然后再派遣狭井连槟榔等人率五千精兵护送余丰璋归百济。在百济，鬼室福信等人前去迎接，向余丰璋行稽首大礼，并将国政全权交予余丰璋处理。

余丰璋去往倭国做人质时已经娶妻生子。然而在这种情况下，倭国还要授予其冠位，并命其娶倭国女子为妻。倭国这样做显然是为了让余丰璋成为大王的臣下，在此基础上，倭国再拥立余丰璋成为百济王，那百济复国之后，自然便成为倭国的附庸国。

此前一年，在长津宫，中大兄皇子优先督办了鬼室福信求助倭国的两件事。10 月，为了将齐明天皇的遗体运回大和，中大兄皇子等人离开了筑紫。同年 11 月，齐明天皇的遗体被运回大和，出殡仪式在飞鸟的河原上举行。目前还没有史料记载在那之后，中大兄皇子回到过筑紫。笔者认为，中大兄皇子此后并未再返筑紫。这表明待在筑紫临阵指挥只不过是齐明天皇自己的想法。

来年的天智天皇元年（662）正月，中大兄皇子向鬼室福信提供了大量的箭、丝、布、皮革等军需物资及稻米，用以支援百济复国军。第二年公元 663 年的 3 月，中大兄皇子又新任命前、中、后将军，率领两万七千人的增援部队讨伐新罗。

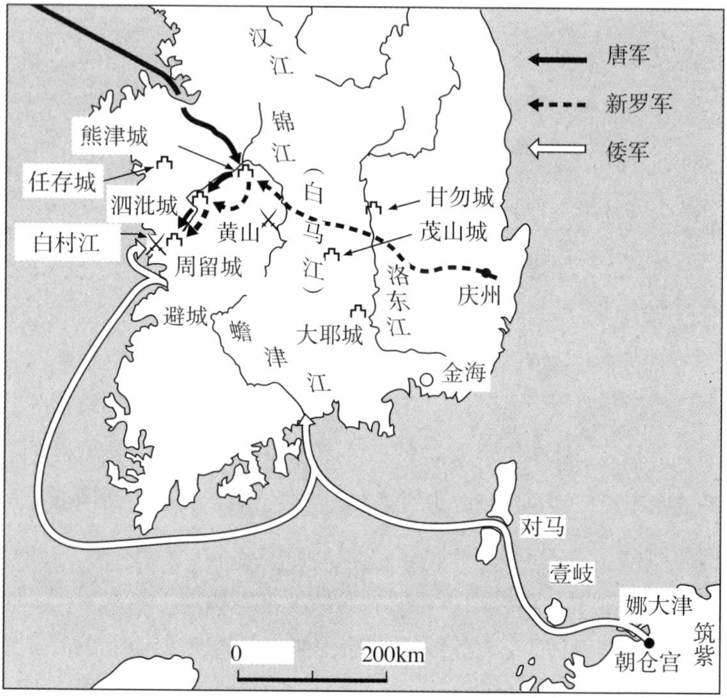

白村江战役相关地区

此时的百济复国军，由倭国的救援部队和以余丰璋、鬼室福信为中心的百济军队组成，他们将周留（州柔）城（大概位于忠清南道舒川郡汉山）作为其据点。但是，到了公元662年的年末，余丰璋、鬼室福信同倭国将领围绕是否把据点迁至他处的问题，产生了严重的分歧。到了公元663年，余丰璋和鬼室福信的矛盾又浮出水面。同年6月，鬼室福信为余丰璋所杀。

在这种情况下，唐朝和新罗打算趁机一口气歼灭百济复国军，便派遣大军从水陆两方逼近周留城。8 月 27 日，由刘仁轨率领的唐朝水军在白江（锦江）的河口（白村江）列阵，遭遇了由庐原君（以骏河国庐原郡［今静冈市清水区］为根据地的国造级豪族，其名不详）率领的倭国水军。庐原君的部队大概是同年 3 月被派遣至新罗的援军中的一支，由于周留城被围，于是急忙赶去支援。

这一日，倭国水军率先向唐朝兵船发起挑战，怎奈出师不利，只得败退。第二日，两军再次交战。倭国水军受到唐朝兵船的夹击，指挥失灵，全军一片大乱，倭军惨败。很多倭国水军跳入白村江，溺水而死。对此，《旧唐书》描写道："焚其舟四百艘，烟焰涨天，海水皆赤。"唐军向倭军射火箭，倭军全线溃退，败局已定。至此，胜负已分。公元 663 年 9 月，周留城的百济复国军向唐军投降。百济民众见此情形，纷纷说道："周留城已被攻陷，看来再无回天之力了。从今天起，百济的国名将不复存在。"余丰璋也逃往高句丽。从周留城逃出来的倭国兵船集结在弖礼城（大致位于庆尚南道南海岛），待载上逃难的百济将军与民众后，返回倭国。

之后，唐朝和新罗联军将矛头指向高句丽，高句丽竟也不敌联军。公元 668 年，高句丽都城平壤陷落，高句丽灭亡。

在外征战的士兵们

倭军为什么在唐军面前如此不堪一击呢？唐朝水军身经百战，经验丰富。而且，开战当日唐军先行抵达白村江，摆开阵势，以待倭军到来。另一方面，经验不足的倭军没有明确的作战目标，更没有统一的指挥。就此战役，《日本书纪》的记录更为详细："日本诸将与百济王不观气象，而相谓之曰，我等争先，彼应自退，更率日本乱伍中军之卒，进打大唐坚阵之军。大唐便自左右夹船绕战。须臾之际，官军败绩……"

此外，倭军还有一个最为致命的问题。正如鬼头清明指出的，倭军是由豪族武装凑合起来的部队，他们没有自上而下统一的指挥体系。虽然公元661年8月派遣至朝鲜半岛的先头部队由前后两军组成，公元663年3月派遣的增援部队由前、中、后三军组成，但是他们都没有负责统辖全军的指挥官。必须得说，在军事组织上，倭军的表现并不成熟。倭军是必败无疑的。

倭军士兵主要来自西日本地区，除此之外，也有士兵来自东日本地区及更加偏远的陆奥地区。虽然有很多士兵战死沙场，但被唐朝抓去做了俘虏的士兵也不在少数。持统天皇四年（690），有一名前倭国士兵时隔三十年后从唐朝回到了倭国。他就是筑后国上阳咩评的大伴部博麻。大伴部博麻因公元661年救援百济的战役入伍，后成为唐军的俘虏。天智天皇九年（670），同大伴部博麻一块儿被俘的土师连富杼等人因获悉唐军的情报，想通报倭国，但是由于没有盘缠而无法回国。于是，大伴部博麻卖掉自己，为土师连富杼等人凑足盘缠，令其回国。此后，大伴部博麻又作为奴隶在唐朝生活了二十年，最终得以同倭国遣唐的留学生一道归国。

还有花费更长时间才回到倭国的俘虏。赞岐国的锦部刀良、陆奥国的生王五百足、筑后国的许势部形见三人，同样因参加百济救援军为唐军所获，后成为唐朝的官户（政府所属的贱民）。他们在唐朝生活了四十年才获赦免。庆云四年（707），他们遇到遣唐使粟田真人，于是便跟随遣唐使一行人回到倭国。可以说，对外征战使民众蒙受了巨大的苦难。

第四节　戒严体制下的国政改革——天智朝

拼死保卫国土

随着齐明天皇的亡故、白村江一战的惨败，以王都的庄严与“天下”世界的扩大为基调的齐明朝颇具特色的政策路线早已成为昨日烟云。惨败于唐军的倭国转而将精力投入到强化国土防卫的工作中。白村江战败后的第二年，即天智天皇三年（664），倭国在对马、壹岐、筑紫派驻防人，设立烽火台。此外，倭国还在筑紫修建了水城。防人意为边境守卫，即国境警卫队。烽火台则是点燃烽火报知危急情况的设施。两者在功能上是一个整体。

据《日本书纪》记载，倭国"筑大堤贮水，名曰水城"。简而言之，水城就是用于蓄水的防御性设施，其遗址位于福冈县太宰府、大野城两市交界处附近。在博多湾到南面的筑紫平原一带最狭窄的平地上，水城遗址由全长约 1.2 公里、高约 13 米、底部宽约 80 米的大规模土垒封堵而成。有学者依据《日本书纪》的记载，认为水城就是一个像大坝一样用于蓄水的设施。但是，经过发掘调查，考古人员在其外侧（博多湾一侧）发现了一个宽约 60 米、深约 40 米的巨大壕沟遗址。这一设施通过内侧取水口连通土垒下特制的木头管道来蓄水。它的设计非常独特，是一个通过土垒以及外侧壕沟来防守内侧的防御设施。

据推测，过去曾位于那津（博多）的筑紫大宰（大宰府的前身），正是在这一时期搬迁到了水城内侧如今的大宰府遗址所在地。这一迁移行动，显然也是倭国为了防御外敌而专门采取的举措。天智天皇四年（665），倭王权命令逃亡至倭国的百济贵族在大宰府的南北两面，分别修建大野和椽（基肄）两城，又在长门修建一城，这也就是所谓的朝鲜式山城。到了危急关头，大宰府的人就可以逃入大野、椽两城避难。

到了公元 667 年，倭国开始在其防御最前线的对马修筑金田城。紧接着，倭国又在赞岐修建了屋岛城，在大和修建了高安城。可以说，从对马到大和各地，到处都是防御设施。由此可见，倭国甚至已经联想到敌军可能会进攻大和的情形。

公元 667 年，倭王权将都城迁至近江的大津，恐怕也是出于国防角度的考虑。关于这一点，我们将在后文中详细论述。

修复与唐朝、新罗的外交关系

唐朝在镇压百济复国运动后，任命原百济义慈王的太子、被俘虏至唐朝的扶余隆做熊津都督，并将其派往百济。唐朝之所以会起用旧百济王族做都督，是因为这样既可以利用旧百济王族的权威抚慰百济遗民的抵抗情绪，又可以借此同新罗王室和睦相处，还可以让百济永远成为唐朝的殖民地，接受唐朝的统治。公元 664 年，唐朝将新罗文武王之弟唤至熊津，让其同扶余隆在百济镇将（百济占领军将领）刘仁愿的监督下，歃血为盟，起誓和平友好地相处。就这样进行了中国传统的会盟。

唐朝的主要目的在于攻克高句丽。唐朝将原百济的领土置于熊津都督府的统治下，然后让新罗承认熊津都督府的统治地位。在此基础上，唐朝也没有忘记对倭国采取措施。熊津会盟后不久，刘仁愿派遣郭务悰等人出使倭国，要求修复两国的外交关系。倭国在筑紫盛情款待了郭务悰等人，但仍对唐朝存有戒心。倭国方面以郭务悰等人是百济镇将刘仁愿的私使而非“天子使人”为由，拒不接受文书，也不准许一行人等前往倭京。

天智天皇四年（665），唐朝邀请新罗王参与会盟，并让其在熊津再次同百济宣示和睦友好。与此同时，唐朝再次派遣使节前往倭国。唐朝这一次派遣的使节团非常正规，唐朝的官吏刘德高任大使，郭务悰也在使节团内。这一次，倭国方面同意使节团进入倭京，也受理了他们递交的外交文书。这样一来，倭国与唐朝虽看似言归于好，但实际上畏惧唐军的倭国根本没有消除戒心，他们仍然在继续加强国防体系的建设。

公元668年，高句丽灭亡，唐朝在平壤设立安东都护府，任命唐朝将领做都护，这其实也是在实施羁縻统治。如此一来，百济、高句丽两国灭亡后，在唐朝的主导下，朝鲜半岛有条不紊地构建起了新的统治体制。但是，在唐朝的庇护下，百济原王族的势力仍然存续，这令新罗难以忍受。而且，高句丽被置于唐朝的殖民统治之下，这对新罗来说也是一个巨大的威胁。

公元670年，新罗终于下定决心，开始采取行动。新罗向原百济领土公然发起进攻，夺下八十二座城。第二年公元671年，新罗又占领了泗沘城，并在那里设立了所夫里郡。没过多久，原百济领土的大半已全部置于新罗统治之下。公元674年，唐朝剥夺了新罗王的官爵。新罗一面向唐朝派出使节前去谢罪，一面又继续同唐军交战。唐朝在新罗软硬兼施的巧妙战略下，只得放弃对朝鲜半岛的统治。公元676年，唐朝将熊津都督府和安东都护府撤回唐朝本土。如此一来，新罗得以将原百济领土和原高句丽领土收入囊中，最终统一朝鲜半岛。

在此期间，新罗于天智天皇七年（668）高句丽灭亡前后向倭国派出了使节。此后，倭国也派出使节前往新罗，两国很快拉近了关系。此后的天武朝、持统朝时期（672—697），新罗连年派遣使节前往倭国，倭国也频繁派出使节去往新罗。特别是在倭国与唐朝断绝了外交往来的天武朝、持统朝时期，新罗同倭国在政治上、文化上的关系对倭国而言十分重要。

甲子之宣——紧急状态下的氏族改革

战败后的倭国不单害怕唐朝军队入侵，这一时期的倭王权还将紧张的国际形势化为了一种动力，在国内推行了多项改革。

首先，在白村江战役后的次年，即天智天皇三年（664）二月，大海人皇子宣布了三项改革措施：①将大化五年（649）制定的冠位十九阶制改为冠位二十六阶制；②确立大氏、小氏、伴造等的氏上；③确立诸氏族的民部、家部。这一改革法令取颁布当年的干支，被命名为“甲子之宣”。

上述改革措施基本上继承和发扬了大化改新时期的政治改

革举措，并进一步推进了此前暂且搁置的中央政治机构与氏族的重组计划。改革措施①进一步完善了冠位制度。改革措施②③则将大化改新时期还停留在意识改革层面的氏族政策付诸实践，这一点极为重要。

在改革措施②中，国造并未被列为改革对象。但是，如果从改革措施②是天武天皇十三年（684）制定的八色姓制度的前提这一观点看，改革措施②的对象肯定是中央伴造级别以上的氏族。倭王权将这些中央氏族分为“大氏、小氏、伴造等”三个级别，并在每个氏族确定一位氏上作为官方代表，然后分别授予其象征身份的大刀（大氏）、小刀（小氏）、盾牌和弓箭（伴造等）等武器。“氏上”一词也从这一时期起开始被使用。虽然过去原本就存在率领氏族的族长式人物，但这还是倭王权首次认定了此类人物的官方地位。从天武天皇十一年（682）十二月倭国朝廷下诏称“诸氏人等，各定可氏上者而申送”可以看出，氏上是由各氏族选定候选人，上报朝廷后，才会得到正式任命的。而且，只有氏族的正式成员（氏人）才有资格参加氏上的选举。因此，改革措施②的要点在于，根据实力将各氏族分为三个级别，通过选定氏族的官方代表氏上，倭王权能够对各氏族成员的情况有所把握。通过这样的措施，倭王权既可以确定各氏族的级别，又可以通过氏上来掌控各氏族的成员。倭王权在授予改革措施①中的冠位，以及支给改革措施③的民部、家部时，各氏族的级别即为重要的参照基准。倭王权的氏族政策终于进入了重组和等级化的阶段。

对于改革措施③而言，如何阐释“民部、家部”的含义是个关键问题。天武天皇四年（675），倭王权颁布诏书称：“甲子年（公元664年）诸氏被给部曲者，自今以后，皆除之。”由此可知，上述诏书中提到的“部曲”是倭王权通过“甲子之宣”支给各氏族的。由于“部曲（カキベ）”和“民部（カキベ）”在日语中读法相同，所以我们可以将两者认作同一个意思。前文已经介绍过，“部曲”是指经倭王权认可的属于各氏族的“部”。在大化改新时，这些“部曲”被作为“所封民”重组。但在大化改新后，各氏族的“部曲”实质上仍然存续。而要说到这些“部曲”被改革的点，那就是倭王权限定了“部民”的数量，并在概念上明确了其“由倭王权统治”的性质。而“甲子之宣”又按照重新制定的“大氏、小氏、伴造等”等级再次分配了这些“部曲”。于是，他们又成为倭王权根据诸氏族实际的政治地位给出的相应的经济特权。到了公元675年，这一制度遭到废除，“部民”正式由私有民转变为公民。此外，各氏族的宅还拥有代代隶属于该氏族的奴（家子）。而所谓的“家部”则使倭王权在该时期第一次掌握了奴的情况，并在此基础上重新认证了各氏族的奴。“家部”一直延续到了公元675年以后。后来，在《大宝律令》

制度下，“家部”演变成为“氏贱[1]”。

总而言之，“甲子之宣”中的改革措施②③划分了氏族的等级并重组了氏族。在其成功实施的基础上，倭王权重新分配了氏族传统的经济基础——部曲和奴。那么倭王权为什么要在白村江一战战败后，率先施行上述氏族政策呢？

前面我们说过，大化改新时期的倭王权最先废除了地方上的“国”，设置了“评”。而为了维护统治阶层的团结，那时的倭王权并未彻底改革中央层面的氏族制度。对倭王权来说，氏族的经济基础是块不能触碰的“圣域”。若要拿此“圣域”开刀，改革无疑将变得困难重重。正因如此，改革氏族制度的大半措施就这样被搁置下来。改革氏族制度对于重回王权中枢的中大兄皇子来说，简直就是前朝留下的最大悬案。

白村江战败后，倭国就暴露在了唐军来袭的危险之中。朝野内外也出现了要求追究战败责任的声音。倭国战败的现状和紧张的国际局势，正好成为中大兄皇子着手改革氏族制度的借口。换言之，战败反而成为改革氏族制度的契机。

但是，就改革氏族制度而言，“甲子之宣”只是开了个好头罢了。因为仍有很多课题亟待解决。中大兄皇子的这次改革只将氏族分为了三个等级，这仍然太过粗略，其措施在天武朝时期制定的八色姓制度中得到了继承和发展，八色姓制

---

1 氏贱，指律令制度下作为氏族共有财产的贱民、奴婢，由氏上负责管理。

度更细致地划分了氏族，与此同时“姓”也更明确地标示了氏族的等级。此外，“民部”和“家部”也使得氏族获得了与其实际地位相应的经济特权。同时，“民部”和“家部”经由国家统一分配的形式也得到了进一步的明确。但是，从所有“民部”和“家部”的主体不是个人，而是氏族这一点看，中大兄皇子的改革还称不上是根本性的改革，毕竟它不符合公民制的原则。

天武天皇四年（675），倭王权废除了部曲（= 民部），转而建立起食封（封户）制度。直到那时，倭王权才真算是对氏族的经济基础进行了大刀阔斧的改革。食封制度实施之后，所有主体从氏族变为个人，所有对象从部曲（人员）变为封户缴纳的贡赋（物资）。如此一来，原先诸氏族的部曲就转化成了与官僚制度相适应的俸禄。到了专制统治的天武朝时期，倭王权才在真正意义上改革了氏族制度，建立起公民制度。

迁都近江和天智天皇即位

天智天皇六年（667），中大兄皇子将都城迁至近江大津宫。近江相当于畿内地区以外的地方。除了神话传说的时期之外，这还是倭王权首次将都城迁至畿内地区以外的地方。大和地区的人们对此颇有抵触情绪。据《日本书纪》记载，迁都之时：“是时天下百姓不愿迁都，讽谏者多，童谣亦众，日日夜夜失火处多。”这样的记述表明，那时人们的反对声之强烈，社会局势之不稳。

近年来的调查显示，大津市锦织地区有大型掘立柱建筑的遗址，考古人员几乎可以确定该遗址就是近江大津宫的遗址。因为修建近江大津宫的区域只有可能位于比叡山山麓倾斜地带至琵琶湖之间狭窄的平地上。正因如此，人们也很难在该区域内修建拥有巨大朝堂院的难波长柄丰埼宫那样的王宫。

在这一时期的朝鲜半岛上，唐朝正征讨高句丽，还命新罗出兵助战。与此同时在倭国国内，倭王权在大和地区修筑了高安城等，只为拼命加强防御建设。东亚地区的形势依然紧张。在这种情况下，中大兄皇子不顾人们的反对，迁都至比大和更为内陆的近江，多半还是为了加强防御体制。

迁都近江后的第二年，公元 668 年 1 月，中大兄皇子终于结束了长达七年代理朝政的日子，登坛即位。中大兄皇子就是天智天皇。此时距离中大兄皇子在公元 645 年乙巳政变后当上太子，已经二十三年了。

公元 661 年，齐明天皇在西征途中死于筑紫。从这时起，中大兄皇子终于从齐明天皇政治路线的束缚中解脱出来，可以依据自己的政治理念来执政了。但那时，恰逢唐朝与新罗随时有可能进犯倭国。而且，之所以会招致这种状况，已故的齐明天皇和中大兄皇子本人应该负大半责任。所以，在这样的背景下，中大兄皇子只得选择代理朝政。

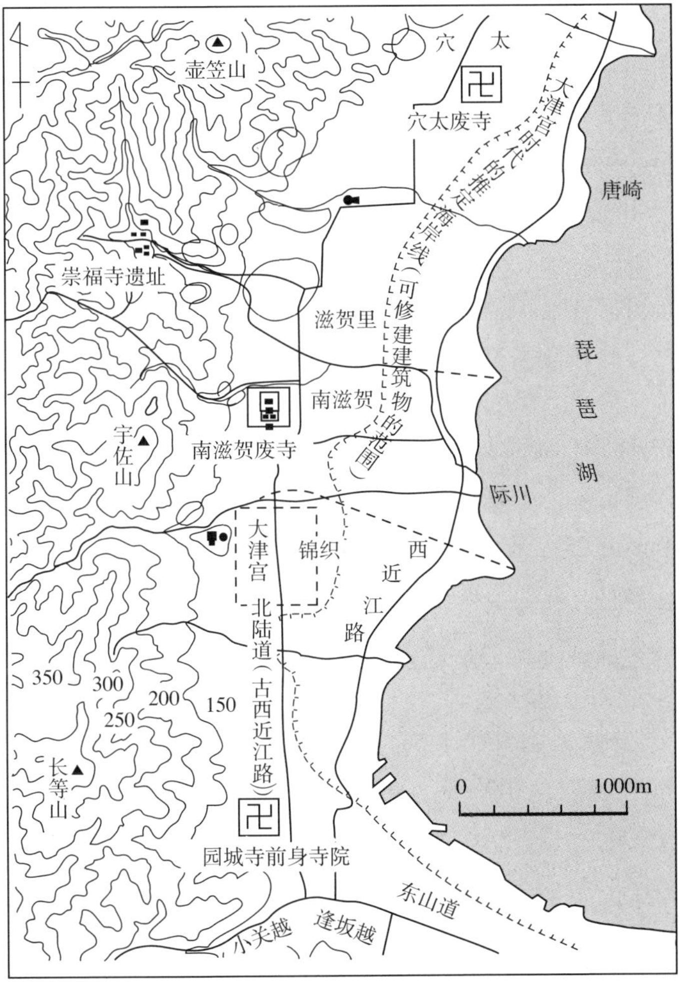

大津宫的推定位置（出自林博通等人所著的《近江的古代寺院》，真阳社）

笔者认为，中大兄皇子之所以会代理朝政长达七年之久，是因为这恐怕是其本人的一种政治战略。如果说白村江一战继承了齐明天皇的遗志，那么战败的现实则是中大兄皇子政治失策带来的巨大污点。朝野内外一定会出现向中大兄皇子问责的声音。中大兄皇子通过暂缓即位，不仅能够躲避责难，还可以借助“非常事态”的名义，在西日本各地建设防御设施，构筑军国体制。与此同时，他还能着手改革过去一直悬而未决的氏族政策，重组氏族，加强集权。因此，中大兄皇子在公元668年即位，正意味着白村江之战战败后，倭国马不停蹄实施的内政改革、防御建设等均告一段落。非常时期暂且画上了终止符。

最早的户籍——庚午年籍

天智天皇即位两年后的天智天皇九年（670），户籍制作工作在倭国全境展开。由于这一年是庚午年，人们便称之为“庚午年籍”。这是日本最古老的户籍。在律令制度下，户籍每六年制作一次，过去的户籍只保存三十年，然后顺次废弃。不过，只有庚午年籍例外，它是被永久保存的。

现在，正仓院零星地保存着一些奈良时代的户籍，但由于庚午年籍已经完全遗失，我们已无法目睹原物的风采了。据井上光贞的调查，通过后世的史料，我们可以确定，西海道（九州）到东国（关东）各“国”都曾制作过户籍。所以，当时倭国全国范围内应该都编有户籍。至少我们可以确定，到平安时代初期为止，各“国”都按照律令规定妥善保管庚午年籍。

如果我们用奈良时代的户籍推断庚午年籍，那么庚午年籍的大致情况应该如下：首先每户上应该写有户主的名字，紧接着会罗列出每位家庭成员的名字，以及他们与户主的关系、年龄等等。此外，如果是“甲子之宣”中规定的民部、家部之人，或是其他的贱民，在这种情况下应该还会写有注记。

这样的户籍编制工作还是首次在倭国全国范围内开展，其难度之大超乎想象。日本列岛的一般民众原本是没有姓的。但在奈良时代，除了天皇与奴婢，所有的人都拥有了姓。通常来说，普通公民都被冠以“某某部”的部姓。之所以连公民阶层都能拥有姓，是因为倭王权在编制庚午年籍时，官方规定了所有民众的姓，我们将其称为“定姓”。于是，按照原先部民制的所属关系，大多数的普通民众被授予了部姓。各“国”动员了庞大的人力开展“定姓”工作。在此基础上，每位民众的亲属关系、名字、年龄等信息都会被记录在案。庚午年籍之所以能够永久保存，并不是因为它是最早的户籍，而是因为律令制度下有关姓氏的诉讼中，庚午年籍的相关记录会被视为重要的证据。换言之，因为庚午年籍是姓氏的“根本底册”，所以它才能够被永久保存下来。

庚午年籍的编制也有其历史意义。在孝德朝时期，通过全国范围的废“国”设“评”，中央集权式的地方统治体制得以确立，这为庚午年籍的编制提供了前提条件。最晚到齐明朝时期，国评制度形成，作为地方官的国宰（后世称国司）会常驻统辖多个“评”的“国”。从传承板盖宫出土的写有“白发部五十户”“大花下”（公元649年至公元664年实施的冠位十九阶制度的冠位名）的木简，以及从法隆寺流传下来的幡上的“癸亥年（663）山部五十户”的墨书可知，到了天智朝初年，在律令制度的郡下设“里”的前身——“五十户”制度已然形成。在律令制度下，一里由五十户构成。像这样，我们将编制构成“里”的户，称为“编户”。到了天智朝初年，编户工作一直在以某种形式进行着。待到那时，“评”之下已设有由五十户构成的“里”。

综上所述，截至天智朝初年，倭国全国范围内已形成“国－评－五十户”的地方统治体制。庚午年籍在此基础上编制而成。从这层意义上看，庚午年籍的编制标志着大化改新以来的地方统治得以重组，公民制得以形成。天智天皇的基本政治理念是一种对大化改新政治改革的继承。

但是，需要指出的是，从公民制的角度看，上述具有划时代意义的户籍编制工作，距离真正的公民制形成还有一步之遥。之所以这么说，是因为“甲子之宣”中规定的民部、家部在该时期仍然存在。要等到进入天武朝时期，倭王权才能完全废除民部（=部曲），并将他们编为公民。而重组家部，并通过律令制定良贱制，则要等到持统天皇四年（690）制定的庚寅年籍才能实现。另外，从“白发部五十户”“山部五十户”等名称上看，五十户制很可能是基于过去的部民制关系编成的。而这一制度要转换为以地域为基准的律令制编户，则要等到天武天皇十年（681）后，里制实施之时。经过这样的过程，天武朝、持统朝时期律令制度下的公民制终于形成了。

天智天皇十年的官制——《近江令》是否存在?

在天智朝时期，官制亦有所发展。具体来说，天智朝末年的天智天皇十年（671）正月，天智天皇之子大友皇子被任命为太政大臣，苏我赤兄被任命为左大臣，中臣金连被任命为右大臣。正如后文将会提到的，大友皇子被任命为太政大臣一事，虽与王位继承问题有关，但由于这是首次设立太政大臣，所以备受学界关注。井上光贞着眼于太政大臣及与其同年设置的“法官”（式部省[1]的前身）指出，在这一时期，以太政官－六官（法官、理官、大藏、兵政官、刑官、民官）为构架的太政官制已初步形成，这一官制正是以太政官－八省官制为构架

1 式部省，律令制设置的八省之一，掌管文官人事和奖赏。

的律令太政官制的雏形。井上光贞表示，大友皇子被任命为太政大臣，实际上正是倭王权在践行于天智天皇七年（668）完成的《近江令》中制定的官制。

长期以来，学界就所谓的《近江令》做了大量的研究。青木和夫提出的《近江令》否定说认为，虽然倭王权在天智朝的确编纂过某种形式的法令，并且这些法令已经有一部分得到了实施，但编纂完成的《近江令》仍然缺乏系统性，它也从来没有被完整地执行过。笔者赞成青木和夫的上述观点。对《近江令》存在论者而言，其观点最大的短板在于，《日本书纪》对此没有任何明确的记载。由国家编纂的史书《日本书纪》，对由国家编纂的根本性法典，不做明确记载，这种事情似乎不太可能。况且，《近江令》还是日本的第一部法令，应该极具纪念意义。综上所述，笔者认为，日本的第一部法令应是从天武天皇十年（681）开始编纂并于持统天皇三年（689）正式施行的《飞鸟净御原令》。

此外，就太政官制而言，虽然在天智朝末年就已经出现了太政大臣和法官，但这并不意味着太政官制在同一时期已经形成。太政官和六官应该形成于壬申之乱之后的天武朝初年。笔者认为，早川庄八的上述观点比较妥当。

总而言之，就官制而言，天智朝时期虽然已经出现了太政大臣、法官等部分八省前身的官职，但是系统性的太政官制在该时期仍未形成。再者，就法制而言，即便倭王权尝试过编纂法典，但是从其结果来看，倭王权此时并未完整编纂出一部律令法典，自然也就不提实施之事了。

对律令制国家的统治机构而言，官僚制和公民制就好比是一驾马车的两个轮子。大化改新以后，倭王权废除“国”与部民制，改革官制，设立“评”，都是为了建立官僚制和公民制。但是，正如分析该过程可以知晓的，官僚制和公民制并不形成于同一时期。总的来说，公民制的形成要早于官僚制的形成。从编制庚午年籍可以看出，这一时期距离律令公民制的形成仍有一步之遥。

不过，官僚制的形成又如何呢？倭王权虽说在孝德朝时期宣布要废除品部，但那也不过是在观念上废除了“部”。实际上，氏族大部分的既得权益仍被留存下来。虽然天智朝初年发布的“甲子之宣”正式改革了长期搁置的氏族问题，但仍旧留下了诸多问题有待日后解决。而真正意义上的律令官僚制要等到《飞鸟净御原令》实施之时才会形成。总而言之，到天智朝为止的时期内，公民制的发展虽卓有成效，但官僚制的形成及以其为前提的氏族改革的大幅滞后，都要等到天武朝时期才能得到真正的解决。

第五节 | 升格为神之战——壬申之乱

围着额田王转的两兄弟

天智天皇三年（664），大海人皇子站在群臣面前宣读了“甲子之宣”。由此可知，天智天皇当初是将同母弟大海人皇子视为左膀右臂的，甚至考虑过让大海人皇子成为自己的继任者。但是，不知从何时起，两人心生嫌隙，而这一嫌隙也直接影响到了天智天皇挑选继承人的问题。

在天智天皇即位的天智天皇七年（668）五月五日，天智天皇带着大海人皇子、中臣镰足及群臣，到琵琶湖南面的蒲生野（滋贺县八日市市，今东近江市附近）药猎。药猎是一种从中国传入日本的活动，在每年的五月五日这天，人们会踏入山野，男人猎取鹿茸（有药效），女人采摘草药。天智天皇七年（668）五月五日这天，极负盛名的万叶歌人额田王也参与了此次药猎，其间她有感而发：“君行紫野去，标野君又行，不见野间吏，笑君衣袖轻。”(《万叶集》第一卷第 20 首)。大海人皇子听罢，作和歌答曰：“妹如紫草鲜，安得不艳羡，知是他人妻，犹能如此恋。”(《万叶集》第一卷第 21 首)。

额田王起初嫁给了大海人皇子，二人之间还诞下了十市皇女。但此时，额田王已贵为天智天皇之妃。额田王在和歌里说："为何要如此挥袖，皇子您就不怕被看守（大王狩猎场的看守）看见吗？"大海人皇子则在和歌中回答说："你艳如紫茜，怎会让我心生憎厌。即便你已为人妻，但我仍然爱你。""挥袖"在那时是一种明确示爱的行为，大海人皇子这般赤裸地表露未免不太稳妥。我们不免会想，天智天皇、大海人皇子和额田王三人难不成是三角恋的关系？但在研究《万叶集》的专家看来，事实可能并非如此。

如果说额田王与大海人皇子互相吟咏的是情歌，那么上述两首和歌则应该被收录进《万叶集》的"相闻"，但它们实际上被收录于"杂歌"。这说明上述两首和歌并非情歌，它们应该是那日药猎活动结束后宴飨助兴用的和歌。长期以来，坊间一直流传着一种喜闻乐见的观点，即为了争夺额田王，天智天皇和大海人皇子兄弟阋墙，这件事甚至还引发了此后大海人皇子和天智天皇之子大友皇子相争的壬申之乱。而上述《万叶集》的分类方式，则似是让此类观点无法站稳脚跟了。

但是，我们却能在《家传》中看到有关天智天皇和大海人皇子之间恩怨纠葛的故事。在即位那年，天智天皇在琵琶湖畔的楼阁上召集群臣欢宴，酒过三巡菜过五味，人们兴致正高，大海人皇子却站起身来，在御前舞起了长枪。但是，不知大海人皇子那时脑海中闪过了怎样的念头，他竟然突然用长枪扎穿了地板。天智天皇大怒，打算手刃大海人皇子，却被中臣镰足劝下，一场风波最终有惊无险。

天智天皇的继任者问题

《日本书纪·天智纪》一贯将大海人皇子称作“大皇弟”。这大约是《日本书纪·天智纪》对大王弟弟的一种尊称，但似乎也包含有“太子”之意。据《日本书纪·天武纪》记载，在天智天皇正式即位的天智天皇七年（668），大海人皇子被册立为东宫（太子），领有被称作“汤沐”的食封，通常来说只有太子才能享有这一食封。所以，我们似乎的确可以将大海人皇子视为正式的太子。

天智天皇后妃众多，但遗憾的是男嗣不多。除去夭折的王子，天智天皇只有三个儿子。而且，这三位王子的生母身份都十分低微，使得这些王子很难获得继承人的资格。其中，母亲是伊贺采女[1]宅子娘的大友皇子，被天智天皇四年（665）到访倭国的唐朝使节刘德高称赞为：“此皇子，风骨不似世间人，实非此国之分。”（《怀风藻》）其言外之意是，大友皇子是块能当君主的好材料。故而，天智天皇渐生传位大友皇子之意，也并非令人惊异之事。

公元 669 年 10 月，自大化改新前夕便一直跟随天智天皇的中臣镰足病重，天智天皇亲自前去探望。后中臣镰足病危，天智天皇又派大海人皇子前去探视，并授予中臣镰足最高级别的

1 采女，宫中女官，侍候于天皇、皇后身边，担任日常杂役。

大织冠与大臣之位，赐姓“藤原”。翌日，中臣镰足撒手人寰。

前面我们说过，天智天皇十年（671）天智天皇新设太政大臣一职，并任命大友皇子为太政大臣。与此同时，天智天皇还任命了左右大臣和御史大夫（后世的大纳言）。由此，以大友皇子为首的政权建立。在该阶段，大海人皇子虽仍然身居太子之位，但天智天皇的上述行为无疑对内外宣示了大友皇子继任者的身份。如此一来，大海人皇子的处境变得微妙起来。

公元671年9月，天智天皇已卧病在床。同年10月，天智天皇将大海人皇子叫至病榻前。苏我安麻侣奉命去宣大海人皇子，他忠告大海人皇子：“答话时要小心。”其弦外之意是想告诉大海人皇子，天智天皇是一位曾使尽各种计谋将众多政敌逼入绝境的厉害人物，大海人皇子需多加小心。大海人皇子来到天智天皇的病榻前，天智天皇率先开口道：“后事全托付于汝。”大海人皇子答曰：“臣之不幸，元有多病，何能保社稷？愿陛下举天下附皇后，仍立大友皇子宜为储君。臣今日出家，为陛下欲修功德。”

大海人皇子征得天智天皇的同意后，立马出发前往吉野。有人看到此景，感慨道：“此举无异于放虎归山。”

拼死脱离吉野

公元671年12月3日，天智天皇四十六年的人生行至终点。此后，短暂的一段时期内，朝中平稳无事。公元672

年（天武天皇元年，壬申年）5 月，大海人皇子的舍人回到吉野，汇报了近江朝廷出现不稳异动之事。该舍人称自己因私事前往美浓，却发现近江朝廷正打着修建天智天皇陵的旗号，命令美浓、尾张两国的国司征调劳工，并要求劳工自备武器。这显然是近江朝廷在为攻打吉野做准备。不仅如此，近江朝廷还在近江至飞鸟沿途各地设置了侦察兵。舍人途经宇治时，宇治川的守桥人也表示，为了不影响朝廷向吉野运送粮食，此桥禁行。

据《日本书纪》记载，身居吉野的大海人皇子并无谋反之心，但由于近江朝廷要置他于死地，大海人皇子只得被迫起兵反抗。但那位无缘无故被迫辞去了太子之位、隐遁吉野的大海人皇子，真的毫无野心，就这样准备老死在吉野吗？《日本书纪》是壬申之乱的获胜方天武天皇下令编纂的史书，该书成书于奈良时代初期。因此，《日本书纪》的编纂者对如何维护天武天皇即位的正统性一事必定煞费苦心。毕竟，《日本书纪》不会把隐遁吉野的大海人皇子描述得虎视眈眈、伺机而动。

公元 672 年 6 月 22 日，大海人皇子终于采取了行动。他派出村国男依等三位美浓国出身的舍人，前往汤沐所在的美浓国安八磨评（岐阜县大垣市，安八郡），让他们命汤沐令（管理汤沐的官员）动员评内官吏，甚至美浓国宰，在所辖“国”内征调士兵，并将这些兵力配置在美浓与近江边境要害的不破道（后设不破关，岐阜县关原町附近）上以封锁道路。这一部署极为重要，它将在日后左右壬申之乱的胜负。

两日后的公元672年6月24日，大海人皇子大胆采取行动，他向近江朝廷派驻倭京的留守司借用驿铃（可以使用驿站官马的凭证），但遭到拒绝。留守司立刻将此事上报了近江朝廷。此时已是千钧一发之际，容不得半点迟疑。那时，大海人皇子之子高市皇子、大津皇子二人尚且留在大津宫中。于是，大海人皇子即刻派遣密使命二人尽快脱离险境。然后，大海人皇子带上妃子鸬野皇女（后来的持统天皇），儿子草壁、忍壁两位皇子，以及跟随大海人皇子的二十余名舍人、十余名女官从吉野出发，前往美浓。

由于事出突然，他们离开吉野时，只有鸬野皇女一人乘轿，就连大海人皇子本人也徒步而行。碰巧在途中，大海人皇子与其随从相遇，这才得以骑马继续前行。这一行人经过菟田（奈良县大宇陀町［今宇陀市］）进入伊贺的隐（三重县名张市）。途中日暮西山，四下一片漆黑。大海人皇子一行人只得捣毁路旁人家的篱笆，点火照明，继续赶路。幸而在半道上美浓王与猎人们加入了队伍。在伊贺评，伊贺评官吏等数百人也归顺了大海人皇子。大海人皇子一行人总算逃出了手无寸铁的危险之境。

当彻夜行军的一行人抵达莿萩野（三重县上野市［今伊贺市］佐那具附近）时，已是黎明时分。于是，他们在此稍做歇息，吃了点东西。当他们来到积殖（三重县伊贺町［今

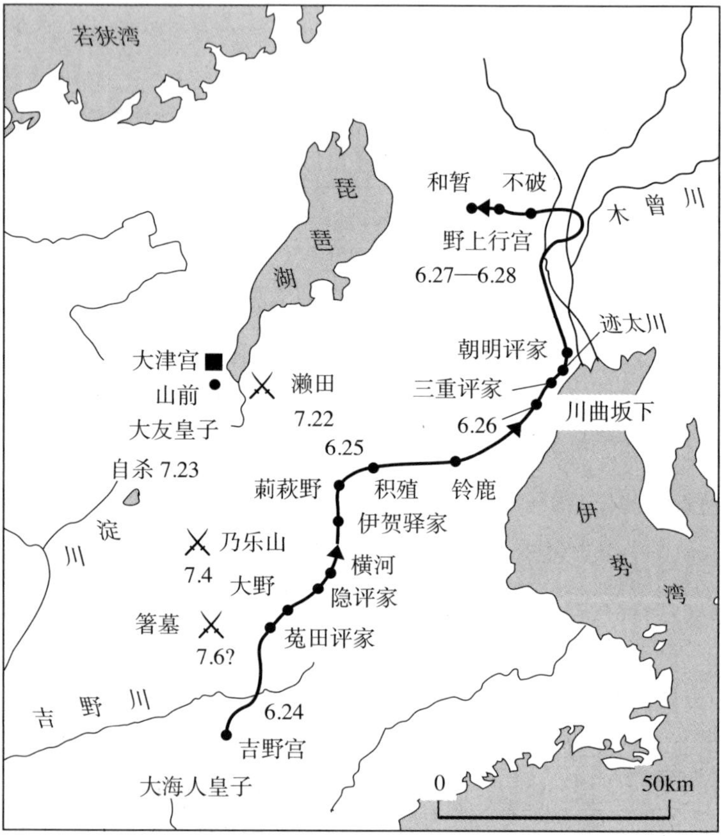

壬申之乱　离开吉野的路线与战场（井上光贞提供）

伊贺市］柘植町）时，同从大津宫中逃出来的高市皇子平安汇合。高市皇子是大海人皇子的长子，时年十九岁。等到一行人抵达伊势的铃鹿时，大海人皇子又在此收获了一批强有力的帮手，国宰的守和介[1]同两位汤沐令一起归顺了大海人皇子。关于这里的国宰和汤沐令，学界有伊势说与美浓说两种观点。虽说国宰和汤沐令都是同一“国”的官吏，但是由于目前尚无证据能够表明伊势存在汤沐，所以笔者赞同美浓说的观点。由于安八磨评的汤沐势力早就支持大海人皇子，所以受其影响，国宰等人也逐渐倾向于加入大海人皇子的阵营。作为近江朝廷地方官的国宰，加入叛乱者一方，真是一件具有划时代意义的事。可以说，这甚至直接影响了叛乱最终的胜负结局。大海人皇子在此用五百人的兵力封锁了铃鹿通往近江的山路。这表明大海人皇子一方早就拥有应对近江朝廷方面进攻的实力了。

公元 672 年 6 月 25 日，大海人皇子一行人来到伊势的川曲坂下（铃鹿市东部）。此时已日落西山、暮色四合。经过两天的强行军，鸬野皇女已精疲力竭。因此，众人决定在此稍做歇息。然而，此时天空突然乌云密布，看这情形，众人顾不上休息，只得继续赶路。不久之后，气温骤降，雷雨倾盆而下，大海人皇子一行人全被淋成了落汤鸡。由于众人都被冻得不行，大家只得在三重的评家（评的官署，四日市市），焚毁了一间屋子以供取暖。

---

1 国宰的守和介，国宰后世称国司，国司是日本古代地方一级行政单位令制国的行政官僚，由朝廷派遣赴任，分为守、介、掾、目四等官。

大海人皇子先发制人

此后，大海人皇子一行人继续彻夜行军，他们于公元672年6月26日黎明抵达了迹太川（朝明川）畔。大海人皇子在河畔，面朝南面的伊势神宫方向遥拜天照大神。这大概是大海人皇子在向天照大神祈愿能够获胜吧。与此同时，大津皇子也带着仆从赶到了这里。此时的大津皇子，年方十岁。由于最令人担心的大津皇子也已经平安脱险，大海人皇子非常欣喜。当这一队人马抵达朝明的评家（约在三重郡朝日町）之时，大海人皇子于6月22日派往美浓的村国男依骑快马赶来汇报说，他已用从美浓国动员而来的三千兵力封锁了不破道。仅仅用了四天时间，大海人皇子一方就做好了交战的准备。

喜报连连的大海人皇子一抵达朝明评家，便开始有条不紊地排兵布阵。首先，大海人皇子派遣高市皇子前往不破督战。与此同时，他又派出使者赶赴东海道、东山道方向，进一步扩大范围，动员兵力。6月26日夜，大海人皇子一行人来到桑名的评家（桑名市附近）夜宿。自吉野出发以来，大海人皇子一行人已疲惫到了极限，在这里众人终于可以安心地睡上一觉了。

公元672年6月27日，在先行前往不破的高市皇子的邀请下，大海人皇子也启程前往不破。待他来到不破的评家（不破郡垂井町）附近时，尾张国守小子部连鉏钩率领两万兵力策马赶至大海人皇子跟前。这位小子部连鉏钩在战乱结束后，入山自杀。据说，那时大海人皇子对此深感诧异。

当近江朝廷接到大海人皇子离开吉野的呈报后，朝野上下一片大乱。虽有人建言应该即刻派出骑兵部队追击大海人皇子，但大友皇子却没有采纳这项建议，眼瞅着近江朝廷就这样错过了灭掉大海人皇子的良机。大友皇子向东国、大和、吉备、筑紫等地派遣使者以动员兵力，但结果全都不尽如人意。近江朝廷派往东国的使者，在不破前方遭到大海人皇子兵马的伏击，只有一人捡回了一条性命，逃回近江。此外，吉备大宰和筑紫大宰很早以前就已被认作是倾向于大海人皇子一派之人。所以，近江朝廷派去吉备的使者先是欺骗大宰，让其卸刀，待其卸刀之后，使者便就地斩杀了吉备大宰。另一方面，筑紫大宰栗隈王向朝廷的使者说："筑紫国者，元戍边贼之难也。其峻城深隍，临海守者，岂为内贼耶？今畏命而发军，则国空矣。"然后坚决不执行朝廷征调军兵的命令。从那时的国际形势看，筑紫大宰的这一理由也是有其道理的。在大和地区，因怀才不遇回到家中的大伴马来田、大伴吹负两兄弟决意奋起。哥哥大伴马来田先行投奔了大海人皇子，而留在大和的弟弟大伴吹负则笼络朝廷一方的留守司，打着高市皇子的旗号，用奇谋成功打退了朝廷派至大和调兵的使者。如此一来，近江朝廷方面的调兵几乎全都晚于大海人皇子一方的动作，所以近江朝廷方面的调兵大都以失败告终了。具体而言，只有河内地区的调兵获得了成功。

近江朝廷最后的结局

来到不破的大海人皇子对出来迎接他的高市皇子讲述了自己抵达野上（关原町野上）时发生之事，并颇为感慨地说：“其近江朝左右大臣及智谋群臣共定议。今朕无与计事者，唯有幼少孺子耳。奈之何？”大海人皇子对此忧心忡忡。高市皇子听罢，回答道：“近江群臣虽多，何敢逆天皇（大海人皇子）之灵哉！天皇虽独，则臣高市赖神祇之灵，请天皇之命，引率诸将而征讨。”大海人皇子听完这一席话，心中大喜。他抓着高市皇子的手，以示鼓励。随后，大海人皇子将军事指挥全权交予高市皇子，并将野上定为大本营，自己留在大本营中统领全局。上述这段显然是人们基于壬申之乱以后的观念创作出的逸事。在那时，人们认为大海人皇子之所以能够获胜，是因为大海人皇子一方有众神护佑，而且大海人皇子本人也具备强烈且不可思议的神威。而在不利的情况下果断采取行动以推翻既有政权的经历，最终使得大海人皇子升格为神。

让我们再把视线转回到壬申之乱。公元 672 年 7 月 1 日，在大和击退了近江朝廷军队的大伴吹负军队，以近江为目标，乘胜开始向奈良方向进军。然而，在河内调遣军的增援下，近江朝廷的军队扭转了局势，他们在乃乐山（奈良市至京都府木津町［今木津川市］的丘陵地带）大破大伴吹负军队。大伴吹负逃走。随后，大伴吹负在墨坂（奈良县宇陀郡榛原町，今宇陀市）与大海人皇子的救援军相遇。于是，大海人皇子方面的军队重整旗鼓，准备再战。

此时，大海人皇子一方从甲斐、信浓等东国诸国动员、征调而来的士兵，已陆续集结完毕。由此，大海人皇子阵营的军队较之近江朝廷的军队，已占据绝对优势。大海人皇子从中调派出一支部队以增援大和方面军。得到支援的大伴吹负军势力大增，他们在大和的当麻（北葛城郡当麻町，今葛城市）同近江朝廷的军队展开激战，最终大获全胜。尔后，大伴吹负把从东国陆续调来的增援部队配置在大和的主要干道上，成功夺取了大和地区的掌控权。

另一方面，在近江地区的战线上，7 月 2 日村国男依等人率领数万人的大军朝大津宫方向挺进。近江朝廷为了攻下不破，也动用了数万人的军队自犬上川启程。但是，走到半路，近江朝廷军内部发生哗变，将军山部王被杀，苏我臣果安自杀，羽田公矢国等人向大海人皇子阵营投诚，近江朝廷的军队随即土崩瓦解。之后，村国男依等人率领的部队，继续朝着大津宫方向急行军。7 月 22 日，他们终于到达了近江朝廷的最后一道防线势多（大津市濑田）。近江朝廷的军队隔着濑田川向大海人皇子的军队发起最终的决战。虽然战况空前激烈，但由于大海人皇子方面的大分君稚臣等人骁勇善战，最终大海人皇子一方获得了胜利。近江朝廷军全线溃败，大友皇子、左右大臣等人四散逃命。翌日，无处可逃的大友皇子退回大津，于山前（大约在大津市长等）自杀。直至最后，只有物部麻吕和一两个舍人伴在大友皇子身侧。

公元672年7月26日，众将军纷纷前往不破的大本营拜谒大海人皇子，并向大海人皇子献上了大友皇子的首级。为时一月之久的壬申之乱就这样结束了。大海人皇子一方之所以能够取胜，多半是因为其在战略上判断精准，用兵神速。大海人皇子从吉野出发之前便向美浓派遣使者请求调兵并命令军队封锁不破道，率先垄断性地征调了东国的军队，这使得近江朝廷此后无法再在东国调用一兵一卒。而这一策略也在之后决定了壬申之乱的走向。眼见大海人皇子一方在军事上占据优势地位后，诸“国”的国宰、大和地区的豪族们便纷纷倒向大海人皇子一方，近江朝廷军中也不乏反戈一击的将领。随着战况的推移，除了军事上的状况外，大海人皇子“大皇弟”头衔所具备的权威也对战事最终的胜利起到了很大的作用。

公元672年8月25日，近江朝廷方面的重臣处分公布结果。其中，包括右大臣中臣连金在内的八人被判死罪。左大臣苏我臣赤兄、御史大夫巨势臣比等及其家族被处以流放。其他人均获赦免。可以说，较之壬申之乱的规模，这样的处理已经比较宽大了。

终章

『天皇』的出现

大王是神

公元672年9月在壬申之乱获胜后，大海人皇子回到倭京，暂住于母亲齐明天皇的王宫——后飞鸟冈本宫。同年冬天，大海人皇子在后飞鸟冈本宫的南面新建了一座宫殿，这就是后来的飞鸟净御原宫。如前所述，经近年来的考古发掘成果证实，传承板盖宫遗址上层的遗留建筑物就是飞鸟净御原宫。飞鸟净御原宫的遗留建筑物沿袭了后飞鸟冈本宫的内郭，但其在后飞鸟冈本宫内郭的东南部增设了一块被称为“虾子郭”的区划。这一考古发掘成果大致与《日本书纪》的记载吻合。第二年天武天皇二年（673）二月，大海人皇子即位，大海人皇子就是天武天皇。

壬申之乱是日本古代史上规模最大的内乱，从贵族阶层到普通民众，不计其数的人被卷入其中。那时，官吏们不得不在变幻莫测的状况中选择去留。那些被动员为士兵的民众，大都只能服从上级的指挥，他们之中大多数人的命运根本由不得自己掌控。在此背景下，几乎赤手空拳决意谋反的大海人皇子，凭借其精准的判断和迅速的行动，在短时间内便占尽了军事上的优势，推翻了近江朝廷。人们皆对此表示叹服。作为天智天皇的同母弟，大海人皇子还曾拥有与太子相当的地位，这些高贵的身份相互叠加，大海人皇子的权威一路扶摇直上，大家都把这位新出现的英雄视为神圣。

《万叶集》收录了两首“壬申年之乱平定以后歌”：“此日终平乱，天皇信有神，赤驹驰骋处，田井作京城。”（第十九卷第 4260 首）；“此日终平乱，天皇信有神，集多水鸟处，水沼作京城。”（第十九卷第 4261 首）。第二首歌人虽是佚名，但第一首的作者则可以确定是在壬申之乱中大显身手的大伴御行。

壬申之乱后，天武天皇升格为人们崇拜的“神”。由于上述两首和歌都描述了身负神权的天武天皇将田野、沼泽改造为王都之事。这一被和歌吟咏的事迹，更使天武天皇的神权增色了几分。正如西乡信纲所言，日本从此诞生了一位与传统权威性质迥异、具备新型神权的统治者。安丸良夫则认为：较之近代天皇制的基本观念之一——“打着文明开化的旗号，人为地创造出的卡里斯玛式的政治领袖”，天武天皇则更像是一个“打着建设律令国家的旗号，人为地创造出的卡里斯玛式的政治领袖”。要说他是神，他的确也是神，但比起作为信仰对象的神，天武天皇应该还是一种政治上的神，他可以通过神权，正当化自己颁布的新政策。在天武朝时期，以着手编纂律令等措施为代表，具有中央集权性质的律令体制在短时间内迅速得以完善。而这一切之所以成为可能，正是因为在壬申之乱中获胜的天武天皇此时已手握了威力无穷的神权。

“卡里斯玛式统治者”天武天皇的尊称

正如本书序章所言，有的学者主张“天皇”称号形成于推古朝时期。而今，包括笔者在内的大多数研究人员则认为，“天皇”称号形成于天武朝、持统朝时期。笔者认为“天皇”这一称号先是作为天武天皇的尊称，诞生于天武朝时期。尔后，天武天皇驾崩后的持统朝时期，随着《飞鸟净御原令》的制定，“天皇”称号作为统治者称号被法定化。

正如东野治之指出的，持统朝时期就已存在将天武天皇称为“天皇”的例子（《日本书纪·持统纪》五年二月条等）。通常来说，如果只称“天皇”，那应该是指当朝天皇。但在持统朝时期，“天皇”一词却是指天武天皇。可以说，这属极为罕见的特例。它表明“天皇”这一称呼原本即被用来指代天武天皇个人。飞鸟池遗迹出土的木简上写着的“天皇”二字，恐怕也是对天武天皇的称呼吧。

而认为“天皇”称号形成于推古朝时期唯一的证据，就是缝在日本最古老的刺绣——著名的天寿国绣帐上的文字。据这段文字记载，推古天皇三十年（622），厩户皇子死后，其妃橘大郎女想看到厩户皇子往生于天寿国的样子，便向推古天皇提议制作一顶绣帐。推古天皇同意了橘大郎女的提议，于是便命采女制作了两顶绣帐。目前，天寿国绣帐仅存几张残片，文字内容也仅有部分依稀可辨。但由于这段文字曾被《上宫圣德法王帝说》等古文献引用，这才使得后人能够获悉铭文的全部内容。

在铭文中，共有四处“天皇”字样。据铭文记载，绣帐是厩户皇子薨落后不久制作的。所以，“天皇”称号很有可能形成于这一时期。但是，已有学者指出，作为推古朝时期的产物，这篇绣帐铭文存在诸多令人生疑的地方。笔者也表示赞同。绣帐很可能和法隆寺正殿的药师如来像一道，制作于天武朝、持统朝重建法隆寺时期。

笔者认为，绣帐铭文最令人生疑的原因在于，“天皇”称号的用法比较混乱。绣帐铭文将钦明天皇和推古天皇称作“天皇”，而在钦明天皇和推古天皇之间的敏达天皇、用明天皇，绣帐铭文则没有使用“天皇”称号。笔者猜测，这恐怕是因为绣帐铭文的作者采用了很早以前便已存在的天皇系谱作为铭文的材料。所以，只有部分天皇的名称后面追加有“天皇”的称号。

除此之外，还有另外两个存疑之处：在铭文中孔部间人公主（穴穗部间人皇女，厩户皇子的母亲）薨落日期的干支与当时使用的元嘉历不符；如此珍贵的绣帐上竟然没有关于完工日期的记录。而且，更令人生疑的是，下令制作绣帐的人真的是推古天皇吗？制作绣帐是上宫王家私事，让日理万机的倭国大王亲自主导该事，似乎有违常理。总而言之，与其说绣帐铭文是对制作绣帐的客观记录，不如说绣帐铭文旨在强调绣帐深厚的背景，即它不仅与厩户皇子有关，而且还由推古天皇下令制作，可谓颇有来头。实际上，法隆寺还有一件与此类似的同厩户皇子相关的物品——法隆寺正殿的药师如来像。据该佛像的光背铭记载，丙午年（公元 586 年，用明天皇元年），用明天皇患病。为了祈祷早日病愈，用明天皇将那时的推古天皇和厩户皇子召至病榻前，嘱咐二人建造药师如来像。然而，直至用明天皇驾崩，这尊佛像也没有完工。丁卯年（公元607年，推古天皇十五年），推古天皇和厩户皇子才终于将用明天皇的这一嘱托付诸实现。

然而，现在一般认为，药师如来像实际上是在天武朝、持统朝时期制作的。如前所述，法隆寺在天武朝、持统朝时期重建的阶段，其官寺的性质才逐渐得以确立。由此，人们设想出一段用明天皇、推古天皇两代大王下令修建法隆寺的始末缘由，以此来彰显法隆寺官寺的独特身份。可以说，绣帐铭的内容，同重建法隆寺时期制作的药师如来像光背铭上的内容，有异曲同工之妙。如果该观点成立，那么天寿国绣帐多半也应该制作于重建法隆寺的时期。

如果天寿国绣帐制作于天武朝、持统朝，那么“天皇”这一称号形成于推古朝的观点即失去了唯一的依据。

“天皇”称号蕴含的观念

“天皇”一词，最初指中国道教的一位重要的神，它源自被人们神化后的北极星“天皇大帝”。由此，有观点认为“天皇”这一称号在形成过程中曾深受道教影响。但笔者认为，若要说“天皇”称号曾受到过道教影响，那么这种影响也不过只限于借用称呼罢了。笔者之所以这样认为，是因为与天皇直接相关的神话、观念等实在鲜少受到道教的影响。众所周知，天皇是太阳神天照大神的子孙，与北极星并无瓜葛。换言之，与天皇有关的最本质的思想，是不受道教影响的。所以，过分强调道教对“天皇”称号的影响极不恰当。

另外，过去在做口头陈述或使用宣命体时，人们通常会采用训读的方式称呼“天皇”为“スメラミコト”。因此，在当时的人看来，“天皇”这一统治者称号所蕴含的理念应该与其训读的意义密切相关。过去人们倾向于认为“天皇（スメラミコト）”的“スメラ”源于动词“统治（スブ）”。而今这一观点已被证实并不成立。正如西乡信纲所言，“スメラ”来源于“澄澈（スム）”。所以，笔者认为，“天皇（スメラミコト）”作为一种在政治上、宗教上圣化的具有神圣超越性的特殊尊称，其作用在于肯定王权的存在。《万叶集》之所以频繁使用“大王（オオキミ）”指代天皇，而非直接使用“天皇（スメラミコト）”一词，正是因为“大王（オオキミ）”是民众使用的词语，而“天皇（スメラミコト）”则与百姓的生活相隔甚远。相较之下，“天皇（スメラミコト）”是一个特殊的新造词，通常它只在国家级的典礼仪式上才会被使用。所以，这样的词不适合出现在表达日常情感的和歌中。

“スメラミコト”这一词语的内在含义其实与新统治者称号“天皇”的本质吻合。“天皇（スメラミコト）”应该是在天武天皇被尊为神时新造出来的词，其目的是要强调天武天皇具

有圣化的神圣超越性。因此，“天皇”这一统治者称号不同于日常用语，它具有特殊的宫廷语性质。

在“天皇”称号制定的同时，“皇后”与“皇太子”的称号及地位也被确立下来。它们显然受到了中国王朝“皇帝”“皇后”“皇太子”等一系列称号的影响。另一方面，新罗等各国则仅使用“王”“妃”“太子（世子）”的称号。因此，有观点认为与“皇后”“皇太子”配套使用的“天皇”称号，比新罗等国使用的“王”的称号规格更高，它相当于中国的“皇帝”称号。换言之，该观点认为“天皇”的“皇”与“皇帝”类同。

另一方面，“天皇”的“天”则与“天神”，甚至至上神“天照大神”类同。正如“天日嗣”“天孙”那般，有不少与天皇直接相关的词都使用了“天”字。“天皇”的“天”相较于“天神”，应该只限于表达“天照大神的子孙”之意，以此来展现“天皇”的神性由来已久。

总而言之，“天皇”二字包含了两种观念：“延续天神系谱的神”以及“与皇帝同级的统治者”。“天皇”称号大体源自日本固有的神话观念，鲜少受到道教的影响。

“天”与“日”的意识形态

作为天武天皇的尊称诞生的“天皇”称号，和几乎在同一时期形成的“日本”这一观念，可以说是天武朝时期蓬勃发展的“天”与“日”王权意识形态的产物。

逃离吉野的大海人皇子，半途中曾在伊势的迹太川河畔遥拜伊势神宫的天照大神。大海人皇子在壬申之乱中获胜，即位成为天武天皇。天武天皇下令恢复了让未婚王女做大王（天皇）代理人侍奉天照大神的斋宫制度，并将自己的女儿——大伯皇女派去了伊势神宫。另一方面，伊势神宫作为祭祀皇祖神天照大神的神社，其地位更是陡然提高。

而与此密切关联的是进一步系统化的王权神话。据《古事记》的序文记载，天武天皇决意对“帝纪”（倭国大王家的系谱）与“旧辞”（与倭国大王家有关的古老故事）“削伪定实”。于是，天武天皇命二十八岁的舍人稗田阿礼“诵习”（一边背诵，一边学习其读法）“帝纪”与“旧辞”。这便是编纂《古事记》之始。天武天皇十年（681），天武天皇下旨正式编纂国史。而其下旨编纂的国史就是之后于养老四年（720）成书的《日本书纪》。换言之，《古事记》和《日本书纪》的编纂都始于天武朝时期。而这正意味着在该时期，神武天皇即位前的王权神话得以逐渐成其体系。

天武朝时期是天照大神的重要性陡然提升的时期。在该时期，有关天照大神的祭祀活动及神话传说不断被充实完善。天照大神不仅是众所周知的太阳神，还是天神中的至上神和被神化的“天”。换言之，天照大神拥有天日合一的神格，而这一性质则在“天照大神是照耀天空的伟大之神”这一语义中得到了集中的体现。从这层意义上说，倭王权是在天武朝时期有组织性地宣扬“天”和“日”的意识形态的。也正是从该时期起，王位又被称为“天日嗣”。

在天武朝时期，倭王权不仅确定了“天皇”的称号，还确立了“日本”的国号。正如吉田孝所言，倭王权在国号之中放上一个“日”字，是有其深刻内涵的。“日”指太阳神，即天照大神。倭王权将“日本”定为国号，意味着倭国是太阳神的子孙——“日之御子”统治的国家。但是，吉田孝指出，通常而言，国号“日本”就如同“日出处”的表述一般，它是一种在唐朝中心论视角下，为解释日本是位于日出方向的国家而创生出的概念。而吉田孝是不赞同这一说法的。他认为如果国号“日本”原本就带有“由太阳神的子孙统治的国家”这样的神话观念，那么基于唐朝视角来解释“日本”由来的说法，将无法与原有的神话观念保持统一。最近，石崎高臣提出，“日本”可直译为“日之本源”，即太阳神正下方之国。换言之，这样的阐释带有“日本是位居世界中心的国家”之意，显然这种阐释来源于以王权神话为基础的日式中华思想。

在“天”“日”王权意识形态蓬勃发展的天武朝时期，统治者称号“天皇”与国号“日本”诞生。可以说，统治者称号“天皇”与国号“日本”中含有“天”“日”二字绝非偶然。它们表示在升格为神的带有强烈卡里斯玛性质的天武天皇的统治下，作为天照大神子孙的“现神”——“天皇”，以及位于照耀天空的太阳神正下方的国家——“日本”诞生了。综上所述，无论是“天皇”，还是“日本”，它们的诞生都与天武天皇的人格有着密不可分的联系。

古代天皇制的形成

如若不及时采取措施，随着卡里斯玛式的统治者天武天皇离世，与天武天皇的人格紧密关联的统治者称号“天皇”以及国号“日本”将消失于世。所以，天武朝时期到持统朝时期，倭王权逐步制度化天武天皇拥有的“神权”，并神化统治者的地位。

为了能够找到与升格为“神”的统治者相匹配的制度与仪式，天武天皇进行了各种各样的尝试。例如，天武天皇在传统祈求丰收的仪式——新尝祭中加入了服装、礼仪方面的要求，创造了大尝祭。天武天皇在位期间，曾多次举办这样的大尝祭。而后世的天皇则仅在即位时举行大尝祭。这也就是说，在天武天皇时期，大尝祭还未被定性为一代一次的仪式。此外，天武天皇还将飞鸟净御原宫的正殿（相当于虾子郭）命名为大极殿。这一名称在藤原京以后得到继承。藤原京之后，大极殿的一部分（大极殿院）也逐渐成为天皇的专属空间，旨在从视觉上彰显天皇的超凡权威。不过，在天武朝时期，在传达重要旨意、天武天皇主持飨宴时，天武天皇还是会将臣下召集至大极殿。那时，大极殿还不是天皇的“专属空间”。而大尝祭和大极殿具备后世所见的形态，真正起到天皇神权再生产的作用，则已经到了持统朝时期。

此外，天武天皇还着手兴建了日本历史上的第一个都城——藤原京，并开始编纂《飞鸟净御原令》。这两项工作皆完成于持统朝时期。可以说，“天皇”的称号和“日本”的国号都是通过《飞鸟净御原令》得以进一步制度化的。

持统天皇即位之际改革了即位仪式，这具有划时代的意义。持统天皇四年（690）元旦，持统天皇代理朝政三年之后正式即位。在即位仪式上，中臣大岛率先宣读了众神祝福天皇的“天神寿词”。其后，忌部色夫知献上作为权力象征物的剑和镜。紧接着，持统天皇登坛即位。之后，群臣排成一列，绕坛转圈，行拜礼和拍手。

这是《日本书纪》记载的持统天皇的即位仪式（“登坛”部分是笔者的推测），它与之前倭国大王的即位仪式大有不同。首先是在仪式的开头，中臣大岛宣读了“天神寿词”，忌部色夫知献上了权力象征物，这一流程在日本的历史上当属首次出现。尔后，它成为后世天皇即位仪式的惯例。在即位仪式上宣读众神的祝词——“天神寿词”，相当于在大王的即位仪式上表明，大王已接受了天神的“委任”。而在改革后的仪式中，天神只是祝福新天皇即位，可以说天神的地位被降级了。此外，虽然忌部色夫知献上权力象征物部分继承了之前群臣献上权力象征物的仪式传统，但是新仪式却固定该环节日后将由忌部氏继续实施。如此一来，大王经由群臣推戴即位的意义就消失了。也就是说，过往的大王即位仪式的核心是，群臣推戴新大王，大王接受天神的“委任”，但在持统天皇之后，上述情况逐渐消失，新天皇即位的合理性转而来源于其“日之御子”的血统和先帝主观的意愿，王权的主体性在仪式层面得到确认。

在持统天皇的即位仪式上，还有一个细节值得注意，那就是群臣对即位的新天皇行拜礼以及拍手。这里所说的“拍手”指“柏手”，这是一种至今仍然保留的拜神仪式。在即位仪式中行“柏手”拜礼，意为将天皇视作“神”来崇拜。持统天皇即位仪式上的“柏手”拜礼在日本历史上当属首次。

之后，在即位仪式中行“柏手”拜礼在后世成为惯例。此外，在基本类同于即位仪式的元旦朝贺仪式上也出现了“柏手”拜礼的身影。如此一来，每逢元旦朝贺仪式或即位仪式，人们都要用拜神仪式向天皇行拜礼。一仪式环节成功地将天皇是“神”的观念灌输给人们，使得日后该观念在日本社会逐渐深入人心。

综上所述，持统天皇的即位仪式与此前大王的即位仪式在构成上有着很大的不同。可以说，持统天皇将即位仪式改造成了符合天皇“神”之地位的仪式。但是，持统朝时期的即位仪式与奈良时代以后的即位仪式仍存在诸多不同。其中最大的不同正在于，持统朝时期的即位仪式是在坛上举行的，而奈良时代以后的即位仪式使用的却是大极殿中央的高御座，藤原京竣工后，文武天皇首次在即位仪式上使用了高御座。

文武天皇于文武元年（697）八月一日即位，于同年八月十七日发布宣命以宣告即位。考古人员在飞鸟池遗迹出土的木简上，发现了这份宣命，它是现存最古老的宣命。由此可见，宣命体应该形成于持统朝时期。这份宣命开头写道："现御神大八岛国所知天皇大命诏大命，集侍皇子等、王等、百官人等、天下公民，诸闻食诏。"后来的宣命也都沿用了这一格式。总而言之，宣命就是下诏，意为将天皇所说的话宣读给在朝庭列座的臣下听，是和文体的诏敕。即位等与天皇直接相关的重大事件都需要用宣命宣布。而宣命中频繁使用"现神（明神）御宇天皇"或"神念"等词，都旨在强调天皇作为"现神"的身份。换言之，"宣命"是为了向臣下传达作为"神"的天皇的旨意而被创造的文体。

如果天皇想以"神"的身份现身于群臣面前，那么天皇就需要一个与之相称的舞台装置。从天武朝起，至持统朝、文武朝，该项工作都在有条不紊地进行。具体而言，该工作的成果有：面目一新的即位仪式、大尝祭、大极殿、宣命等。"现神""天日嗣""日之御子""高御座""皇祖""皇孙"等与天皇直接相关的术语也逐渐形成于这一时期。通过上述措施，天武朝时期确立的超凡的神权通过制度的形式被确定下来，随之，现神"天皇"所统治的"日本"诞生，古代天皇制也就由此形成了。

日式“天下”的终极权威

古代天皇制的形成意味着日本列岛的统治者升格为神，成为日本“天下”的终极权威。但是，“天皇”称号说到底不过是日式“天下观”的产物，它仅在以日本列岛为中心的有限“世界”中适用。日本的统治阶层早在遣隋使的时期就认识到，倭国式的“天下观”并不被中国王朝认可，唐朝更不会轻易认可而今兼具神权和准皇帝资格的“天皇”称号。因此，日本统治者在呈递给唐朝的国书中没有使用“天皇”称号，而是使用了“日本国王主明乐美御德”的称号，虽然这种把戏不过是换汤不换药。另一方面，在奈良时代，对与日本有外交关系的新罗、渤海等国，日本统治者则使用了“天皇”的称号。这种对不同国家使用不同统治者称号的行为表明，日式“天下观”是一种孤芳自赏式的天下意识。以此理念为依据创造出的“天皇”称号也具有很大的局限性。

之后，直到今天，天皇制度一直存续。究其原因，在日本历史上，从最开始的天皇到摄政、关白、院（上皇），再到武家政权、明治政府，真正的统治权虽发生过数次转移，但作为“神”的天皇始终拥有赋予统治权正统性的终极权威。

公元7世纪末“天皇”称号形成后，在日本人的观念中，天皇就一直既是“神”，又是日本“天下”的终极权威。二战战败后，昭和二十一年（1946），昭和天皇发布《人间宣言》，天皇的“神性”遭到否定。从那时起，天皇已不再是终极权威，而只是一种日本国家的“象征”。

最后，笔者想要强调的是，日本列岛的统治者绝非自太古以来就是“神”。天武天皇在壬申之乱中获胜，被人们尊称为“神”。而正是这样身负神权的天武天皇才是现神“天皇”与“日本”的缔造者。换言之，不论是“天皇”的称号，还是“日本”的国号，它们都是那个诞生了卡里斯玛式统治者的史无前例的特殊历史条件的产物。在天武天皇驾崩后，天皇成功铸就了作为日本国终极权威的不可动摇的地位。倭国的统治阶层有组织地神化大王，完成了倭国大王由“治天下大王”升格为“现神”天皇的过程，古代的天皇制最终得以确立。本书阐述的正是这一历程。

“天皇”作为现身于俗世的“神”且拥有终极权威的概念，绝非日本列岛历史固有的，也不是自然而然形成的，它是在特定的历史阶段人为创制出来的。正如英国历史学家霍布斯鲍姆所说的“传统的发明”那般，日本的天皇制度便是“传统的发明”的一例典型。《人间宣言》之所以能为天皇作为“神”的历史画上句号，也是日本战败的历史背景使然。天皇作为“神”的历史已经结束，与此同时，天皇所统治的“神国”也已永远消逝在日本历史的长河中。

附　录

公历	天皇	日本	世界
313			高句丽攻占乐浪、带方两郡。
340			百济、新罗相继建国。
342			前燕大败高句丽，高句丽都城国内城被攻占。
369		百济王世子（太子）向倭王赠七支刀。	
371			百济近肖古王攻击高句丽平壤城，高句丽故国原王战死。
391		从这年开始，倭国屡屡出兵朝鲜半岛。	
396			高句丽广开土王讨伐百济。
397			百济同倭国修好，百济将太子直支（腆支）作为人质送往倭国。
400			高句丽将新罗境内的倭兵赶至金官国。
404			高句丽的广开土王在海上同倭国交战。
414			树立广开土王碑。
420			东晋皇帝将帝位禅让给刘裕，南朝宋（至公元479年）建国。
421		倭王赞遣使南朝宋。	

续表

公历	天皇	日本	世界
425		倭王赞遣使南朝宋。	
427			高句丽迁都平壤城。
430		倭王遣使南朝宋。	
438		倭王珍（倭王赞的弟弟）遣使南朝宋，被封为安东将军、倭国王。	
439			北魏统一华北（至公元589年），中国正式进入南北朝时期。
443		倭王济遣使南朝宋，被封为安东将军、倭国王。	
451		倭王济遣使南朝宋。	
460		倭王遣使南朝宋。	
461		百济盖卤王派其弟军君（昆支）到倭国修好。	
462		倭王世子兴遣使南朝宋，被封为安东将军。	
471		七月，埼玉县稻荷山古坟发现的铁剑铭文诞生（辛亥年），代表雄略天皇的“获加多支卤大王”字样亦见于熊本县江田船山古坟	

续表

公历	天皇	日本	世界
		出土的铁刀铭文。	
472			百济向北魏朝贡，并向北魏控诉高句丽的侵略行径以求援救，但失败。
475			高句丽攻陷百济汉山城，百济迁都熊津城。
477		倭王遣使南朝宋。	
478		倭王武（倭王兴的弟弟）遣使南朝宋，并上表指责高句丽的无道行径。	
479			南朝宋顺帝将帝位禅让给萧道成，南齐（至公元502年）建立。大加耶国王荷知遣使南齐。
485			北魏孝文帝实施三长制、均田制，并在这一时期采取汉化政策。
493			北魏从平城迁都洛阳。
494			北魏开始修建龙门石窟寺院。
502			萧衍接受南齐萧宝融禅让，建立梁（至公元557年）。百济武宁王即位。
503		隅田八幡神社人物画像镜铭文诞生（癸未年，也有说法称其时间应为公元443年）。	

续表

公历	天皇	日本	世界
507	继体天皇元年	二月，大伴金村等人拥立越前的男大迹王在樟叶宫即位（继体天皇）。	
511	继体天皇五年	十月，迁居山背筒城宫。	
512	继体天皇六年	十二月，倭国承认百济吞并任那四县（上哆唎、下哆唎、陀、牟娄）。	
513	继体天皇七年	六月，五经博士从百济来到倭国。百济吞并己汶、带沙。	
515	继体天皇九年	四月，倭国出兵朝鲜半岛，但倭军在带沙江遭遇伴跛军，败退。	
518	继体天皇十二年	三月，迁居弟国宫。	
520			新罗法兴王制定律令。
526	继体天皇二十年	九月，迁居磐余玉穗宫。	
527	继体天皇二十一年	六月，筑紫磐井发动叛乱（磐井之乱）。翌年十一月，物部麁鹿火镇压叛乱。	
528	继体天皇二十二年	十二月，筑紫磐井之子筑紫葛子献上糟屋屯仓。	

续表

公历	天皇	日本	世界
529	继体天皇二十三年	三月，为阻止新罗侵略金官国，近江毛野被派遣至安罗。	新罗侵略金官国。
530	继体天皇二十四年	近江毛野因被控告施行暴政，被大王召回，在对马病死。	
531	继体天皇二十五年	二月，继体天皇驾崩。	
532			金官国主金仇亥向新罗投降（金官国灭亡）。
534	安闲天皇元年	一月，迁居大和勾金桥宫。	北魏分裂成东西两部分。东魏建立（至公元550年），定都邺城。
535	安闲天皇二年	五月，在各国同时设立屯仓。 十二月，安闲天皇驾崩。宣化天皇即位。	西魏建立（至公元556年），定都长安。
536	宣化天皇元年	一月，迁居桧隈庐入野宫。	
537	宣化天皇二年	十月，派遣大伴狭手彦前往任那。	
538	宣化天皇三年	十月（或十二月），百济圣明王将佛教传入倭国（戊午年，一说是公元552年）。	百济迁都泗沘城。
539	宣化天皇四年	二月，宣化天皇驾崩。 十二月，钦明天皇即位。	

续表

公历	天皇	日本	世界
540	钦明天皇元年	七月，迁居矶城岛金刺宫。 九月，物部尾舆因割让任那四县问题批判大伴金村，大伴金村失势。	
550			高洋接受东魏皇帝元善见禅让，建立北齐（至公元 577 年）。
551			百济从高句丽手中夺回汉山城。翌年，汉山城又被新罗夺走。
552	钦明天皇十三年	十月，百济圣明王将佛教传入倭国（壬申年，一说是公元 538 年）。苏我稻目等崇佛派和物部尾舆等排佛派产生对立。	
554	钦明天皇十五年	二月，为替换五经博士和僧人，易博士、历博士、医博士等人从百济来到倭国。	百济圣明王在新罗管山城战死。
555	钦明天皇十六年	七月，在吉备设立白猪屯仓。	
556	钦明天皇十七年	七月，在备前儿岛郡设立屯仓。 十月，在大和国高市郡设立韩人大身狭屯仓和高丽人小身狭屯	

续表

公历	天皇	日本	世界
		仓。在纪国设立海部屯仓。	
557			宇文觉接受西魏恭帝禅让，建立北周（至公元581年）。陈霸先接受南朝梁敬帝禅让，建立陈（至公元589年）。
562			新罗灭大加耶。
569	钦明天皇三十年	一月，审定白猪屯仓田部（屯仓的农民）的丁籍。	
571	钦明天皇三十二年	四月，钦明天皇驾崩。	
572	敏达天皇元年	四月，敏达天皇即位，迁居百济大井宫。	
574	敏达天皇三年	十月，在吉备国增置白猪屯仓和田部，制作田部的名籍。	
575	敏达天皇四年	建造译语田幸玉宫。新罗献上任那之调。	
577			北周灭北齐，统一华北。
581	敏达天皇十年	虾夷发动叛乱，后臣服于倭国，族长绫糟前往倭国朝贡。倭国举办臣属仪式。	杨坚接受北周静帝禅让，建立隋朝（至公元618年）。高句丽、百济接受隋朝册封。
583			隋朝迁都大兴城（长安）。

续表

公历	天皇	日本	世界
584	敏达天皇十三年	苏我马子让善信尼（司马达等的女儿）出家。	
585	敏达天皇十四年	八月，敏达天皇驾崩。 九月，用明天皇在磐余池边双槻宫即位。 这一年，崇佛派的苏我马子与排佛派的物部守屋之间产生对立。	
586	用明天皇元年	五月，穴穗部皇子企图非礼炊屋姬皇后（后来的推古天皇），他闯入敏达天皇的殡宫，遭到敏达天皇宠臣三轮逆的阻止。穴穗部皇子和物部守屋合谋斩杀三轮逆。	高句丽迁都长安城。
587	用明天皇二年	四月，用明天皇驾崩。 六月，穴穗部皇子图谋即位，却遭到诛杀。 七月，苏我马子灭物部守屋。 八月，崇峻天皇即位，迁居仓梯柴垣宫。	

续表

公历	天皇	日本	世界
588	崇峻天皇元年	百济献上佛舍利、僧人、寺工、炉盘博士、瓦博士、画工。开始修建飞鸟寺（法兴寺）。	
589			隋朝灭陈，统一中国，南北朝时期结束。隋文帝实施均田制、租庸调制、府兵制、科举制。
592	崇峻天皇五年	十一月，苏我马子指使东汉直驹杀害崇峻天皇。 十二月，推古天皇在丰浦宫即位。	
593	推古天皇元年	四月，厩户皇子被立为太子。开始修建四天王寺（《日本书纪》）。	
594	推古天皇二年	二月，发布三宝（佛、法、僧）兴隆之诏。	新罗接受隋朝册封。
596	推古天皇四年	十一月，飞鸟寺（法兴寺）佛塔竣工。	
597	推古天皇五年	十一月，倭国向新罗派遣使节。	
598			高句丽进攻辽西，隋朝出兵，但败北。
600	推古天皇八年	派出遣隋使。	
601	推古天皇九年	二月，厩户皇子修建斑鸠宫。	
602	推古天皇十年	十月，百济僧人观勒献上历书、	

续表

公历	天皇	日本	世界
		天文地理书、遁甲方术书，并教授书生。	
603	推古天皇十一年	十月，迁居小垦田宫。 十一月，秦河胜修建蜂冈寺（广隆寺）。 十二月，制定冠位十二阶制度。	
604	推古天皇十二年	四月，制定《十七条宪法》。 九月，修改朝廷礼仪。	隋炀帝即位。翌年开始开凿大运河。
605	推古天皇十三年	四月，推古天皇起誓建造丈六佛像，命鞍作鸟为造佛工匠。	
606	推古天皇十四年	四月，丈六佛像竣工，被安放于法兴寺（飞鸟寺）正殿。	
607	推古天皇十五年	七月，派出小野妹子等人作为遣隋使，携带国书（“日出处天子致书日没处天子无恙”）入隋。 这一年，倭王权在各国设立屯仓。	隋朝颁布《大业律》。
608	推古天皇十六年	四月，小野妹子同隋使裴世清一起回到倭国。 八月，隋使入京。	

续表

公历	天皇	日本	世界
		九月，小野妹子等人送隋使裴世清归国，同时派遣高向玄理、僧旻、南渊请安等人一同入隋。	
609	推古天皇十七年	九月，小野妹子等人回到倭国。	
610	推古天皇十八年	三月，高句丽僧昙徵传授绘具、纸、墨、碾硙制造技术。 七月，新罗任那使到访倭国。 十月，入京，上奏来意，受到筵宴款待后归国。	
612			隋朝三征高句丽（至公元 614 年）。
613	推古天皇二十一年	十一月，修建掖上池、亩傍池、和珥池。在难波和京城之间修建大道。	
614	推古天皇二十二年	六月，派出遣隋使犬上御田锹等人。	
615	推古天皇二十三年	九月，犬上御田锹等人回到倭国。 十一月，百济使节到访倭国。倭国大排筵宴款待百济使者。	

续表

公历	天皇	日本	世界
618			隋炀帝被杀，李渊接受隋恭帝禅让，建立唐朝（至公元 907 年）。
620	推古天皇二十八年	厩户皇子、苏我马子编纂“天皇记”“国记”等。	
622	推古天皇三十年	二月，厩户皇子亡故。	
623	推古天皇三十一年	出兵新罗。	
624	推古天皇三十二年	四月，任命僧正、僧都、法头。 九月，调查寺院和僧尼。 十月，苏我马子索要葛城县，遭到推古天皇拒绝。	唐朝颁布《武德律》，确立均田制、租庸调制。高句丽、百济、新罗接受唐朝册封。
626	推古天皇三十四年	五月，苏我马子去世，葬于桃原墓（又称石舞台古坟）。	唐太宗李世民即位，开启贞观之治。
628	推古天皇三十六年	三月，推古天皇驾崩。	
629	舒明天皇元年	一月，舒明天皇即位。	
630	舒明天皇二年	八月，派出犬上御田锹等人为遣唐使，入唐。 十月，舒明天皇迁往飞鸟冈本宫。	
632	舒明天皇四年	八月，犬上御田锹、僧旻等人归国。唐使到访倭国（翌年一月回唐朝）。	

续表

公历	天皇	日本	世界
636	舒明天皇八年	六月，飞鸟冈本宫发生火灾。舒明天皇迁居田中宫。 这一年，发生大饥荒。	
637	舒明天皇九年	虾夷发动叛乱。上毛野君形名前去征讨。	唐朝制定《贞观律》。
638	舒明天皇十年	百济、新罗、任那前来倭国朝贡。	
639	舒明天皇十一年	七月，修建百济宫、百济大寺（又称吉备池废寺）。	
640	舒明天皇十二年	十月，南渊请安、高向玄理回到倭国。迁居百济宫。	
641	舒明天皇十三年	三月，开始修建山田寺，舒明天皇驾崩。	
642	皇极天皇元年	一月，皇极天皇即位。 十一月，举行新尝祭（大尝祭）。 十二月，迁居小垦田宫。 这一年，苏我虾夷、苏我入鹿父子修建祖庙，建造今来双墓，权势熏天。	百济进攻新罗，渊盖苏文通过政变掌握高句丽实权。
643	皇极天皇二年	四月，迁居飞鸟板盖宫。	

续表

公历	天皇	日本	世界
		十一月，苏我入鹿袭击厩户皇子之子山背大兄王，逼其自杀。	
644	皇极天皇三年	十一月，苏我虾夷、苏我入鹿在甘梼冈修建豪宅，加固防卫。	唐朝三征高句丽（至公元 648 年）。
645	孝德天皇大化元年	六月，中大兄皇子、中臣镰足杀死苏我入鹿。苏我虾夷烧毁豪宅自杀。（乙巳政变）皇极天皇让位，孝德天皇即位。确立皇太子（中大兄皇子）、左右大臣、内臣、国博士。改元大化。 八月，派遣东国国司，命之造户籍，校田亩。制定男女之法（确定孩子身份、归属的法令）。 十二月，迁居难波长柄丰埼宫（《日本书纪》）。	唐朝的玄奘从印度归国，翻译佛经，著《大唐西域记》。
646	大化二年	一月，颁布“改新之诏”，确立公地公民制、地方行政制度、班田收授法、税制。 三月，颁布薄葬令，下令废除旧	

续表

公历	天皇	日本	世界
		习俗。 八月，下令废除品部。	
647	大化三年	制定七色十三阶的冠位制度。修建渟足栅。新罗派遣金春秋（后来的武烈王）出使倭国。	
648	大化四年	设置磐舟栅。	
649	大化五年	二月，制定冠位十九阶制度。 三月，右大臣苏我仓山田石川麻吕被怀疑谋反，逃入山田寺，自杀。	
650	孝德天皇白雉元年	二月，改元白雉。	
653	白雉四年	五月，派出遣唐使。 这一年，中大兄皇子与孝德天皇不和，迁居飞鸟河边行宫。	
654	白雉五年	二月，派出遣唐使。 七月，前一年的遣唐使归国。 十月，孝德天皇驾崩。	
655	齐明天皇元年	一月，齐明天皇（皇极天皇）在飞鸟板盖宫重祚。	唐朝立武曌为皇后（则天武后）。

续表

公历	天皇	日本	世界
656	齐明天皇二年	八月，遣唐使回到倭国。 这一年，飞鸟板盖宫发生火灾，迁居飞鸟川原宫。 迁居后飞鸟冈本宫，并在多武峰建造两槻宫，开凿“狂心渠”，运巨石，将其堆置在王宫东面的山上。	
658	齐明天皇四年	四月，阿倍比罗夫让腭田、渟代的虾夷臣服于倭王权。 十一月，佯装癫狂的有间皇子（孝德天皇之子）中苏我赤兄之计，以谋反之罪被捕，处死。	
659	齐明天皇五年	三月，阿倍比罗夫征讨虾夷。倭王权在飞鸟的须弥山像下，大排筵宴款待虾夷。 七月，派出遣唐使，男女虾夷各一人同行。	
660	齐明天皇六年	三月，阿倍比罗夫让渡岛虾夷臣服，征讨肃慎。	唐朝、新罗联军灭百济，唐朝在熊津设都督府。 百济王族鬼室福信等人举兵反抗。

续表

公历	天皇	日本	世界
		五月，中大兄皇子制作漏刻（水钟）。 十月，百济的鬼室福信请求倭国救援百济，并送还王子余丰璋，以拥立其即位。	
661	齐明天皇七年	一月，齐明天皇为援助百济，从难波出发。 三月，抵达娜大津（博多）。 五月，遣唐使归国。 七月，齐明天皇于朝仓橘广庭宫（福冈县）驾崩。中大兄皇子代理朝政。 九月，百济王子余丰璋被送归百济。	
662	天智天皇元年	为援助百济，筹备兵甲、船舶、粮草。	
663	天智天皇二年	三月，为讨伐新罗，派出二万七千人的部队。 八月，倭国、百济联军同唐朝、	百济王子余丰璋以谋反罪名处死鬼室福信。

续表

公历	天皇	日本	世界
		新罗联军交战。在白村江，倭军败于唐军。	
664	天智天皇三年	二月，制定冠位二十六阶制度，定氏上、民部、家部（甲子之宣）。 五月，百济镇将刘仁愿派遣私人使节郭务悰到访倭国。倭国在对马、壹岐、筑紫国等地设防人、烽火台，在筑紫修建水城。	
665	天智天皇四年	八月，在长门国筑城，在筑紫国修建大野城、椽城。 九月，唐使刘德高等人到访倭国。	高句丽的渊盖苏文过世。
667	天智天皇六年	三月，迁居近江大津宫。 十一月，在倭国筑高安城，在赞岐筑屋岛城，在对马筑金田城。	唐朝、新罗联军进攻高句丽。翌年，高句丽灭亡。唐朝在平壤设立安东都护府。
668	天智天皇七年	一月，天智天皇即位。有说法认为，《近江令》制定于该年。	
669	天智天皇八年	十月，天智天皇授予中臣镰足大织冠、大臣位，赐藤原姓。中臣镰足过世。	

续表

公历	天皇	日本	世界
		这一年，派出遣唐使。	
670	天智天皇九年	二月，编制庚午年籍（第一个全国性户籍，后世的“根本底册”）。 四月，法隆寺发生火灾。	新罗攻占原百济领土，将其置于新罗统治之下。
671	天智天皇十年	一月，任命太政大臣（天智天皇之子大友皇子）、左右大臣、御史大夫。 四月，开始使用漏刻。 十月，患病的天智天皇向其弟大海人皇子托付后事，但大海人皇子称自己将出家坚辞不受，前往吉野。 十一月，唐使郭务悰等人到访倭国。大友皇子、左右大臣等人起誓继承天智天皇遗志。 十二月，天智天皇驾崩。	
672	天武天皇元年	六月，大海人皇子离开吉野，在美浓征兵，于不破设立大本营。 七月，大海人皇子的军队在各地	

续表

公历	天皇	日本	世界
		击败近江朝廷的军队。近江朝廷灭亡（壬申之乱）。 这一年冬，开始修建飞鸟净御原宫。	
673	天武天皇二年	二月，大海人皇子在飞鸟净御原宫即位（天武天皇）。	

参考文献

（为方便读者检索，本书对原书参考文献各条目均予保留，作者名、书名、论文名、刊物名及出版社名等均按原文照录。）

通史

井上光貞『日本の歴史』一　神話から歴史へ（中央公論社、一九六五年）
直木孝次郎『日本の歴史』二　古代国家の成立（中央公論社、一九六五年）
上田正昭『日本の歴史』二　大王の世紀（小学館、一九七三年）
井上光貞『日本の歴史』三　飛鳥の朝廷（小学館、一九七四年）
和田萃『大系日本の歴史』二　古墳の時代（小学館、一九八八年）
吉田孝『大系日本の歴史』三　古代国家の歩み（小学館、一九八八年）
田中琢『倭人争乱』（集英社、一九九一年）
吉村武彦『古代王権の展開』（集英社、一九九一年）
吉田晶『倭王権の時代』〈新日本新書〉（新日本出版社、一九九八年）
『岩波講座　日本通史』二・三　古代一・二（岩波書店、一九九三–一九九四年）

对外关系

西嶋定生『日本歴史の国際環境』〈UP 選書〉（東京大学出版会、一九八五年）
堀敏一『中国と古代東アジア世界』（岩波書店、一九九三年）
礪波護・武田幸男『世界の歴史』6 隋唐帝国と古代朝鮮（中央公論社、一九九七年）
山尾幸久『古代の日朝関係』〈塙選書〉（塙書房、一九八九年）
田中俊明『大加耶連盟の興亡と「任那」——加耶琴だけが残った』（吉川弘文館、一九九二年）

古坟时代

都出比呂志編『古墳時代の王と民衆』〈古代史復元六〉（講談社、一九八九年）
白石太一郎編『古墳時代の工芸』〈古代史復元七〉（講談社、一九九〇年）
石野博信・岩崎卓也・河上邦彦・白石太一郎編『古墳時代の研究』全十三巻（雄山閣出版、一九九〇-一九九三年）
白石太一郎『古墳とヤマト政権——古代国家はいかに形成されたか』〈文春新書〉（文藝春秋、一九九九年）
近藤義郎編『前方後円墳集成』全五巻（山川出版社、一九九一-一九九四年）
白石太一郎ほか『古墳時代の考古学』〈シンポジュウム日本の考古学4〉（学生社、一九九八年）

序章

山尾幸久「天皇制はいつ始まったのか」（『争点日本の歴史』二、新人物往来社、一九九〇年）

網野善彦『日本論の視座』（小学館、一九九〇年）
西宮一民「古事記『訓読』の論」（『萬葉』九四、一九七七年）
関晃「律令国家と天命思想」（『関晃著作集』四、吉川弘文館、一九九七年）
熊谷公男「“ヲサム”考」（『新日本古典文学大系』月報六〇、岩波書店、一九九五年）

第一章

直木孝次郎「“やまと”の範囲について——奈良盆地の一部としての」（『飛鳥奈良時代の研究』塙書房、一九七五年）
申敬澈「四・五世紀代の金官伽耶の実像」（『巨大古墳と伽耶文化』〈角川選書〉角川書店、一九九二年）
小田富士雄編『古代を考える　沖ノ島と古代祭祀』（吉川弘文館、一九八八年）
安在晧「土師器系軟質土器考」（小田富士雄ほか『伽耶と古代東アジア』新人物往来社、一九九三年）
都出比呂志「日本古代の国家形成論序説——前方後円墳体制の提唱」（『前方後円墳と社会』）塙書房、二〇〇五年）
鈴木靖民「石上神宮七支刀銘についての一試論」（國學院大學文学部史学科編『坂本太郎博士頌寿記念日本史学論集』上、吉川弘文館、一九八三年）
中塚明「近代日本史学における朝鮮問題——とくに『広開土王陵碑』をめぐって」（『思想』五六一、一九七一年）
李進熙『広開土王陵碑の研究』（吉川弘文館、一九七二年）
佐伯有清『研究史　広開土王碑』（吉川弘文館、一九七四年）
王健群『好太王碑の研究』（雄渾社、一九八四年）
武田幸男『高句麗史と東アジア』（岩波書店、一九八九年）

武田幸男編著『広開土王碑原石拓本集成』(東京大学出版会、一九八八年)
李成市「表象としての広開土王碑文」(『思想』八四二、一九九四年)
東方書店編『シンポジウム　好太王碑』(東方書店、一九八五年)
西嶋定生「広開土王碑文辛卯条の読み方について」(『西嶋定生　東アジア史論集』四、岩波書店、二〇〇二年)
関晃『帰化人』〈日本歴史新書〉(至文堂、一九五六年、また『関晃著作集』三、吉川弘文館、一九九六年)
狩野久「畿内の渡来人」(『新版　古代の日本』五　近畿Ⅰ、角川書店、一九九二年)
関川尚功「古墳時代の渡来人——大和・河内地域を中心として」(『橿原考古学研究所論集』九、吉川弘文館、一九八八年)
菱田哲郎『須恵器の系譜』〈歴史発掘一〇〉(講談社、一九九六年)
田中清美「五世紀における摂津・河内の開発と渡来人」(『ヒストリア』一二五、一九八九年)
定森秀夫「陶質土器からみた近畿と朝鮮」(荒木敏夫編『ヤマト王権と交流の諸相』〈古代王権と交流五〉名著出版、一九九四年)
朴天秀「渡来系文物からみた伽耶と倭における政治的変動」(『待兼山論叢』二九、一九九五年)
藤間生大『倭の五王』〈岩波新書〉(岩波書店、一九八三年)
坂元義種『倭の五王——空白の五世紀』(教育社、一九八一年)
佐伯有清編『古代を考える　雄略天皇とその時代』(吉川弘文館、一九八八年)

第二章

直木孝次郎「応神王朝論序説」(『日本古代の氏族と天皇』塙書房、

一九六四年)
近藤義郎『前方後円墳の時代』〈日本歴史叢書〉(岩波書店、一九八三年)
熊谷公男「大和と河内――ヤマト王権の地域的基盤をめぐって」(『奈良古代史論集』二、真陽社、一九九一年)
吉村武彦『古代天皇の誕生』〈角川選書〉(角川書店、一九九八年)
吉田晶『古代の難波』〈教育社歴史新書〉(教育社、一九八二年)
長山泰孝「前期大和政権の支配体制」(『古代国家と王権』吉川弘文館、一九九二年)
群馬県史編さん委員会編『群馬県史　通史編』一　原始古代一(群馬県、一九九〇年)
かみつけの里博物館『よみがえる5世紀の世界』(かみつけの里博物館、一九九九年)
岸俊男『日本古代文物の研究』(塙書房、一九八八年)
吉田晶「稲荷山古墳出土鉄剣銘に関する考察」(井上薫教授退官記念会編『日本古代の国家と宗教』下、吉川弘文館、一九八〇年)
薗田香融「護り刀考」(『日本古代の貴族と地方豪族』)塙書房、一九九二年)
溝口睦子『日本古代氏族系譜の成立』〈学習院学術研究叢書〉(学習院、一九八二年)
熊谷公男「古代国家と氏族」(『古代史研究の最前線』一、雄山閣出版、一九八六年)
関晃「推古朝政治の性格」(『関晃著作集』二、吉川弘文館、一九九六年)
宮崎市定「天皇なる称号の由来について」(『宮崎市定全集』二一、岩波書店、一九九三年)
神野志隆光『古記事の世界観』(吉川弘文館、一九八六年)

井上光貞「雄略朝における王権と東アジア——五世紀末葉・六世紀前半における倭国とその王権　第一部」(『井上光貞著作集』五、岩波書店、一九八六年)
辻秀人「古墳の変遷と画期」(『新版　古代の日本』九　東北・北海道、角川書店、一九九二年)

第三章

岡田精司「継体天皇の出自とその背景——近江大王家の成立をめぐって」(『日本史研究』一二八、一九七二年)
平野邦雄『大化前代政治過程の研究』(吉川弘文館、一九八五年)
薗田香融「皇祖大兄御名入部について——大化前代における皇室私有民の存在形態」(『日本古代財政史の研究』塙書房、一九八一年)
大橋信弥『日本古代国家の成立と息長氏』〈古代史研究選書〉(吉川弘文館、一九八四年)
林屋辰三郎「継体・欽明朝内乱の史的分析」(『古代国家の解体』東京大学出版会、一九五五年)
三品彰英「継体紀の諸問題——特に近江毛野臣の所伝を中心として」(『日本書紀研究』二、塙書房、一九六六年)
八木充「大伴金村の失脚」(『日本書紀研究』一、塙書房、一九六四年)
吉村武彦編『古代を考える　継体・欽明朝と仏教伝来』(吉川弘文館、一九九九年)
岡田精司「大王就任儀礼の原形とその展開——即位と大嘗祭」(『古代祭祀の史的研究』塙書房、一九九二年)
吉村武彦「古代の王位継承と群臣」(『日本古代の社会と国家』岩波書店、一九九六年)

猪熊兼勝編『見瀬丸山古墳と天皇陵』〈季刊考古学・別冊二〉(雄山閣出版、一九九二年)
末松保和『任那興亡史』(大八洲出版、一九四九年、また『末松保和朝鮮史著作集』四、吉川弘文館、一九九六年)
鈴木靖民ほか『伽耶はなぜほろんだか』(大和書房、一九九一年)
鈴木英夫『古代の倭国と朝鮮諸国』(青木書店、一九九六年)
田村圓澄・小田富士雄・山尾幸久『増補改訂版　古代最大の内戦　磐井の乱』(大和書房、一九九八年)
舘野和己「屯倉制の成立——その本質と時期」(『日本史研究』一九〇、一九七八年)
阿部武彦「国造の姓と系譜」(『日本古代の氏族と祭祀』吉川弘文館、一九八四年)
井上光貞「国造制の成立」(『井上光貞著作集』四、岩波書店、一九八五年)
平野邦雄『大化前代社会組織の研究』(吉川弘文館、一九六九年)
関晃「大化前代における皇室私有民——子代・御名代考」(『関晃著作集』一、吉川弘文館、一九九六年)
狩野久「部民制——名代・子代を中心として」(『日本古代の国家と都城』東京大学出版会、一九九〇年)
鎌田元一「『部』についての基本的考察」(『律令公民制の研究』塙書房、二〇〇一年)
加藤晃「我が国における姓の成立について」(坂本太郎博士古稀記念会編『続日本古代史論集』上、吉川弘文館、一九七二年)
加藤謙吉「大夫制と大夫選任氏族」(『大和政権と古代氏族』吉川弘文館、一九九一年)
熊谷公男「畿内の豪族」(『新版　古代の日本』五　近畿Ⅰ、角川書店、

一九九二年）
佐藤長門「倭王権における合議制の機能と構造——日本古代群臣論批判序説」（『歴史学研究』六六一、一九九四年）
武田幸男「六世紀における朝鮮三国の国家体制」（『東アジア世界における日本古代史講座』四、学生社、一九八〇年）

第四章

水野柳太郎『日本古代の寺院と史料』（吉川弘文館、一九九三年）
加藤謙吉『蘇我氏と大和王権』〈古代史研究選書〉（吉川弘文館、一九八三年）
大橋一章「飛鳥寺の創立に関する問題」（『佛教芸術』一〇七、毎日新聞社、一九七六年）
石上英一「聖徳太子の政治」（石田尚豊編『聖徳太子事典』柏書房、一九九七年）
荒木敏夫『可能性としての女帝——女帝と王権・国家』〈Aoki library 日本の歴史〉（青木書店、一九九九年）
大山誠一『〈聖徳太子〉の誕生』〈歴史文化ライブラリー〉（吉川弘文館、一九九九年）
『東アジアの古代文化』一〇二　特集　聖徳太子と日本書紀（大和書房、二〇〇〇年）
大西修也『法隆寺』Ⅲ　美術〈日本の古寺美術〉（保育社、一九八七年）
坂元義種「推古朝の外交——とくに隋との関係を中心に」（『歴史と人物』一〇〇、中央公論社、一九七九年）
李成市「高句麗と日隋外交——いわゆる国書問題に関する一試論」（『古代東アジアの民族と国家』岩波書店、一九九八年）

岸俊男「朝堂の初歩的考察」(『日本古代宮都の研究』岩波書店、一九八八年)
佐竹昭「古代宮室における『朝庭』の系譜」(『古代王権と恩赦』雄山閣、一九九八年)
吉川真司「奈良時代の宣」(『律令官僚制の研究』塙書房、一九九八年)
熊谷公男「跪伏礼と口頭政務」(『東北学院大学論集　歴史学・地理学』三二、一九九九年)

第五章

石母田正『日本の古代国家』〈日本歴史叢書〉(岩波書店、一九七一年、また『石母田正著作集』三、岩波書店、一九八九年)
原秀三郎「大化改新批判序説——律令制的人民支配の成立過程を論じていわゆる『大化改新』の存在を疑う」(『日本古代国家史研究』東京大学出版会、一九八〇年)
早川庄八「選任令・選叙令と郡領の『試練』」(『日本古代官僚制の研究』岩波書店、一九八六年)
鎌田元一「評の成立と国造」(『律令公民制の研究』塙書房、二〇〇一年)
鎌田元一「七世紀の日本列島——古代国家の形成」(『律令公民制の研究』塙書房、二〇〇一年)
熊谷公男「『祖の名』とウヂの構造」(『展望日本歴史』四　大和王権、東京堂出版、二〇〇〇年)
大町健「律令制的郡司制の特質と展開」(『日本古代の国家と在地首長制』校倉書房、一九八六年
大山誠一『古代国家と大化改新』〈古代史研究選書〉(吉川弘文館、一九八八年)

吉川真司「難波長柄豊碕宮の歴史的位置」(大山喬平教授退官記念会編『日本国家の史的特質』古代・中世、思文閣出版、一九九七年)

『東アジアの古代文化』一〇三　特集　難波宮出土の木簡と大化改新(大和書房、二〇〇〇年)

石上英一「古代東アジア地域と日本」(『日本の社会史』一、岩波書店、一九八七年)

石上英一「律令制と古代天皇支配による空間構成」(『講座前近代の天皇』四、青木書店、一九九五年)

小澤毅「飛鳥浄御原宮の構造」(『日本古代宮都構造の研究』青木書店、二〇〇三年)

林部均「飛鳥浄御原宮の成立——古代宮都変遷と伝承飛鳥板蓋宮跡」(『古代宮都形成過程の研究』青木書店、二〇〇一年)

今泉隆雄「飛鳥の須弥山と斎槻」(『古代宮都の研究』吉川弘文館、一九九三年)

熊谷公男「蝦夷と王宮と王権——蝦夷の服属儀礼からみた倭王権の性格」(『奈良古代史論集』三、真陽社、一九九七年)

『歴史と旅』二七—九　特集　古代女帝とよみがえる飛鳥の都(秋田書店、二〇〇〇年)

熊谷公男「阿倍比羅夫北征記事に関する基礎的考察」(高橋富雄編『東北古代史の研究』吉川弘文館、一九八六年)

鬼頭清明『白村江』〈教育社歴史新書〉(教育社、一九八一年)

森公章『「白村江」以後』〈講談社選書メチエ〉(講談社、一九九八年)

井上光貞「庚午年籍と対氏族策」(『井上光貞著作集』四、岩波書店、一九八五年)

井上光貞「太政官成立過程における唐制と固有法との交渉」(『井上光貞著

作集』二、岩波書店、一九八六年）
青木和夫「浄御原令と古代官僚制」（『日本律令国家論攷』岩波書店、一九九二年）
早川庄八「律令太政官制の成立」（『日本古代官僚制の研究』岩波書店、一九八六年）
直木孝次郎『増補版　壬申の乱』〈塙選書〉（塙書房、一九九二年）

終章

東野治之「天皇号の成立年代について」（『正倉院文書と木簡の研究』塙書房、一九七七年）
福永光司『道教と日本思想』（徳間書店、一九八五年）
大津透『古代の天皇制』（岩波書店、一九九九年）
大橋一章『天寿国繡帳の研究』（吉川弘文館、一九九五年）
安丸良夫『近代天皇像の形成』（岩波書店、一九九二年）
西郷信綱「『大君は神にしませば』の歌——権力の聖化について」（『壬申紀を読む—歴史と文化と言語—』〈平凡社選書〉平凡社、一九九三年）
西郷信綱「スメラミコト考」（『神話と国家——古代論集』〈平凡社選書〉平凡社、一九七七年）
吉田孝『日本の誕生』〈岩波新書〉（岩波書店、一九九七年）
石崎高臣「国号『日本』の成立と意義」（『國學院大學大学院紀要——文学研究科』二六、一九九五年）
狩野久「律令国家と都市」（『日本古代の国家と都城』東京大学出版会、一九九〇年）
森公章「天皇号の成立をめぐって——君主号と外交との関係を中心として」（『古代日本の対外認識と通交』吉川弘文館、一九九八年）

丸山真男「政事の構造——政治意識の執拗低音」(『丸山真男集』一二、岩波書店、一九九六年)
E・ホブズボウム、T・レンジャー編 / 前川啓治他訳『創られた伝統』〈文化人類学叢書〉(紀伊国屋書店、一九九二年)

其他

鈴木靖民編『日本の時代史』二　倭国と東アジア（吉川弘文館、二〇〇二年）
森公章編『日本の時代史』三　倭国から日本へ（吉川弘文館、二〇〇二年）
歴史学研究会・日本史研究会編『日本史講座』一　東アジアにおける国家の形成（東京大学出版会、二〇〇四年）
松木武彦『日本の歴史』一　列島創世紀（小学館、二〇〇七年）
平川南『日本の歴史』二　日本の原像（小学館、二〇〇八年）
鐘江宏之『日本の歴史』三　律令国家と万葉びと（小学館、二〇〇八年）
広瀬和雄『前方後円墳国家』〈角川選書〉（角川書店、二〇〇三年）
河野一隆「国家形成のモニュメントとしての古墳」(『史林』九一—一、二〇〇八年)
北條芳隆・溝口孝司・村上恭通『古墳時代像を見なおす——成立過程と社会変革』(青木書店、二〇〇〇年)
土生田純之「古墳時代論に向けて」(『古墳時代の政治と社会』吉川弘文館、二〇〇六年)
岡田精司「古墳上の継承儀礼説について——祭祀研究の立場から」(『国立歴史民俗博物館研究報告』八〇、一九九九年)
坂上康俊「古代国家をどうとらえるか」(『歴史評論』六九三、二〇〇八年)
朝鮮学会編『前方後円墳と古代日朝関係』(同成社、二〇〇二年)

吉井秀夫「栄山江流域の三国時代墓制とその解釈をめぐって」(『朝鮮史研究会論文集』三九、二〇〇一年)
国立歴史民俗博物館国際シンポジウム「古代東アジアにおける倭と加耶の交流」(『国立歴史民俗博物館研究報告』一一〇、二〇〇四年)
熊谷公男「いわゆる『任那四県割譲』の再検討」(『東北学院大学論集　歴史学・地理学』三九、二〇〇五年)
鈴木英夫「『任那日本府』と『諸倭臣』——語義の分析を中心に」(『國學院大學紀要』四四、二〇〇六年)
中野高行「『日本書紀』における『任那日本府』像」(『政治と宗教の古代史』慶応義塾大学出版会、二〇〇四年)
辻秀人編『百済と倭国』(高志書院、二〇〇八年)
熊谷公男「金官国の滅亡をめぐる国際関係」(『百済と倭国』高志書院、二〇〇八年)
熊谷公男「五世紀の倭・百済関係と羅済同盟」(『アジア文化史研究』七、二〇〇七年)
佐川正敏編『東アジア六〜七世紀における勅願寺高層木塔の考古学的比較研究』(『東北学院大学論集　歴史と文化』四〇、二〇〇六年)
熊谷公男「日本百済大寺の造営と東アジア」(『東北学院大学論集　歴史と文化』四〇、二〇〇六年)
佐川正敏「古代日本と百済の木塔基壇の構築技術および舎利容器・荘厳具安置形式の比較検討」(『扶餘王興寺址出土舎利容器の意味』国立扶餘文化財研究所、二〇〇七年)
鈴木靖民「百済王興寺と飛鳥寺と渡来人」(『東アジアの古代文化』一三六、大和書房、二〇〇八年)
麻木脩平「野中寺弥勒菩薩半迦像の制作時期と台座銘文」(『佛教芸術』

二五六、二〇〇一年)
北康宏「天皇号の成立とその重層構造——アマキミ・天皇・スメラミコト」(『日本史研究』四七四、二〇〇二年)
熊谷公男「持統の即位儀と『治天下大王』の即位儀礼」(『日本史研究』四七四、二〇〇二年)
藤森健太郎「天皇即位儀礼からみた古代の国家と社会」(『歴史学研究』増刊号　二〇〇五年度歴史学研究会大会報告、二〇〇五年)
荒木敏夫『日本古代王権の研究』(吉川弘文館、二〇〇六年)
奈良文化財研究所編『評制下荷札木簡集成』(東京大学出版会、二〇〇六年)
森公章「民官と部民制——石神遺跡出土の木簡に接して」(『弘前大学国史研究』一一八、二〇〇五年)
岸俊男「造籍と大化改新詔」(『日本古代籍帳の研究』塙書房、一九七三年)

出版说明

“讲谈社·日本的历史”是日本讲谈社出版的日本通史系列丛书，由日本史学家网野善彦领衔撰写，邀请各领域的一流学者，讲述日本从旧石器时代到平成年间的历史，共二十六卷。

在日本出版界，各大出版社都曾在不同时期出版过日本通史系列。“讲谈社·日本的历史”问世前，中央公论社于1965年至1967年出版的“日本的历史”系列二十六卷本，是日本通史系列丛书中的权威作品。对于这些日本通史读物，文艺评论家三浦雅士曾指出，若以时间为基轴阅读，即可窥见历史观随时代迁移呈现出的变化。中央公论社的“日本的历史”代表着战后二三十年的研究结晶，“讲谈社·日本的历史”呈现的则是直至当代的研究动向，在承袭前人的基础之上，还有新时代独有的创新之处，兼具权威性与前沿性。

整体而言，该丛书呈现了日本历史发展的主要脉络，也涉及各个时期的学术性问题和专题性问题。考虑到完全引进的工程量与中国市场的实际情况以及中国读者的阅读偏好，此次出版的中文版主要选择呈现历史脉络的卷册，剔除了部分学术性或专题性较强的卷册。选取的十卷本既呈现了日本学者从内部看待自身的独特切入点，涉及的内容亦包罗万象，读者可从中获得对特定时代的全景式了解。

因编者和译者能力有限，本书难免出现各种错误，敬请广大读者提出指正。

图书在版编目（CIP）数据

从大王到天皇：古坟时代－飞鸟时代 /（日）熊谷公男著；米彦军译．-- 上海：文汇出版社，2021.5
（讲谈社·日本的历史）
ISBN 978-7-5496-3450-7

Ⅰ．①从… Ⅱ．①熊… ②米… Ⅲ．①日本－古代史
Ⅳ．① K313.2

中国版本图书馆 CIP 数据核字 (2021) 第 032428 号

从大王到天皇：古坟时代－飞鸟时代

作　　者／〔日〕熊谷公男
译　　者／米彦军
责任编辑／苏　菲
特邀编辑／林俐姮　刘　早
装帧设计／尚燕平
内文制作／张　典
出　　版／文匯出版社
上海市威海路 755 号
（邮政编码 200041）
发　　行／新经典发行有限公司
电　　话／010-68423599　邮　　箱／editor@readinglife.com
印刷装订／山东韵杰文化科技有限公司
版　　次／2021 年 5 月第 1 版
印　　次／2021 年 5 月第 1 次印刷
开　　本／787×1092　1/32
字　　数／257 千
印　　张／13.5

ISBN 978-7-5496-3450-7
定　　价／78.00 元

版权登记图字 09-2021-0102